第4版

金融・投資商品の税務 Q&A

海外取引を含む所得課税関係の最新事例

PwC税理士法人
箱田 晶子
高木 宏
西川 真由美
著

清文社

第4版発行にあたって

　前回の改訂から2年弱が経過しました。この間、日経平均は34年ぶりに最高値を更新し、ドル円の為替レートも36年半ぶりに一時160円となるなどコロナ後のマーケットは大きく変動しました。新しく導入された新NISA、日銀の金融政策の変更がこのマーケットの変動に影響を与えたといわれています。

　このような中、国内外の株式、外国債券、外国投資信託への注目度が上がり、個人の金融資産が振り向けられています。また、さまざまな金融・投資商品が世に出されました。

　外貨建ての商品が増加するのに伴い、適切なタイミングで譲渡益、為替差損益を申告することがなかなか難しくなり、納税者の立場からも難易度が高まっているといえます。

　また、企業の役職員に対する報酬も、グローバルな流れで、株式形態で支払う企業が急増しています。それらの中には課税関係が必ずしも明確ではなく、結果的に課税のタイミングについて、税務専門家の間でも意見が分かれるようなケースも出てきており、当局からも積極的な情報発信がなされていますが、ビジネスの世界の動きのほうが早く結果的には後追いとなっている点も否めない事実です。

　私どもは実務で出てきた問題点を書き留め、有益と思われることをプロフェッションジャーナルに掲載し、まとまった時点で本書の改訂へとつなげています。

　今回の改訂では、令和4年度、5年度改正を盛り込み、2024年から新しく改変されたNISA制度のほか、ストックオプションをはじめとする株式報酬関連の取り扱いを含め、TOBに応じなかった場合の譲渡益、外国株式の売却代金で投資信託を購入したケースでの課税のタイミング、など実務でうっかりすると漏れてしまうようなことも含めてできるだけたくさんの事柄を盛り込んだつもりです。まだまだカバーできなかった商品もございますのでみなさまからのご質問、コメントを歓迎したいと思います。

また、文中の見解にあたる部分はあくまで私どもの個人的見解となる点をお許しいただきたいと思います。

　今回の改訂にあたっても、清文社の中村様、村上様に多大なご協力をいただいたことをこの場を借りて御礼申し上げます。

令和6年11月

PwC税理士法人

箱田　晶子・高木　宏・西川　真由美

はしがき

　日本の2016年の家計の金融資産は1,800兆円に上るという統計が日本銀行から公表されています。ゼロパーセント金利が続く中、従来は銀行定期預金、郵便貯金が中心であったものが、株式、債券、投資信託、ETF、EB債を含むデリバティブ取引等に加えて、外国株式、外国債券、外国投資信託等への投資や、国内外の不動産投資、それらを信託で束ねた商品も増加しています。

　また、高額納税者の税負担は年々増加しており、彼らにとって、投資利回りも確保でき、節税につながる商品——太陽光パネル、航空機、海外不動産、海外パートナーシップ、海外私募投信など——への投資も増えています。

　近年登場したビットコインを含む新しい金融資産、金、為替先物取引等についても積極的に取り組まれています。

　一方、こうした投資へのリターンに対しては課税があり、それぞれについて税制の理解が不可欠です。そして、こうしたあらゆる分野の税務を常にアップデートできている人材はあまりいないというのが実情です。これは、個人に対する金融・投資商品課税に関しては、所得税が10種類の所得分類を設けていることもあり複雑であることに加えて、1）個人を主なクライアントにもつ税理士にとっては、頻繁にある相談ではなく、調べる機会が限られていること、2）金融所得一体課税をはじめ、毎年の改正税法をキャッチアップしていくには相当な時間が必要なこと、3）次々に開発される新しい金融・投資商品の仕組みを理解すること自体も困難なこと、があげられます。

　以上のような理由から、国内外で提供されるさまざまな金融・投資商品を最新の税制に基づいて解説する書籍はほとんど見当たらないように感じていました。

　私どもの税理士法人の金融部では、常日頃から金融機関の方々をはじめ、多くの方から課税関係に関する相談を受けており、海外商品についても、

海外のネットワークを使った分析や、行政当局との意見交換の機会もあります。最大手の税理士法人の金融部だからこそ可能とした、その経験と蓄積を落とし込み、より読者に供する設問を厳選しました。

　実際に商品への投資を行っている投資家個人の方々、金融商品を提供する金融機関に勤務され課税関係を顧客に説明したり、その方針を策定する立場にある実務担当者、こうした方々に税務処理や方針をアドバイスする税理士など専門家の方々に役立つように、想定されるさまざまなケースについてわかりやすく解説したつもりです。

　ただ、絶え間なく提供される新しい金融・投資商品を必ずしも税法が予定しておらず、多分に解釈の余地が残されていますので、文中の見解にあたる部分はあくまで私どもの個人的見解となる点をお許しいただきたいと思います。

　なお、本書は週刊「プロフェッションジャーナル」への連載から始まりました。最初は、最終的に本になるほどの事例があるだろうかと思いましたが、次々に出てくる金融・投資商品を紹介していくうちに本書としてまとめる機会をいただきました。プロフェッションネットワークの坂田様と清文社の中村様に多大なご協力をいただいたことをこの場を借りて御礼申し上げます。

　日頃からお世話になっているみなさまからの忌憚のないご意見、ご指導をいただきたいと思います。

平成30年1月

PwC税理士法人
箱田　晶子・高木　宏

目 次

序章　金融商品の税務の概要

Ⅰ　居住者に対する課税の概要 ─────────── 2
- ❶ 所得税の納税義務者　2
- ❷ 課税所得の範囲　3
  - (1) 非永住者以外の居住者　3
  - (2) 非永住者　3
  - (3) 非居住者　3
- ❸ 所得区分　4
- ❹ 課税方式　5
  - (1) 総合課税　5
  - (2) 申告分離課税　6
  - (3) 源泉課税　6
- ❺ 申　告　8

Ⅱ　金融・投資所得に関する課税の概要 ─────── 9
- ❶ 金融・投資所得に係る所得分類　9
- ❷ 源泉徴収制度　10
- ❸ 特定口座制度　11
- ❹ 課税方式　13

Ⅲ　金融所得に関する非課税規定 ─────────── 15
- ❶ 非課税口座内の少額上場株式等に係る配当所得及び譲渡所得等の非課税措置（NISA）　15
- ❷ つみたて投資枠　16
- ❸ 成長投資枠　16

Ⅳ　国外金融所得に係る留意点 ─────────── 18
- ❶ 源泉徴収制度（水際源泉）　18

❷　租税条約・外国税額控除の適用　　18
　❸　国外財産調書制度／財産債務調書制度　　19
　❹　その他のクロスボーダー金融所得に係る留意点　　23
　　（1）　国外転出をする場合の譲渡所得等の特例（Exit Tax）　23
　　（2）　国際的な取引への対応　24

Ⅴ　金融取引と消費税 ───────────────────────── 29
　❶　消費税の課税対象取引　　29
　❷　納税義務者　　30
　❸　税　率　　30

第1章　株式の税務

Q 1	上場株式等の範囲 …………………………………………………… 32
Q 2	上場国内株式の配当の課税関係 …………………………………… 35
Q 3	申告不要配当における大口株主等の要件 ………………………… 39
Q 4	上場国内株式の譲渡の課税関係 …………………………………… 42
Q 5	株式の譲渡益から控除できる必要経費の範囲 …………………… 45
Q 6	投資一任口座（ラップ口座）における株式の譲渡に係る所得区分及び必要経費の控除 …………………………………… 48
Q 7	投資一任口座（ラップ口座）を源泉徴収選択口座で開設する場合の投資顧問報酬の取扱い ………………………………… 51
Q 8	上場株式を国内の証券会社経由で譲渡し譲渡損が出た場合の損益通算の範囲 …………………………………………………… 54
Q 9	源泉徴収選択口座内に上場株式等に係る譲渡損失と配当がある場合の確定申告 ………………………………………… 58
Q10	上場株式の譲渡損失の繰越しの際の手続 ………………………… 61
Q11	前年に確定申告をしなかった譲渡損失がある場合の繰越控除の可否 …………………………………………………… 68
Q12	上場外国株式の配当の課税関係（国内の証券会社経由で受け取る場合）…………………………… 71

Q13	上場外国株式の配当の課税関係 （国外の証券会社経由で受け取る場合）………………………	74
Q14	日本国外で支払いを受ける上場外国株式の配当に係る申告の要否 …	76
Q15	申告不要とした配当等を更正の請求で総合課税に変更することの 可否 ………………………………………………………………………	79
Q16	株式の配当の収入すべき時期 …………………………………………	82
Q17	上場株式の譲渡の収入すべき日 ………………………………………	85
Q18	上場株式の譲渡と同時に同一銘柄の株式を再取得する場合の 課税関係 …………………………………………………………………	86
Q19	特定口座でクロス取引を行う場合の所得金額の計算 ………………	89
Q20	上場外国株式（外貨建）を譲渡した場合の譲渡損益及び 為替差損益の取扱い ……………………………………………………	92
Q21	上場外国株式の譲渡損についての損益通算の可否 …………………	94
Q22	特定口座で管理する上場株式等の発行法人が清算した場合の損失の 取扱い ……………………………………………………………………	97
Q23	非上場株式の課税関係 …………………………………………………	101
Q24	保有する上場株式に関し資本の払戻しがある場合の課税関係 ……	104
Q25	発行会社による自己株式（非上場株式）取得の課税関係 …………	107
Q26	保有株式がTOB成立後に買い取られた場合の申告手続 …………	111
Q27	保有する上場株式の発行会社が合併により消滅し 新たな上場株式の交付を受けた場合の取扱い ………………………	114
Q28	株式交付制度により譲渡した株式の譲渡所得の特例 ………………	117
Q29	外国法人発行の株式の配当に外国源泉税が課される場合の 外国税額控除の適用 ……………………………………………………	121
Q30	特定口座で保有する上場外国株式の配当に係る外国源泉税と 外国税額控除の適用可否 ………………………………………………	131
Q31	外国法人株式を保有する場合の外国子会社合算税制（CFC税制） の適用 ……………………………………………………………………	134
Q32	税制非適格ストックオプションの行使により取得した株式等の 取得価額 …………………………………………………………………	142

Q33	税制適格ストックオプションの行使により取得した株式を他の証券会社へ移管した場合のみなし譲渡 …………………… 145
Q34	株式報酬プランにより取得した外国親会社株式を売却した場合の課税関係 …………………………………………………… 148
Q35	譲渡制限付株式を制限解除後に譲渡した場合の税務手続 ………… 153
Q36	譲渡制限付株式と同一銘柄の株式を譲渡した場合の取得費の計算 … 156
Q37	株式交付信託による取得株式を譲渡した場合の税務手続 ……… 159
Q38	信託型ストックオプションの行使により取得した株式の譲渡 ……… 162
Q39	付与契約の内容を変更した税制適格ストックオプションの行使により取得した株式の譲渡 ……………………………………… 165
Q40	個人が行う株券貸借取引に係る課税上の取扱い ………………… 168
Q41	非永住者が受け取る上場外国株式の配当の課税関係 …………… 171
Q42	非永住者が行う株式の譲渡に係る課税 ……………………………… 174
Q43	非居住者が内国法人から配当を受領する場合の課税関係 ……… 177
Q44	非居住者による上場内国法人株式の譲渡の課税関係 …………… 180

第2章 債券の税務

Q45	特定公社債と一般公社債の区分 ……………………………………… 186
Q46	公募利付債券の課税関係 ……………………………………………… 189
Q47	同族株主等が受領する社債利子に対する課税 ……………………… 192
Q48	外国法人が発行した外貨建利付債券の利子の取扱い（国内の証券会社経由で受け取る場合）……………………………… 196
Q49	外国法人が発行した外貨建利付債券の利子の取扱い（国外の証券会社経由で受け取る場合）……………………………… 199
Q50	円建利付債券の償還時に生じた償還差益の取扱い ……………… 201
Q51	円建利付債券の償還時に生じた償還差損の取扱い ……………… 203
Q52	外貨建の利付債券の償還時に生じた為替差損益の取扱い ……… 206
Q53	外国法人が発行した外貨建利付債券を譲渡した場合の取扱い ……… 209

Q54	外国法人発行の債券の利子に外国源泉税が課される場合の外国税額控除の適用 ………………………………………………… 212
Q55	個人が割引債の償還を受けた場合の取扱い（割引債の発行日が2015年12月31日以前）………………… 215
Q56	個人が割引債の償還を受けた場合の取扱い（割引債の発行日が2016年1月1日以後）…………………… 217
Q57	転換社債型新株予約権付社債（CB）が株式に転換された場合の課税関係 ………………………………………………………… 220
Q58	上場株式等償還特約付社債（EB債）が株式に転換された場合の課税関係 ………………………………………………………… 223

第3章　預貯金の税務

Q59	外貨建定期預金の利子及び満期時の課税関係 ………………… 228
Q60	外国金融機関の国外営業所に預け入れた預金の利子の取扱い ……… 231
Q61	預金の利子の損益通算 ……………………………………………… 233
Q62	外貨建預金を払い出して外貨建株式に投資した場合の為替差益の取扱い ………………………………………………………… 235
Q63	上場外国株式を譲渡して外貨建てMMFを取得する場合の為替差損益 ……………………………………………………… 238
Q64	外貨預金と外貨MMFの課税関係の差異 ……………………… 241

第4章　投資信託、投資法人の税務

Q65	上場株式等の範囲に含まれる投資信託 ………………………… 246
Q66	公募公社債投資信託の収益分配金の課税関係 ………………… 249
Q67	公募株式投資信託の収益分配金の課税関係 …………………… 250
Q68	公募株式投資信託の解約請求と買取請求の差異 ……………… 255
Q69	私募外国株式投資信託の収益分配金の取扱い ………………… 257
Q70	私募外国株式投資信託の償還時の取扱い ……………………… 259

Q71	外国籍ユニットトラストからの収益分配金の取扱い	262
Q72	REITからの分配金（利益超過分配金を含む）	266
Q73	REITからの利益超過分配に関する課税関係	271
Q74	ETFを譲渡した場合の課税の取扱い	275
Q75	外国籍会社型投資法人が公募発行する非上場の投資証券の課税関係	277
Q76	外国籍会社型投資法人の投資口について資本の払戻しがあった場合の取扱い	280
Q77	外国籍会社型投資法人の投資口を保有する場合の外国子会社合算税制（CFC税制）の適用	283
Q78	外国籍契約型投資信託の受益権を保有する場合の外国子会社合算税制（CFC税制）の適用	286
Q79	証券投資信託の収益の分配金に係る確定申告と分配時調整外国税相当額控除	288
Q80	証券投資信託の収益の分配金に外国税相当額が含まれている場合の確定申告手続	292
Q81	外国籍投資信託の併合があった場合の取扱い	296

第5章　組合・パートナーシップの税務

Q82	個人が匿名組合契約により利益の分配を受ける場合の課税関係	300
Q83	個人が任意組合契約により利益の分配を受ける場合の所得認識の時期	303
Q84	個人が任意組合契約により利益の分配を受ける場合の所得計算	306
Q85	任意組合契約を通じて不動産に投資をする場合の損失の認識	308
Q86	外国のパートナーシップからの分配金の取扱い	311
Q87	米国デラウェア・リミテッド・パートナーシップの法人該当性	315
Q88	外国のパートナーシップを通じて有価証券投資を行う場合の所得区分	318

Q89	外国のパートナーシップを通じて有価証券投資を行う場合の必要経費	321
Q90	ベンチャーキャピタルファンドへの投資と株式譲渡に係る損益の通算	325
Q91	個人が匿名組合契約に基づき太陽光発電事業に投資を行い利益の分配を受ける場合の課税関係	329

第6章 その他の金融・投資商品の税務

Q92	合同運用信託の課税関係	334
Q93	海外に所在する不動産を売却した場合の譲渡所得計算	336
Q94	海外に所在する中古建物に係る不動産所得の計算	338
Q95	信託契約を通じて不動産に投資をする場合の受益者の所得	344
Q96	航空機リース事業に係る投資損失の取扱い	349
Q97	金取引を行った場合の課税関係	352
Q98	株価指数先物取引を行った場合の課税関係	354
Q99	FX取引を行った場合の課税関係	359
Q100	海外業者と行ったFX取引についての課税関係	362
Q101	国外に転居した後に行ったFX取引についての課税関係	365
Q102	暗号資産の売買を行った場合の所得計算	368
Q103	複数回にわたって購入した暗号資産を譲渡した場合の譲渡価額の計算	371
Q104	暗号資産の売買に係る収益の認識時期	378
Q105	暗号資産に関する信用取引を行った場合の所得計算	381
Q106	暗号資産取引に係る利益を雑所得として申告する場合の帳簿保存	384
Q107	NFTを譲渡した場合の課税関係	387
Q108	NFTの取得対価に著作権の使用料が含まれる場合の源泉徴収義務	390
Q109	国外に金融資産を有する場合の国外財産調書の提出義務	392

＊本書は、令和6年10月末日現在の情報によっています。

―― 凡例 ――

所法	所得税法
所令	所得税法施行令
所規	所得税法施行規則
所基通	所得税基本通達
法法	法人税法
法令	法人税法施行令
法規	法人税法施行規則
法基通	法人税基本通達
措法	租税特別措置法
措令	租税特別措置法施行令
措規	租税特別措置法施行規則
措基通	租税特別措置法基本通達
消法	消費税法
復興財確法	東日本大震災からの復興ための施策を実施するために必要な財源の確保に関する特別措置法
復興所得税令	復興所得税に関する政令
国調法	内国税の適正な課税の確保を図るための国外送金等に係る調書の提出等に関する法律
地法	地方税法
地令	地方税法施行令
金商法	金融商品取引法
投信法	投資信託及び投資法人に関する法律

I 居住者に対する課税の概要

1 所得税の納税義務者

所得税の納税義務者は個人(居住者及び非居住者)及び法人とされています(所法5条)。

居住者とは、日本国内に住所があるか又は現在まで引き続いて1年以上居所がある個人をいいます。

居住者は、「非永住者以外の居住者」と「非永住者」に分かれます。

〈所得税法上の納税義務者―個人〉

区　分	定　義	細区分	定　義
居住者	A) 国内に住所(*1)を有し、又は B) 現在まで引き続いて1年以上国内に居所(*2)を有する個人 (所法2①三)	非永住者以外の居住者(永住者)	A) 日本国籍を有する個人、又は B) 過去10年以内において国内に住所又は居所を有していた期間の合計が5年を超える個人
		非永住者 (所法2①四)	A) 日本国籍を有せず、かつ B) 過去10年以内において国内に住所又は居所を有していた期間の合計が5年以下である個人
非居住者	居住者以外の個人(所法2①五)		

*1 「住所」とは、個人の生活の本拠をいい、生活の本拠かどうかは客観的事実によって判定します。

　なお、租税条約では、日本と異なる規定を置いている国との二重課税を防止するため、個人、法人を含めた居住者の判定方法を定めています。具体的には、それぞれの租税条約の内容によりますが、一般的には、恒久的住居、利害関係の中心的場所、常用の住居、国籍の順に考えて、どちらの国の居住者となるかが決定されます。

*2 「居所」は、その人の生活の本拠ではないが、その人が現実に居住している場所をいいます。

2 課税所得の範囲

(1) 非永住者以外の居住者

非永住者以外の居住者(永住者)は、所得が生じた場所が日本国の内外を問わず、その全ての所得に対して課税されます(所法7条1項1号)。一般的にはほとんどこのケースに該当します。

(2) 非永住者

居住者のうち日本国籍がなく、かつ、過去10年以内の間に日本国内に住所又は居所を有する期間の合計が5年以下である個人を非永住者といいます。

非永住者は、国外源泉所得(たとえば、外国国債の利子や、外国法人からの株式の配当、国外にある不動産の貸付・譲渡による収益など)以外の所得(つまり、基本的には国内源泉の所得)と、国外源泉所得で日本国内において支払われ、又は日本国内に送金されたものに対して課税されます(所法7条1項2号)。

(3) 非居住者

非居住者は、国内源泉所得についてのみ課税されます(所法7条1項3号)。課税対象となる国内源泉所得の内容は、非居住者が日本に恒久的施設(支店、事務所、代理人等)を有するかどうかにより異なります。恒久的施設を有しない場合に課税対象となる国内源泉所得の範囲には、たとえば、日本国債の利子、内国法人からの株式の配当、内国法人の株式の譲渡のうち一定のもの、等があります。

まとめると以下の通りです。

納税義務者	課税所得の範囲
非永住者以外の居住者	全世界所得
非永住者	国外源泉所得以外の所得+国外源泉所得で日本国内において支払われたもの又は日本国内に送金されたもの
非居住者	国内源泉所得

3 所得区分

　所得税法では、その性格によって所得を次の10種類に区分しています（所法23条から35条）。

	所得区分	内容
1	利子所得	預貯金や公社債の利子並びに合同運用信託、公社債投資信託及び公募公社債等運用投資信託の収益の分配に係る所得
2	配当所得	株主や出資者が法人から受ける配当や、投資信託（公社債投資信託及び公募公社債等運用投資信託以外のもの）及び特定受益証券発行信託の収益の分配に係る所得
3	不動産所得	土地や建物などの不動産、借地権など不動産の上に存する権利、船舶や航空機の貸付け（地上権又は永小作権の設定その他、他人に不動産等を使用させることを含む）による所得（事業所得又は譲渡所得に該当するものを除く）
4	事業所得	農業、漁業、製造業、卸売業、小売業、サービス業その他の事業から生ずる所得（ただし、不動産の貸付けや山林の譲渡による所得は、原則として不動産所得や山林所得）
5	給与所得	勤務先から受ける給料、賞与などの所得
6	退職所得	退職により勤務先から受ける退職手当や加入員の退職に基因して支払われる厚生年金保険法に基づく一時金などの所得
7	山林所得	山林を伐採して譲渡、立木のままで譲渡することによって生ずる所得
8	譲渡所得	土地、建物、ゴルフ会員権などの資産を譲渡することによって生ずる所得
9	一時所得	上記1から8までのいずれの所得にも該当しないもので、営利を目的とする継続的行為から生じた所得以外のものであって、労務その他の役務の対価としての性質や資産の譲渡による対価としての性質を有しない一時の所得（懸賞や福引の賞金品、競馬や競輪の払戻金、生命保険の一時金や損害保険の満期返戻金）
10	雑所得	上記1から9までの所得のいずれにも該当しない所得（公的年金等、非営業用貸金の利子、事業的規模で行われない原稿料や印税）

　それぞれの所得区分ごとに、所得（利益）の金額の算定方法が定められ、各種所得の所得金額が決定されます（所基通34－1、35－1、35－2）。

4　課税方式

(1)　総合課税

　総合課税制度とは、各種の所得金額を合計して所得税額を計算するというものです。

　総合課税の対象となるのは、次の所得です。
- 利子所得（源泉分離課税とされるもの、特定公社債等の利子等を除く）
- 配当所得（確定申告をしないことを選択したもの、上場株式等の配当について申告分離課税を選択したものを除く）
- 不動産所得
- 事業所得（株式等の譲渡による事業所得、先物取引に係る事業所得を除く）
- 給与所得
- 譲渡所得（土地・建物等の譲渡所得、株式等の譲渡による譲渡所得、先物取引に係る譲渡所得を除く）
- 一時所得（源泉分離課税とされるものを除く）
- 雑所得（株式等の譲渡による雑所得、先物取引に係る雑所得、源泉分離課税とされるもの（定期積金の給付補てん金などのいわゆる金融類似商品の収益）を除く）

　上記の所得の金額を一定の方法により合計した総所得金額から、所得控除の合計額を控除し、その残額に税率（累進税率、次頁表）を乗じて税額を計算します（総合課税）。

　各種所得金額の計算上生じた損失のうち一定のもの（不動産所得、事業所得、山林所得、譲渡所得）についてのみ、一定の順序にしたがって、総所得金額、退職所得金額又は山林所得金額等を計算する際に他の各種所得の金額から控除することができます（損益通算）。しかし、それ以外の所得、たとえば雑所得について生じた損失は、他の所得と損益通算することはできません。

　所得税の税率表（2015年分以降）は以下の通りです（所法89条）。

〈所得税の速算表〉

課税される所得金額	税率	控除額
195万円以下	5%	0円
195万円を超え　330万円以下	10%	97,500円
330万円を超え　695万円以下	20%	427,500円
695万円を超え　900万円以下	23%	636,000円
900万円を超え　1,800万円以下	33%	1,536,000円
1,800万円を超え4,000万円以下	40%	2,796,000円
4,000万円超	45%	4,796,000円

＊ 2013年から2037年までの各年分の確定申告においては、所得税と復興特別所得税（原則としてその年分の基準所得税額の2.1％）を併せて申告・納付することとなります。

　その年の1月1日に日本に住所がある個人は、その前年の所得に対し地方住民税（所得割）が課されます。地方住民税（所得割）の税率は原則として10％（道府県民税4％、市町村民税6％）です。なお、事務所や事業所を設けて、地方税法に定める法定業種の事業を行っている個人については、別途事業税が課されます。

(2) **申告分離課税**

　一定の所得については、他の所得金額と合計せず、分離して税額を計算し、確定申告によりその税額を納めることとなります（申告分離課税制度）。

　申告分離課税制度の例としては以下のものがあります。

- 山林所得
- 退職所得
- 土地・建物等の譲渡所得
- 株式等の譲渡所得等
- 上場株式等の配当所得等
- 一定の先物取引による雑所得等

(3) **源泉課税**

　特定の所得については、その所得の支払いの際に、支払者が所得税を徴収して納税する、源泉徴収制度がとられています。源泉徴収制度のもとでは、利子、配当等、給与等を支払う者等（源泉徴収義務者）が、その所得

の支払いの際に源泉所得税額を控除して、国に納税します。利子等や配当等に関する地方住民税（利子割、配当割等）についても、同様の制度がとられています（特別徴収制度）。源泉徴収により納付された税額は、所得税等の前払い的性質を有するものであり、通常は確定申告又は年末調整（給与の場合）により精算されますが、源泉徴収により課税関係が完結する所得もあります（源泉分離課税）。

（参考）所得税の体系

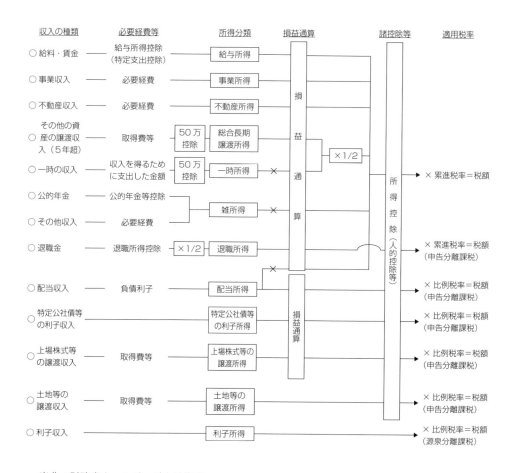

出典：財務省ホームページより作成

5 申告

　所得税は、個人のその年の1月1日から12月31日までの間に生じた所得について、確定申告により所得税を申告・納付する、いわゆる申告納税を基本としていますが、源泉徴収制度や年末調整制度がとられていることから、個人が確定申告を行う必要はそれほど多くはありません。

　たとえば、1か所からの給与所得のみの方は、原則として年末調整により所得税が精算されるため、申告は不要です（給与の収入金額が2,000万円を超える場合や寄付金控除等を受ける場合を除く）。ただし、給与所得及び退職所得以外の所得の合計額が20万円を超える場合は、申告が必要となります。

　地方住民税は、所得税の確定申告をした場合、その情報が自動的に市区町村に送られるため、原則として、住民税の申告を独自に行う必要はありません。ただし、所得税と住民税では若干異なる規定があり、たとえば、所得税では、給与所得以外の所得が20万円以下である場合は確定申告の必要はありませんが、住民税では、それらの所得についても給与所得と併せて申告する必要があります（地法45の2、317の2）。

II 金融・投資所得に関する課税の概要

　日本の所得税制は、申告納税制度のもと総合課税が原則となっていますが、金融商品については、不労所得であることや金融機関を通じ徴税が容易であることもあり、税制の中立性、簡素性、適正執行の確保などの観点から、伝統的に源泉分離課税や申告分離課税が導入されています。

　一方、「貯蓄から投資へ」の構造改革の中で、一般の投資家がより一層投資を行い得る環境を整備するためにも、金融商品間の課税の中立性、かつ簡素でわかりやすい税制が必要等の観点から、「金融所得課税の一体化」が進められています。この一環として、特定公社債として取り扱われる一定の公社債については、基本的に上場株式と同様の課税が行われています。

1 金融・投資所得に係る所得分類

所得区分	含まれる金融・投資所得の種類
利子所得	・預貯金の利子 ・公社債の利子 ・合同運用信託、公社債投資信託及び公募公社債等運用投資信託の収益の分配
配当所得	・株主や出資者が法人から受ける配当 ・投資信託（公社債投資信託及び公募公社債等運用投資信託以外のもの）の収益の分配 ・特定受益証券発行信託の収益の分配
不動産所得	・不動産の貸付け（事業所得に該当するものを除く）
譲渡所得（一般）	・資産（株式等、不動産を除く）の譲渡による所得
土地建物の譲渡所得	・土地、建物の譲渡による所得
株式等の譲渡所得等	・株式、公社債の譲渡による所得
一時所得	・生命保険の一時金 ・損害保険の満期返戻金

所得区分	含まれる金融・投資所得の種類
雑所得	・為替差益 ・個人年金保険の年金 ・定期積金の給付補てん金 ・匿名組合の分配金 ・暗号資産譲渡益
先物取引の雑所得等	・一定の先物取引による所得

2 源泉徴収制度

居住者たる個人が国内において支払いを受ける以下の金融所得については、源泉徴収制度がとられています（所法181条、地法71条の9他）。

所得区分	含まれる金融所得の範囲	源泉税率
利子所得	・預貯金の利子 ・公社債の利子 ・合同運用信託、公社債投資信託及び公募公社債等運用投資信託の収益の分配	所得税（復興特別所得税を含む。以下同様）15.315%、地方税5%
配当所得	・法人から受ける株式の配当 ・投資信託（公社債投資信託及び公募公社債等運用投資信託以外のもの）の収益の分配 ・特定受益証券発行信託の収益の分配 （上場株式等からの配当等に該当するものを除く）	所得税20.42%
	・上場株式等からの配当等	所得税15.315%、地方税5%
株式等の譲渡所得等	・株式、公社債の譲渡による所得（上場株式等に該当するもの）	所得税15.315%、地方税5% （源泉徴収あり特定口座の場合）
	・割引債の償還による所得	みなし償還差益に対し所得税15.315%、地方税5%

所得区分	含まれる金融所得の範囲	源泉税率
一時所得	・一時払養老保険、一時払損害保険等（保険期間が5年以内であるなど一定の要件を満たすもの）の差益等	所得税15.315％、地方税5％
雑所得	・生命保険契約等に基づく年金（公的年金等に該当しない個人年金）	年金の額からその年金に対応する保険料等を控除した額について所得税10.21％
	・定期積金の給付補てん金 ・外貨投資口座の為替差益等	所得税15.315％、地方税5％
	・匿名組合の分配金	所得税20.42％

3 特定口座制度

　特定口座とは、居住者等が金融商品取引業者等に開設する口座の一種をいいます（1の金融商品取引業者等につき、1口座に限られる）。通常、上場株式等の譲渡益課税については申告分離課税が適用されますが、特定口座に保管されている上場株式等について譲渡が発生した場合、金融商品取引業者等が譲渡損益の計算を行い、投資家に「特定口座年間取引報告書」（次頁）を交付することにより、投資家は簡便に申告することができます。特定口座において保管する上場株式等について譲渡による譲渡所得等の金額がある場合は、特定口座外で譲渡した他の株式等の譲渡による所得と区分して計算することになります。

　また、特定口座内で生じる所得に対して源泉徴収されることを選択した場合には、上場株式等の譲渡損益について金融商品取引業者等により源泉徴収が行われます。この場合、当該口座内の上場株式等を譲渡した都度、一定の計算により、譲渡益に相当する金額に20.315％の税率を乗じて計算した金額の所得税（復興特別所得税を含む）及び地方税が、その譲渡対価が支払われる際に源泉徴収されます。その特定口座（源泉徴収口座）における上場株式等の譲渡による所得は原則として、確定申告は不要となります（ただし、他の口座での株式等の譲渡損益と相殺する場合や上場株式等に係る譲渡損失を繰越控除する特例の適用を受ける場合には、確定申告が必要です）。

令和　年分　特定口座年間取引報告書

税務署長　殿　　　　　　　　　　　　　　　　　　　　　　　　　　令和　年　月

特定口座開設者	住所（居所）		フリガナ		勘定の種類	1 保管　2 信用　3 配当等
			氏名			
	前回提出時の住所又は居所		生年月日	明・大・昭　平・令　.　.	口座開設年月日	．
			個人番号		源泉徴収の選択	1 有　2 無

（譲渡の対価の支払状況）

種類	銘柄	株（口）数又は額面金額　株（口）・千円	譲渡の対価の額　千円	譲渡年月日	譲渡区分
				． ．	
				． ．	
				． ．	
				． ．	
				． ．	

（譲渡に係る年間取引損益及び源泉徴収税額等）　源泉徴収税額（所得税）　　千円　株式等譲渡所得割額（住民税）　　千円　外国所得税の額　　千円

譲渡区分	① 譲渡の対価の額（収入金額）千円	② 取得費及び譲渡に要した費用の額等　千円	③ 差引金額（譲渡所得等の金額）（①－②）千円
上場分			
特定信用分			
合計			

（配当等の交付状況）

種類	銘柄	株（口）数又は額面金額　株（口）・千円	配当等の額（特別分配金の額）千円	源泉徴収税額（所得税）円	配当割額（住民税）円	上場株式配当等控除額円	外国所得税の額円	交付年月日　支払確定日又は支払年月日
								（　．．．）
								（　．．．）
								（　．．．）
								（　．．．）

（配当等の額及び源泉徴収税額等）

	種類	配当等の額　千円	源泉徴収税額（所得税）円	配当割額（住民税）円	特別分配金の額　千円	上場株式配当等控除額　千円	外国所得税の額　千円
特定上場株式等の配当等	④株式、出資又は基金						
	⑤特定株式投資信託						
	⑥投資信託又は特定受益証券発行信託（⑤、⑦及び⑧以外）						
	⑦オープン型証券投資信託						
	⑧国外株式又は国外投資信託等						
	⑨合計（④+⑤+⑥+⑦+⑧）						
上記以外のもの	⑩公社債						
	⑪社債的受益権						
	⑫投資信託又は特定受益証券発行信託（⑬及び⑭以外）						
	⑬オープン型証券投資信託						
	⑭国外公社債等又は国外投資信託等						
	⑮合計（⑩+⑪+⑫+⑬+⑭）						
	⑯譲渡損失の金額				（摘要）		
	⑰差引金額（⑨+⑮－⑯）						
	⑱納付税額						
	⑲還付税額（⑨+⑮－⑱）						

金融商品取引業者等	所在地	
	名称	（電話）　　　法人番号

整理欄	①	②

385

出典：国税庁ホームページ
https://www.nta.go.jp/taxes/tetsuzuki/shinsei/annai/hotei/pdf/r02/1253-01.pdf

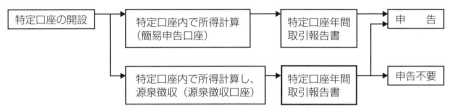

出典：国税庁ホームページ
https://www.nta.go.jp/taxes/shiraberu/taxanswer/shotoku/1476.htm

　さらに、源泉徴収口座を開設している金融商品取引業者等の営業所に保管委託等されている上場株式等に係る利子等又は配当等（配当等については、一定の大口株主等が受けるものを除く）を受ける場合は、その上場株式等に係る利子等及び配当等をその金融商品取引業者等の営業所に開設している源泉徴収口座に受け入れることを選択することができます。この選択がされた場合、源泉徴収口座に受け入れた上場株式等に係る利子等及び配当等と、その源泉徴収口座内における上場株式等の譲渡損失の金額を損益通算の上、源泉所得税の金額が計算されます。
（措法37の11の3～37の11の6、措通37の11の4－1）

　金融商品取引業者等の口座のうち、特定口座に該当しないものは、一般口座と呼ばれます。一般口座においては、上場株式等の譲渡所得等について金融商品取引業者等による源泉徴収は行われず、譲渡損益の計算も行われません。

4　課税方式

　居住者たる個人に対し日本国内で支払われる金融所得に対する課税方式の概要は以下の通りです。

所得区分	含まれる金融商品の範囲	細区分	課税方式
利子所得	・預貯金の利子 ・合同運用信託の収益の分配		源泉分離課税

所得区分	含まれる金融商品の範囲	細区分	課税方式
利子所得	・公社債の利子 ・公社債投資信託及び公募公社債等運用投資信託の収益の分配	特定公社債	源泉徴収の上、申告分離課税
		一般公社債	源泉分離課税
配当所得	・法人から受ける株式の配当 ・投資信託(公社債投資信託及び公募公社債等運用投資信託以外のもの)の収益の分配 ・特定受益証券発行信託の収益の分配	上場株式等	源泉徴収の上、総合課税又は申告分離課税 (一定の場合源泉課税のみ)
		非上場株式等	源泉徴収の上、総合課税
譲渡所得 (一般)	・資産(株式等、不動産を除く)の譲渡による所得		総合課税
株式等の譲渡所得等	・株式、公社債の譲渡による所得 ・公社債の償還による所得	上場株式等	申告分離課税
		非上場株式等	申告分離課税
一時所得	・生命保険の一時金や損害保険の満期返戻金	下記以外	総合課税
		保険期間が5年以下の一定の一時払養老保険など	源泉分離課税
雑所得	・為替差益 ・暗号資産譲渡益		総合課税
	・生命保険契約等に基づく年金(公的年金等に該当しない個人年金)		源泉徴収の上、総合課税
	・定期積金の給付てん金 ・外貨投資口座の為替差益等		源泉分離課税
	・匿名組合からの分配金		源泉徴収の上、総合課税
先物取引の雑所得等	・一定の先物取引に係る雑所得等		申告分離課税

なお、上記の ☐ (太枠) については、金融所得一体課税の対象として、申告分離課税の範囲内で損益通算が可能です。

Ⅲ 金融所得に関する非課税規定

1 非課税口座内の少額上場株式等に係る配当所得及び譲渡所得等の非課税措置（NISA）

　非課税口座内の少額上場株式等に係る配当所得及び譲渡所得等の非課税措置制度（NISA）とは、居住者等が金融商品取引業者等の営業所に非課税口座（NISA口座）を開設する場合に、非課税口座内上場株式等について受領した配当等、又は、特定非課税累積投資契約等に基づき譲渡した非課税口座内上場株式等に係る譲渡益については、所得税を課さず、譲渡損はないものとみなすというものです（措法9の8、37の14）。

　NISA口座を開設するには、金融商品取引業者等の営業所の長に、「非課税口座開設届出書」を提出し、当該金融商品取引業者等との間で特定非課税累積投資契約を締結する必要があります。非課税口座の開設は1人1口座に限られますので、後日、税務当局が確認した結果、非課税口座を開設ができないことが判明した場合には、口座設定時から非課税口座に該当しないものとして取り扱われます。

　NISAは、2014年の導入以降、幾度となく改正がなされ、非課税枠が拡大されてきました。現行のNISAは令和5年度税制改正において恒久措置とされたもので、2024年1月以降に開設するNISA口座はつみたて投資枠と成長投資枠が同時に設定される枠組みとなっています。年間の投資上限額はつみたて投資枠と成長投資枠でそれぞれ120万円、240万円と定められていますが、別途、つみたて投資枠と成長投資枠の合計額にも上限が定められており、1,800万円を超えて非課税措置を適用することはできません。ただし、成長投資枠には単独で上限額（1,200万円）が定められていますので、これを超えて成長投資枠を利用することはできません。

なお、改正前のNISA制度に基づいて投資した上場株式などについては、現行のNISA制度とは別枠で引き続き非課税措置の対象となっています。

2 つみたて投資枠

つみたて投資枠（特定累積投資勘定）とは、長期投資に適した一定の投資信託を対象としたものです。つみたて投資枠で取得することができる投資信託（累積投資上場株式等）は、下記の要件を満たすもので、かつ、内閣総理大臣が財務大臣と協議して定める要件を満たすものに限られています（措令25条の13⑮、⑯、㊸、平成29年内閣府告示540号）。

① 信託契約期間を定めないこと又は20年以上の信託契約期間が定められていること
② 信託財産は、安定した収益の確保及び効率的な運用を行うためのものとして内閣総理大臣が財務大臣と協議して定める目的により投資する場合を除き、デリバティブ取引に係る権利に係る投資として運用を行わないこととされていること
③ 収益の分配は、1月以下の期間ごとに行わないこととされており、かつ、信託の計算期間（外国投資信託である場合には、収益の分配に係る計算期間）ごとに行うこととされていること

3 成長投資枠

成長投資枠（特定非課税管理勘定）とは、上場株式や上場投資信託（ETF）、公募株式投資信託、上場不動産投資法人の投資口（REIT）等を対象としたものです。ただし、下記の株式等は受け入れることができないこととされています（措令25条の13㉓、㊸、平成29年内閣府告示540号）。

① 税制適格ストックオプションの行使により取得した株式
② 整理銘柄・監理銘柄に指定された株式
③ 証券投資信託の受益権等で委託者指図型投資信託約款等においてデリバティブ取引に係る権利に対する投資として運用を行うこととされているもの

④ 証券投資信託の受益権で、収益の分配が１月以下の期間ごとに行わないこととされており、かつ、信託の計算期間（外国投資信託である場合には、収益の分配に係る計算期間）ごとに行うこととされているもの以外のもの

	つみたて投資枠 （特定累積投資勘定）	併用可	成長投資枠 （特定非課税管理勘定）
口座開設可能期間	制限なし		制限なし
年間投資上限額	120万円		240万円
非課税保有期間	制限なし		制限なし
非課税保有限度額 （総枠） ⇒３ページ参照	1,800万円 ※簿価残高方式で管理（枠の再利用が可能）		
			1,200万円（内数）
投資対象商品 ⇒２ページ参照	積立・分散投資に適した一定の公募等株式投資信託 （商品性について内閣総理大臣が告示で定める要件を満たしたものに限ります。）		上場株式・公募等株式投資信託等 （高レバレッジ投資信託などの商品は、対象から除かれています。）
投資方法	契約に基づき、定期かつ継続的な方法で投資		制限なし

出典：国税庁ホームページ
　　　https://www.nta.go.jp/users/gensen/nisa/pdf/shinnisa.pdf

Ⅳ 国外金融所得に係る留意点

　居住者が稼得する国外で生じた金融所得については、原則として、国内で生じた金融所得と同様に課税されます。
　ただし、以下の通りいくつかの留意点があります。

1 源泉徴収制度（水際源泉）

　源泉徴収義務は、居住者等に対して国内において源泉徴収の対象となる所得を支払う者に課されるものであるため、国外において支払われる金融所得には、原則として日本での源泉徴収は課されません。
　ただし、国外で支払われる所得のうち、公社債の利子や株式の配当等一定のものについて国内における支払の取扱者を通じて支払われる場合は、国内における支払の取扱者が源泉徴収を行うという水際源泉徴収制度の規定が設けられています（措法3条の3他）。

2 租税条約・外国税額控除の適用

　日本の居住者が国外において金融所得等の支払いを受ける場合、国外（所得源泉地）において利子又は配当等に源泉所得税が課される場合があります。
　この場合において、当該所得の源泉地国と日本との間に租税条約がある場合は、当該源泉地国の源泉税率は租税条約上の限度税率まで軽減される可能性があります（国ごとに異なる手続等を満たす必要があります）。また、一部の国については、租税条約により源泉地での課税を免除するといった措置もとられています。
　なお、源泉地国で利子・配当等に課された外国所得税については、原則として、日本における個人の所得税申告において外国税額控除の適用対象となりますが、租税条約の規定によりその相手国等において課することが

できることとされる額を超える部分の外国所得税については、外国税額控除の対象外とされます（所法95条）。

また、たとえば海外の不動産や一定の株式に投資をした場合などは、源泉国において申告が必要となる場合もありますので、投資資産に応じて源泉国での課税を検討する必要があります。これらの外国で課された税金のうち所得税に相当するものは、個人の所得税申告において、外国税額控除の対象とすることができます。

3 国外財産調書制度／財産債務調書制度

居住者（非永住者を除く）が、その年の12月31日において、その時における価額の合計額が5,000万円を超える国外財産を有する場合には、その国外財産の種類、数量及び価額その他必要な事項を記載した調書（以下、「国外財産調書」）を、その年の翌年の6月30日までに、所轄税務署長に提出しなければなりません（国調法5条）。国外財産調書については、後述の財産債務調書とは異なり、確定申告書の提出義務がない方にも提出義務が課されます。

国外財産とは、「国外にある財産」をいい、「国外にあるか」どうかの判定は、財産の種類ごとに、その年の12月31日の現況で行います。たとえば、株式や社債については、原則として発行法人の本店の所在が国外にあるかどうかで判断されますが、それらが金融商品取引業者等の営業所等に開設された口座に係る振替口座簿に記載等がされている場合においてはその口座が開設された金融商品取引業者等の営業所等の所在により判断されます。

国外財産調書の提出制度においては、適正な提出を促進するため、以下の措置が講じられています。

① 国外財産調書の提出がある場合の過少申告加算税等の軽減措置

　　国外財産調書を提出期限内に提出した場合には、国外財産調書に記載がある国外財産に関する所得税（復興特別所得税を含む）又は相続税の申告漏れが生じたときであっても、その国外財産に関する申告漏れに係る部分の過少申告加算税等について、5％軽減されます。

② 国外財産調書の提出がない場合等の過少申告加算税等の加重措置
　国外財産調書の提出が提出期限内にない場合又は提出期限内に提出された国外財産調書に記載すべき国外財産の記載がない場合（重要な事項の記載が不十分と認められる場合を含む）に、その国外財産に関する所得税等の申告漏れが生じたときは、その国外財産に関する申告漏れに係る部分の過少申告加算税等について、5％加重されます。

③ 正当な理由のない国外財産調書の不提出等に対する罰則
　国外財産調書に偽りの記載をして提出した場合又は国外財産調書を正当な理由がなく提出期限内に提出しなかった場合には、1年以下の懲役又は50万円以下の罰金に処されることがあります。

　また、所得税の確定申告書を提出する義務がある者が、所得の合計額が2,000万円を超え、かつ、その年の12月31日において3億円以上の財産又は1億円以上の国外転出特例対象財産を有する、または、その年の12月31日において有する財産の価額の合計額が10億円以上である場合には、財産の種類、数量および価額ならびに債務の金額その他必要な事項を記載した財産債務調書を、その年の翌年の6月30日までに税務当局へ提出することとされています。国外財産調書の提出が必要な方であっても、所得金額が2,000万円を超え、かつ、その年の12月31日において価額の合計額が3億円以上である財産又は価額の合計額が1億円以上である国外転出特例対象財産を有する方、または、その年の12月31日において有する財産の価額の合計額が10億円以上である方は、併せて財産債務調書の提出も必要になります。この場合、財産債務調書には、国外財産に係る事項（国外財産の価額を除く）の記載を要しないこととされています（国調法6の2②）。

　財産債務調書制度においても、適正な提出を確保するために、財産債務調書の提出がある場合の過少申告加算税等の軽減措置（過少申告加算税等が5％軽減）、財産債務調書の提出がない場合等の過少申告加算税等の加重措置（過少申告加算税等が5％加重）が設けられています。

　国外財産調書及び財産債務調書の様式は次の通りです。

FA5102

整理番号 ☐☐☐☐☐☐

令和☐☐年12月31日分　国外財産調書

提出用　平成二十八年十二月三十一日分以降用

国外財産を有する者	住所（又は事業所、事務所、居所など）	
	氏　名	
	個人番号 ☐☐☐☐☐☐☐☐☐☐☐☐	電話番号（自宅・勤務先・携帯）　－　－

国外財産の区分	種類	用途	所在		数量	（上段は有価証券等の取得価額）価額	備考
			国名				
						円	
						円	
	合　計　額					合計表㉕へ	

（摘要）

（　）枚のうち（　）枚目

通信日付印（年月日）（　．　．）

出典：国税庁ホームページ
https://www.nta.go.jp/taxes/tetsuzuki/shinsei/annai/hotei/pdf/291025_01.pdf

FA6103

整理番号 ☐☐☐☐☐☐☐

令和☐☐年12月31日分　財産債務調書

提出用

平成二十八年十二月三十一日分以降用

財産債務を有する者	住所又は事業所、事務所、居所など		
	氏　名		
	個人番号 ☐☐☐☐☐☐☐☐☐☐☐☐	電話番号（自宅・勤務先・携帯） ー　ー	

財産債務の区分	種類	用途	所在	数量	（上段は有価証券等の取得価額）財産の価額又は債務の金額	備考
					円	
					円	

国外財産調書に記載した国外財産の価額の合計額　　　　　　　　　　　　合計表㉘へ
　　（うち国外転出特例対象財産の価額の合計額（　　　　　）円（合計表㉙へ））

財産の価額の合計額	合計表㉗へ	債務の金額の合計額	合計表㉝へ

（摘要）

（　　　）枚のうち1枚目

通信日付印（年月日）（　.　.　）

出典：国税庁ホームページ
https://www.nta.go.jp/taxes/tetsuzuki/shinsei/annai/hotei/pdf/291025_05.pdf

4 その他のクロスボーダー金融所得に係る留意点

(1) 国外転出をする場合の譲渡所得等の特例（Exit Tax）

BEPS※行動計画6「租税条約濫用の防止」では、租税条約濫用防止のため、国内法が租税条約との関係で確実に適用できるよう適切な措置を実施することを勧告し、居住者の国外転出時における金融商品の含み益に対する所得課税の特例の整備を提案しました。

※ BEPSとは「Base Erosion and Profit Shifting」の略語であり、日本語では一般的に「税源浸食と利益移転」と訳されています。広くは、現在OECD/G20において行われているBEPSに対応するための国際課税ルールの見直しの議論を意味する用語として使用されています。

この勧告を踏まえて、我が国においても、諸外国の例を参考に、国外転出（国内に住所及び居所を有しないこととなること、以下同じ）をする居住者の有する有価証券等及び未決済デリバティブ取引等の含み益について、国外転出時に有価証券等の譲渡又は未決済デリバティブ取引等の決済があったものとみなして所得課税を行う特例制度（いわゆるExit Tax）が導入されています（所法60条の2、60条の3）。

Exit Taxの概要は以下の通りです。

対象者	以下の要件をいずれも満たす居住者 ① 申告対象資産の国外転出時等における評価額の合計額（下記の申告額等）が1億円以上である者 ② 国外転出の日前10年以内に、国内に住所又は居所を有していた期間（納税猶予を受けている期間を含み、在留資格をもって在留していた期間を除く）の合計が5年超である者
対象資産	有価証券（株式、投資信託等）、匿名組合契約の出資持分、未決済のデリバティブ取引・信用取引・発行日取引
申告及び申告額等	① 国外転出の時までに納税管理人の届出を行った場合 ⇒国外転出の時における当該有価証券等の価額に相当する金額又は当該未決済デリバティブ取引等の決済に係る利益の額若しくは損失の額により、譲渡又は決済したものとして所得を計算し、翌年の確定申告期限までに申告

	② ①以外の場合(他の所得とともに「準確定申告」) ⇒国外転出の予定日の3月前の日における当該有価証券等の価額に相当する金額又は当該未決済デリバティブ取引等の決済に係る利益の額若しくは損失の額により、譲渡又は決済したものとして所得を計算し、国外転出までに申告
帰国による課税の取り消し	国外転出後5年を経過する日までに帰国をした場合において、国外転出時から引き続き有していた有価証券等又は未決済デリバティブ取引等については、更正の請求(帰国の日から4月を経過する日までに行う)により課税の取り消しを受けることができる
非居住者への有価証券等の移転	贈与、相続又は遺贈により非居住者に有価証券等が移転する場合には、当該贈与、相続又は遺贈の時の価額により譲渡又は決済したものとして所得を計算

(2) 国際的な取引への対応

① 国外証券移管等調書制度

顧客からの依頼により国内証券口座から国外証券口座への有価証券の移管又は国外証券口座から国内証券口座への有価証券の受け入れをした金融商品取引業者等は、その移管等ごとに、その有価証券の種類、銘柄及び数量(株数・口数)又は額面金額その他必要な事項を記載した「国外証券移管等調書」を、翌月末日までに税務署に提出しなければなりません(国調法4の3①)。

国外証券移管等調書のフォームは26頁の通りです。

② 国外送金等調書制度

国内の金融機関等を通じて国外へ送金する場合や国外からの送金等を受領する場合、当該金融機関に対して、住所・氏名、国外送金の原因となる取引・行為等を記載した告知書を提出しなくてはなりません。告知書の提出に際しては、住民票の写し等の本人確認書類の提示が義務づけられています(国調法3条)。国外送金等の取扱金融機関は、告知書の提出を受けて、国外送金等の金額が100万円を超えるものにつ

いては「国外送金等調書」を作成し、翌月末日までに所轄の税務署に提出しなければなりません（国調法4条）。

ただし、金融機関等に開設されている本人口座からの振替による国外送金等については、告知書の提出が免除されています。

国外送金等調書のフォームは次頁の通りです。

③ 租税条約に基づく情報交換

海外取引に関する情報を入手するため、二国間の租税条約や情報交換協定に基づく情報交換を実施することにより、必要な情報を国外の税務当局から入手しています。特に近年、情報交換ネットワークの拡大・強化が図られており、2024年11月現在、155か国・地域を対象とする86の租税条約等が発効しています。

④ 共通報告基準（CRS）に基づく金融口座情報の自動的情報交換

外国の金融機関等を利用した国際的な脱税及び租税回避に対処するため、OECDにおいて、非居住者に係る金融口座情報を税務当局間で自動的に交換するための国際基準である「共通報告基準（CRS：Common Reporting Standard）」が公表され、日本を含む各国がその実施を約束しました。この基準に基づき、各国の税務当局は、自国に所在する金融機関等から非居住者が保有する金融口座情報の報告を受け、租税条約等の情報交換規定に基づき、その非居住者の居住地国の税務当局に対しその情報を自動的に交換します。

金融口座情報を報告する義務を負うのは金融機関で、報告の対象となる金融口座としては預金口座、年金保険契約、証券口座等の保管口座及び投資持分等があります。口座保有者の氏名・住所(名称・所在地)、居住地国、外国の納税者番号、口座残高、利子・配当等の年間受取総額等が報告対象となります。

国税庁によれば、令和4事務年度（令和4年7月～令和5年6月）において外国税務当局から日本の居住者に係るCRS情報約252万件を95か国・地域から受領しています。

令和　　年分　国外送金等調書

国内の送金者又は受領者	住所(居所)又は所在地			
	氏名又は名称		個人番号又は法人番号	

国外送金等区分	1. 国外送金・2. 国外からの送金等の受領	国外送金等年月日	年　　月　　日

国外の送金者又は受領者の氏名又は名称	
国外の銀行等の営業所等の名称	
取次ぎ等に係る金融機関の営業所等の名称	
国外送金等に係る相手国名	

本人口座の種類	普通預金・当座預金・その他（　　　）	本人の口座番号	

国外送金等の金額	外貨額		外貨名		送金原因	
	円換算額			(円)		

(備考)

提出者	住所(居所)又は所在地			
	氏名又は名称	(電話)	個人番号又は法人番号	

整理欄	①		②	

○ 個人番号又は法人番号欄に個人番号（12桁）を記載する場合には、右詰で記載します。

350

令和　　年分　国外証券移管等調書

国外証券移管者又は受入者	住所(居所)又は所在地			
	氏名又は名称		個人番号又は法人番号	

国外証券移管等区分	1. 国外証券移管・2. 国外証券受入れ	国外証券移管等年月日	年　　月　　日

国外証券移管の相手方の氏名又は名称	
国外の金融商品取引業者等の営業所等の名称	
国外証券移管等に係る相手国名	

国外移管等をした有価証券					
種類	銘柄	株数又は口数	額面金額		
			外貨額	外貨名	円換算額
		株(口)			千　　　　円

移管等の原因となる取引又は行為の内容	

(備考)

金融商品取引業者等	所在地			
	名称	(電話)	法人番号	

整理欄	①		②	

373

出典：国税庁ホームページ
　　　https://www.nta.go.jp/taxes/tetsuzuki/shinsei/annai/hotei/pdf/h31/23100064-01.pdf、
　　　https://www.nta.go.jp/taxes/tetsuzuki/shinsei/annai/hotei/pdf/h31/260704-01.pdf

我が国の租税条約ネットワーク

《86条約等、155か国・地域適用／2024年11月1日現在》（注1）（注2）

財務省

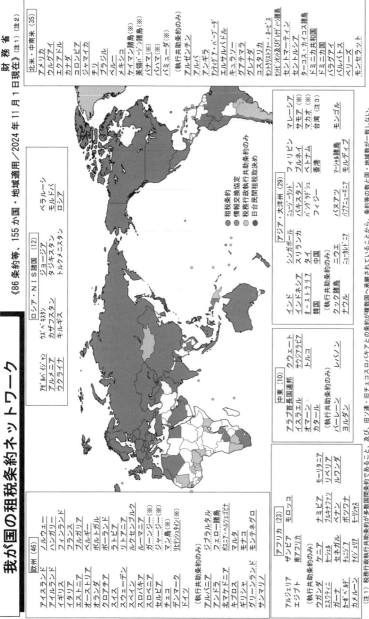

欧州 (46)
アイスランド、ノルウェー、アイルランド、ハンガリー、イギリス、フィンランド、イタリア、フランス、エストニア、ブルガリア、オーストリア、ベルギー、オランダ、ポルトガル、クロアチア、ラトビア、スイス、リトアニア、スウェーデン、ルクセンブルク、スペイン、ルーマニア、スロバキア、北マケドニア（※）、スロベニア、ガーンジー（※）、セルビア、ジャージー（※）、チェコ、マン島（※）、デンマーク、リヒテンシュタイン（※）、ドイツ（執行共助条約のみ）、アルバニア、アンドラ、フェロー諸島、キプロス、ジブラルタル、ギリシャ、マルタ、グリーンランド、モナコ、サンマリノ、モンテネグロ

ロシア・NIS諸国 (12)
アゼルバイジャン、カザフスタン、ジョージア、アルメニア、タジキスタン、トルクメニスタン、ウクライナ、キルギス

情報交換協定
租税条約
税務行政執行共助条約のみ
日台民間租税取決め

ベラルーシ、モルドバ、ロシア

北米・中南米 (35)
アメリカ、ウルグアイ、エクアドル、カナダ、コロンビア、チリ、ブラジル、ペルー、メキシコ、ケイマン諸島（※）、英領バージン諸島（※）、パナマ（※）、バハマ（※）、バミューダ（※）（執行共助条約のみ）、アルゼンチン、アンティグア・バーブーダ、エルサルバドル、キュラソー、グアテマラ、グレナダ、コスタリカ、セントクリストファー・ネービス、セントビンセント及びグレナディーン諸島、セントマーチン、セントルシア、タークス・カイコス諸島、ドミニカ共和国、ドミニカ国、バルバドス、パラグアイ、ベリーズ、モントセラト

中東 (10)
アラブ首長国連邦、クウェート、イスラエル、サウジアラビア、オマーン、トルコ、カタール、バーレーン（執行共助条約のみ）、ヨルダン、レバノン

アフリカ (23)
アルジェリア、ザンビア、モロッコ、エジプト、南アフリカ、（執行共助条約のみ）、ウガンダ、ケニア、ナミビア、モーリタニア、エスワティニ、セネガル、ブルキナファソ、リベリア、ガーナ、チュニジア、ベナン、ルワンダ、カーボベルデ、トーゴ、ボツワナ、ナイジェリア、マダガスカル、モンテネグロ、カメルーン、サンルシア

アジア・大洋州 (29)
インド、シンガポール、マレーシア（※）、インドネシア、スリランカ、サモア（※）、オーストラリア、タイ、マカオ（※）、韓国、中国、台湾（注3）、（執行共助条約のみ）、フィリピン、モンゴル、クック諸島、ブルネイ、ニウエ、ベトナム、バヌアツ、香港、パプアニューギニア、モルディブ、シンガポール

（注1）税務行政執行共助条約は多国間条約であること、及び、旧日・旧チェコスロバキアとの条約が複数国へ承継されていることから、条約等の数と国・地域数が一致しない。
（注2）条約等の数及び国・地域数の内訳は以下のとおり。
・租税条約（二重課税の除去並びに脱税及び租税回避の防止を主たる内容とする条約）：73本、80か国・地域
・情報交換協定（租税に関する情報交換を主たる内容とする条約）：11本、11か国・地域
・税務行政執行共助条約（締約国は我が国を除いて124か国）、（国名に下線）、（図中、（※）で表示）
・日台民間租税取決め：1地域

※日台民間租税取決めについては、公益財団法人交流協会（日本側）と亜東関係協会（台湾側）との間の民間租税取決め及びその内容を日本国内で実施するための法令により、全体として租税条約に相当する枠組みを構築（現在、両協会は、公益財団法人日本台湾交流協会（日本）及び台湾日本関係協会（台湾側）にそれぞれ改称されている）。

出典：財務省ホームページ

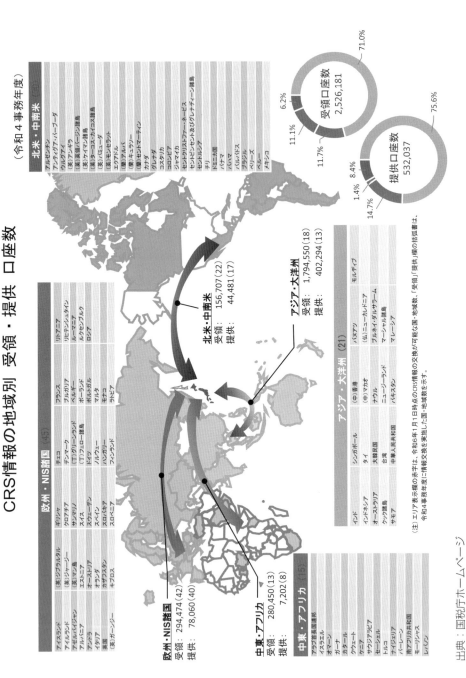

Ⅴ 金融取引と消費税

1 消費税の課税対象取引

　消費税の課税の対象となる取引は、国内において事業者が事業として対価を得て行う資産の譲渡等及び外国貨物の輸入です。「資産の譲渡等」とは、事業として有償で行われる資産の譲渡、資産の貸付け及び役務の提供をいいます（消法 2 条 8 号、4 条）。

　「国内において事業者が事業として対価を得て行う資産の譲渡等と輸入取引」に当たらない取引には消費税はかかりません（不課税取引）。不課税取引には、たとえば、国外取引、対価を得て行うことに当たらない寄附や単なる贈与、出資に対する配当などが含まれます。

　国内において事業者が事業として対価を得て行う資産の譲渡等であっても、課税対象になじまないものや社会政策的配慮から消費税を課さない取引があります（非課税取引）。非課税取引には、たとえば、土地、有価証券、支払手段などの譲渡、預貯金の利子などがあります。

　金融・投資取引のうち、以下のような取引は非課税取引として取り扱われています。

〈非課税取引の例〉

区　分	具体的内容
有価証券等の譲渡	国債や株券などの有価証券、登録国債、合名会社などの社員の持分、抵当証券、金銭債権などの譲渡
支払手段の譲渡	銀行券、政府紙幣、小額紙幣、硬貨、小切手、約束手形、暗号資産などの譲渡
預貯金の利子及び保険料を対価とする役務の提供等	預貯金や貸付金の利子、国債や社債の利子、保険料 割引債の償還差益 投資信託の収益の分配金 有価証券の賃貸料
住宅の貸付け	居住用のもの（1ヵ月未満の貸付けを除く）
土地の譲渡等	土地の譲渡及び貸付け（1ヵ月未満の貸付け等を除く）

2 納税義務者

　消費税の納税義務者は、個人事業者及び法人となります（消法2条3・4号、5条）。したがって、事業を行っていない個人については、消費税の納税義務者に該当しないと考えられます。

　また、事業者に該当する場合であっても、消費税では、その課税期間の基準期間における課税売上高が1,000万円以下の事業者は、納税の義務が免除されます(注)。この納税の義務が免除される事業者（以下「免税事業者」といいます）となるか否かを判定する基準期間における課税売上高とは、個人事業者の場合は原則として前々年の課税売上高のことをいい、不課税売上及び非課税売上はこれに含まれません。なお、免税事業者であっても、課税事業者を選択する旨の届出書を、原則としてその適用しようとする課税期間の開始の日の前日までに提出している場合には、課税事業者になることが可能です。

　注　その課税期間の基準期間における課税売上高が1,000万円以下であっても特定期間（個人事業者の場合は、その年の前年の1月1日から6月30日までの期間）における課税売上高が1,000万円を超えた場合、当課税期間から課税事業者となります。なお、特定期間における1,000万円の判定は、課税売上高に代えて、給与等支払額の合計額により判定することもできます。

　個人事業者の場合、消費税の課税期間は暦年（1月1日から12月31日）となります。

3 税率

　現行の消費税率は10％（消費税率7.8％、地方消費税率2.2％）です。ただし、飲食料品等の譲渡については、8％（消費税率6.24％、地方消費税率1.76％）が適用されます。

第 1 章

株式の税務

Q1 上場株式等の範囲

Q 株式が上場株式等に該当すると投資家に対する税金が優遇されると聞いていますが、上場株式等にはどのような証券が含まれるのでしょうか。

A 上場株式等は税法上限定列挙されており、株式等が上場株式等に該当するためには、①金融商品取引所に上場等されているか、又は②投資信託や特定受益証券発行信託の場合は、公募していること、が必要となります。

（検討）

1 上場株式等に対する税務上の恩典

株式等（株式、投資法人の投資口、投資信託の受益権、特定受益証券発行信託の受益権等）が、税務上の「上場株式等」に該当する場合、当該株式等を保有する個人投資家に対して以下のような優遇税制が適用されます（一定の大口保有の場合を除く）。

① 配当の源泉税率の軽減（通常20.42％（国税）のところ、15.315（国税）及び5％（地方税））
② 配当について、総合課税に代えて、申告分離課税の選択適用可
③ 配当について、金額にかかわらず申告不要制度の選択適用可
④ 一定の譲渡損の場合、上場株式等の配当との損益通算
⑤ 一定の譲渡損の場合、3年間の繰越し
⑥ 特定管理株式等が価値を失った場合の株式等に係る譲渡所得の課税の特例
⑦ 特定口座での保有
⑧ NISA（一定の場合）の適用対象

上場株式等の範囲の中に、特定公社債（公社債のうち一定のもの）も含まれますが、優遇税制のうち、上記①②⑧については、特定公社債には適用がありません。

2 上場株式等の定義

「上場株式等」とは、株式等のうち次に掲げるものをいいます。

① 株式等(*1)で金融商品取引所に上場されているもの（外国金融商品市場(*2)において売買されている株式等を含む）
② 店頭売買登録銘柄として登録されている株式（出資及び投資口を含む）
③ 店頭転換社債型新株予約権付社債
④ 店頭管理銘柄株式（出資及び投資口を含む）
⑤ 日本銀行出資証券
⑥ 投資信託でその設定に係る受益権の募集が公募により行われたものの受益権（特定株式投資信託を除く）
⑦ 特定投資法人の投資口
⑧ 公募の特定受益証券発行信託の受益権
⑨ 公募の特定目的信託の社債的受益権
⑩ 特定公社債（詳細については Q45 参照）

　*1　株式等とは以下をいいます（外国法人に係るものを含み、株式形態のゴルフ場利用権を除く）。
　　1.　株式（投資口を含む）、株主又は投資主となる権利、株式の割当てを受ける権利、新株予約権（新投資口予約権を含む）及び新株予約権の割当てを受ける権利
　　2.　特別の法律により設立された法人の出資者の持分、合名会社、合資会社又は合同会社の社員の持分、協同組合等の組合員又は会員の持分その他法人の出資者の持分（出資者、社員、組合員又は会員となる権利及び出資の割当てを受ける権利を含み、3に掲げるものを除く）
　　3.　協同組織金融機関の優先出資に関する法律に規定する優先出資（優先出資者となる権利及び優先出資の割当てを受ける権利を含む）及び資産の流動化に関する法律に規定する優先出資（優先出資社員となる権利及び同法に規定する引受権を含む）
　　4.　投資信託の受益権
　　5.　特定受益証券発行信託の受益権

> 6. 特定目的信託の社債的受益権
> 7. 公社債（預金保険法に規定する長期信用銀行債等、農水産業協同組合貯金保険法に規定する農林債及び償還差益について発行時に源泉徴収がされた割引債を除く）
>
> ＊2 「外国金融商品市場」とは、金融商品取引法2条8項3号ロに規定する「取引所金融商品市場に類似する市場で外国に所在するもの」をいい、日本証券業協会の規則に基づき各証券会社が「適格外国金融商品市場」としている市場はこれに該当します。

　すなわち、おおまかにいうと、上場株式等に該当するためには、株式又は投資信託の受益権については、(1)金融商品取引所に上場しているか、又は(2)投資信託や特定受益証券発行信託の受益権の場合は、公募していることが要件とされます。

　ここで、外国金融商品市場において売買されている株式等も含まれることから、外国法人が発行する株式でたとえばニューヨーク市場で上場され、売買されている株式も税務上「上場株式等」として取り扱われます。

　上場株式等に該当しない株式等（たとえば非上場の株式や私募の投資信託の受益権）については、一般株式等として取り扱われ、上場株式等とは異なる税務上の取扱いとされます（Q23参照）。

参考（関連条文）
措法37条の10②、37条の11②、措令25条の8③、措令25条の9②、措規18条の10①
措基通37の11－1

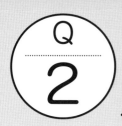# 上場国内株式の配当の課税関係

Q 私（居住者たる個人）は日本法人が発行する上場株式を保有しています（私の保有割合は当該日本法人の発行済株式総数の1％未満）。配当については源泉所得税が控除されたのちの金額を受け取っていますが、申告を行う必要はありますか。

なお、私は証券会社の特定口座の源泉徴収選択口座やNISA口座を利用していません。

A 配当の金額について、個人投資家は申告により総合課税又は申告分離課税を選択するか、申告不要とすることができます。

（検討）

1 上場株式の配当の課税概要

居住者たる個人（発行済株式総数等の3％以上に相当する数又は金額の株式等を有する大口株主(※)を除く）が受け取る上場株式等の配当については、20.315％の税率にて、源泉所得税が課されます（所得税及び復興特別所得税15.315％、地方税5％）。

(※) 2023年10月1日以後に支払を受けるべき上場株式等の配当等については、支払を受ける居住者を判定の基礎となる株主として選定した場合に同族会社に該当する法人が保有する株式等を合算して判定（詳細は Q3 ）

配当の金額について、個人投資家は以下のいずれかの課税方法を選択することができます（大口株主が受けるものを除く）。ただし、申告を行う場合、すべての株式の配当について①又は②のどちらかを選択する必要があります。

① 総合課税
② 申告分離課税
③ 申告不要

①又は②は申告を要します。この場合、収入金額は、源泉所得税控除前のグロスの配当の金額となります。課された源泉所得税は、申告納税額から全額控除することができます。

2 具体的な課税方法

① 総合課税

総合課税を選択する場合、上場株式の配当は配当所得として、総所得金額に含まれ、総合課税（所得税及び復興特別所得税として最高税率約46％及び住民税10％）の対象となります。配当所得の計算上、株式などを取得するための借入金の利子を控除することができます。

配当控除の適用も可能で、配当所得の金額の10％もしくは5％に相当する金額を申告納税額から控除できます（別途、地方税にも配当控除の適用があります）。

〈所得税法上の配当控除（剰余金の配当等の場合）〉

課税総所得が1,000万円以下の場合	配当所得の金額×10％
配当所得を加えると課税所得が1,000万円を超える場合	1,000万円以下の部分の配当所得の金額×10％＋1,000万円を超える部分の配当所得の金額×5％
配当所得以外の課税所得が1,000万円を超える場合	配当所得の金額×5％

他の所得（たとえば事業所得）に赤字があり総所得金額の範囲内で損益通算が可能な場合や、配当所得以外に所得がなく、基礎控除等の所得控除の適用により課税所得金額を抑えることができる場合は、総合課税を選択するのが有利となります。

一方、配偶者控除や扶養控除等の判定上は、配当所得が配偶者等の合計所得金額に含まれることになりますので、留意が必要です。

② 申告分離課税

　上場株式等の配当所得は、申告により、分離課税の適用を選択することができます。配当所得の計算上、株式などを取得するための借入金の利子を控除することができます。適用税率は20.315％（所得税及び復興特別所得税15.315％、地方税5％）です。

　当年の上場株式等の譲渡損失や過去から繰り越された上場株式等の譲渡損失の金額との損益通算を行う場合は、上場株式等の配当所得について申告分離課税を選択する必要があります。

　申告分離課税を選択した上場株式等の配当所得については、配当控除の適用はありません。

　なお、配偶者控除や扶養控除等の判定上は、上場株式等に係る譲渡損失と申告分離課税を選択した上場株式等に係る配当所得との損益通算の特例の適用を受けている場合にはその適用後の金額、上場株式等に係る譲渡損失の繰越控除の適用を受けている場合にはその適用前の金額が配偶者等の合計所得金額として取り扱われます。

③ 申告不要

　申告は要しません（源泉徴収のみで課税関係は完結します）。

　配当控除の適用や損益通算の適用はできません。

　なお、上場株式等の配当等について、確定申告の時点において、総所得金額に含めて確定申告するか、それを除外して確定申告するかの選択は、納税者の意思に委ねられているため、その配当所得の金額を総所得金額に含めて確定申告した後においては、修正申告や更正の請求等により、配当所得の申告不要制度の適用を受けることはできません（逆も同様）。

3 地方住民税の取扱い

地方住民税も上記2①から③のいずれかを選択することができますが、課税方式は所得税と一致させることとされています。

〈上場国内株式の配当の課税関係まとめ〉

	総合課税	申告分離課税	申告不要
申告の有無	必要	必要	不要
適用税率	累進税率 (地方税と合わせて最高約56%)	20.315% (所得税及び復興特別所得税15.315%、地方税5%)	― (源泉徴収のみ)
損益通算	・総合課税の範囲内で可能 ・株式の譲渡損との損益通算は不可	上場株式等の譲渡損との損益通算可	不可
配当控除	適用あり	適用なし	適用なし

参考（関連条文）
所法24条、92条
措法8条の4、8条の5、9条の3
措基通8の5-1
地法32条⑫⑬、313条⑫⑬、地法附則33の2条②⑥

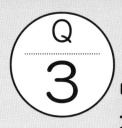

申告不要配当における大口株主等の要件

Q 私（居住者たる個人）は、上場会社であるＡ社の株式を保有しており、その保有割合は2.9％です。また、非上場会社であるＢ社の株式も保有していますが、Ｂ社はＡ社株式の30％を保有しています。この場合、私はＡ社から受領する配当について、確定申告が必要ですか。

A 上場会社であるＡ社の株式に係る配当は、原則として、総合課税方式のほか、特例である申告分離課税、申告不要制度の選択が可能であり、申告不要制度を選択する場合には、確定申告は必要ありません。

ただし、令和4年度税制改正により、2023年10月1日以後に支払を受けるべき配当については、申告不要制度の適用要件となるＡ社に対する保有割合の判定方法が変更され、自己を判定の基礎となる株主とした場合に、Ｂ社が法人税法上の同族会社となるときは、自己の保有割合（2.9％）に、Ｂ社による保有割合（30％）を合算した保有割合で判定することとなり、これが3％以上となりますので、総合課税による確定申告が必要になるものと考えられます。

（検　討）

１ 個人株主への配当に係る取扱い

（1）　配当所得の課税方式

個人である居住者が受領する配当は、配当所得として、原則20.42％の税率（所得税及び復興特別所得税）で源泉徴収され、かつ、他の所得と合算して総合課税の対象となります。

総合課税の場合の所得税の適用税率は、所得金額の区分に応じて5％から45％（復興特別所得税と合わせると5.105％から45.945％）及び地方住民税10％です。

なお、総合課税の場合、配当控除の適用を受けることができます。

(2) 上場株式等に係る配当所得の課税の特例

　金融商品取引所に上場されている株式（上場株式等）に係る配当の場合、源泉徴収税率は20.315％（所得税及び復興特別所得税15.315％、地方税5％）が適用され、確定申告の際には、他の所得と区分して税額計算することが認められています（申告分離課税）。この場合の税率は、源泉徴収税率と同じ20.315％が適用されます。なお、申告分離課税を選択した場合、上場株式等の譲渡損失との損益通算が認められます（配当控除は適用なし）。

　また、確定申告を不要とする特例も設けられ（申告不要制度）、これを選択した場合には、源泉徴収のみで課税関係が終了することになります（ただし、上場株式等の譲渡損失との損益通算は認められません）。

　ただし、これらの特例は、株式の保有割合が3％以上である大口の個人株主（大口株主等）には、適用が認められていません。

　これは、上場株式等に係る配当に対する課税の特例制度が、「貯蓄から投資へ」という政策課題への対応や金融所得課税一体化のための施策として、納税者の事務負担の軽減や金融所得の課税方式の均衡を図るために設けられたものであるところ、保有割合が3％以上である個人株主は、株式の保有が会社の経営に参画する持分としての事業参加的側面が強いことを考慮したものと解されています。

(3) 株主に同族会社が含まれる場合の判定

　会計検査院による「令和2年度決算検査報告」によれば、
「(略)ある上場会社の株式を保有している個人株主が、当該上場会社の株式を保有している法人の発行済株式（自己株式を除く。）の総数に対する株式の50％超を保有して同法人を支配している場合（この場合の個人株主を「特殊関係個人株主」、法人を「特殊関係法人株主」という。）には、特殊関係個人株主の持株割合が3％未満であっても、特殊関係法人株主を通じるなどして上場会社に対する持株割合を実質的に3％以上とすることが可能となる。
　　　（中略）
(略)持株割合が実質的に大口の個人株主と同等の3％以上となっている特殊関係個人株主と大口の個人株主との間での課税の公平性が保たれていない状況となっている」と指摘されました。

【参考】　会計検査院ホームページ
・令和２年度決算検査報告の概要（特定検査対象に関する検査状況）
「申告不要配当特例等を適用している個人株主が上場会社から支払を受けた配当に係る課税の状況等について」

　この指摘を受けて、令和４年度税制改正では、個人株主が保有する株式数に、その者を判定の基礎となる株主として選定した場合に同族会社に該当することとなる法人が保有する株式数を加えて、３％以上か否かの判定をすることとされました。

　なお、上記の「同族会社」とは、法人税法上の同族会社と同様、株主等の３人以下（特殊関係者を含みます）に発行済株式総数等又は議決権の50％超を保有される場合のその会社をいいます。

　また、配当支払法人は、配当基準日において株式保有割合が１％以上の個人の氏名、個人番号等を記載した報告書を、支払確定日から１月以内に、所轄の税務署長へ提出することとされています。

❷ 本件へのあてはめ

　おたずねの場合、上場会社であるＡ社の株式について、保有割合は2.9％とのことですので、原則的な課税方法である総合課税、特例である申告分離課税、申告不要制度のいずれも選択が可能です。したがって、申告不要制度を選択する場合には、確定申告を要しません。

　ただし、Ｂ社が法人税法上の同族会社に該当し、おたずねの個人の方がその判定の基礎となった株主に該当する場合には、特例適用の要件となるＡ社に対する保有割合の判定は、自己の保有割合に、Ｂ社による保有割合を合算して行うことになります。

　したがって、これに該当する場合には、自己の保有割合（2.9％）に、Ｂ社による保有割合（30％）を合算した保有割合が３％以上となりますので、申告分離課税及び申告不要制度は選択できず、総合課税が適用されることになるものと考えられます。

　　参考（関連条文）
所法22条②、89、181条①、182条
措法8条の４①、8条の５、9条の３
法法2条十

Q4 上場国内株式の譲渡の課税関係

Q 私（居住者たる個人）は保有している上場国内株式について国内証券会社への売委託により譲渡しました。譲渡益は税務上どのように取り扱われますか。

なお、私はこの上場株式を証券会社の一般口座で保有しています。また、営利を目的として保有しているものではありません。

- 取得価額　　　　　　　　　10,000,000 円
- 取得時の手数料（消費税込）　　30,000 円
- 売却価額　　　　　　　　　12,000,000 円
- 売却時の手数料（消費税込）　　36,000 円

A 売却価額から取得価額（付随費用を含む）及び売却手数料を控除した譲渡所得等の金額が、上場株式等に係る譲渡所得等として申告分離課税の対象となります。

（検 討）

1 所得区分及び課税方式

　株式等の売却により生じる益は、総合課税の対象となる一般の譲渡所得とはされず、「上場株式等に係る事業所得、雑所得及び譲渡所得の金額」又は「一般株式等に係る事業所得、雑所得及び譲渡所得の金額」に区分し、申告分離課税が適用されます（原則として確定申告が必要となります）。税率は 20.315％（所得税及び復興特別所得税 15.315％、地方税 5％）が適用されます。

　上場株式等の譲渡から生じる所得の金額の計算は、当該株式等の譲渡がいずれの所得区分に分類されるかに応じ、それぞれ以下の通りと定められています。

所得区分	所得金額
株式等に係る事業所得又は雑所得	株式等の譲渡に係る総収入金額 －株式等の譲渡に係る必要経費(*)
株式等に係る譲渡所得	株式等の譲渡に係る総収入金額 －(株式等の取得費＋譲渡のために要した委託手数料＋株式取得のための借入金利子)

＊株式等の譲渡に係る必要経費には、株式等の取得費（取得に要する付随費用を含む）のほか、株式取得のための借入金利子、譲渡のために要した委託手数料、管理費等が含まれます。

なお、株式等の譲渡が上記の「事業所得又は雑所得」に分類されるか、「譲渡所得」に分類されるか、及びそれによる必要経費の範囲の差異についての詳細は、Q5を参照してください。

2 株式の取得費

株式の譲渡所得の計算上、株式等の譲渡収入から控除することができる株式等の取得費には、購入した有価証券の場合、「購入のために要した費用」、すなわち株式等を購入するにあたって支出した買委託手数料（消費税含む）、交通費、通信費、名義書換料等が含まれます。

同一銘柄の株式等を2回以上にわたって購入し、その株式等の一部を譲渡した場合の取得費は、総平均法に準ずる方法によって求めた1単位当たりの金額を基に計算します。総平均法に準ずる方法とは、株式等をその種類及び銘柄の異なるごとに区分して、その種類等の同じものについて次の算式により計算する方法をいいます。

$$\frac{A + B}{C + D} = 1単位当たりの金額$$

A＝株式等を最初に購入した時（その後すでにその株式等を譲渡している場合には、直前の譲渡の時）の購入価額の総額
B＝株式等を最初に購入した後（その後すでにその株式等を譲渡している場合には、直前の譲渡の後）から今回の譲渡の時までの購入価額の総額
C＝Aに係る株式等の総数
D＝Bに係る株式等の総数

譲渡した株式等が相続したものである場合、原則として被相続人等の取得費を引き継ぎますが、被相続人等の取得費がわからない場合には、同一銘柄の株式等ごとに、取得費の額を売却代金の5％相当額とすることも認められます。自身が取得した場合でも、実際の取得費がわからない場合や、実際の取得費が売却代金の5％相当額を下回る場合など、同様に売却代金の5％相当額とすることが認められます。

3 本件へのあてはめ

おたずねの場合、以下の金額が上場株式等に係る譲渡所得等の金額として取り扱われます。

〈計算例〉
取得価額　　10,000,000円＋30,000円＝10,030,000円
譲渡所得等　12,000,000－（10,030,000＋36,000）＝1,934,000円

参考（関連条文）
措法37条の11、37条の10
所法48条、所令118条、措基通37の10・37の11共－13、14

株式の譲渡益から控除できる必要経費の範囲

Q 私(居住者たる個人)は、保有しているA株式(上場国内株式)について国内証券会社への売委託により売却したところ、売却価額が取得価額を上回りました。株式譲渡益の計算上、どのような費用を控除することができますか。

このA株式は国内証券会社の一般口座に預け入れられているものであり、特定口座や非課税口座(NISA口座)には入っていません。なお、私はこのA株式の他、複数の上場株式等を有していますが、いずれも投資目的(原則長期保有)で保有しており、本件のA株式も3年超にわたり保有していました。

A おたずねのA株式の譲渡については、株式の譲渡を営利目的で継続的に行っていることにはならないと考えられるため、所得区分は上場株式等に係る譲渡所得として取り扱われます。

したがって、譲渡収入から控除できる金額は、株式の取得費の他、譲渡に要した費用(委託手数料)及び借入金利子(株式を借入金で取得した場合)のみとなります。

(検討)

1 上場株式等の譲渡に係る課税の概要

上場株式等の譲渡から生じる所得については、他の所得と区分し、「上場株式等の譲渡に係る事業所得、譲渡所得及び雑所得」(以下、「上場株式等に係る譲渡所得等」)として、20.315%(所得税及び復興特別所得税15.315%、地方税5%)の申告分離課税が適用されます。

上場株式等が証券会社等の特定口座内の源泉徴収選択口座で保管されており譲渡益について証券会社等により源泉徴収がなされる場合を除き、原則として申告が必要となります。

2 株式等の譲渡による所得の所得区分

　株式譲渡益の計算上、どういった費用を控除できるかについては、株式等の譲渡が（株式等の譲渡に係る）事業所得、譲渡所得又は雑所得のいずれの所得に分類されるのかにより異なります。

　株式等の譲渡による所得の所得分類について、所得税基本通達は以下の通り定めています（所基通23～35共-11）。

① 　株式の譲渡が営利を目的として継続的に行われている場合
　　⇒事業所得又は雑所得
② 　①以外の場合
　　⇒譲渡所得

　さらに、租税特別措置法所得税関係通達において、「株式等の譲渡による所得が事業所得若しくは雑所得に該当するか又は譲渡所得に該当するかは、当該株式等の譲渡が営利を目的として継続的に行われているかどうかにより判定するのであるが、その者の一般株式等に係る譲渡所得等の金額又は上場株式等に係る譲渡所得等の金額の計算上、次に掲げる株式等の譲渡による部分の所得については、譲渡所得として取り扱って差し支えない」とされています（措基通37の10・37の11共-2）。

- 上場株式等で所有期間が1年を超えるものの譲渡による所得
- 上場株式等以外の株式等（一般株式等）の譲渡による所得

3 上場株式等に係る譲渡所得等の金額の計算上控除できる費用

　上場株式等の譲渡から生じる所得の計算にあたっては、当該株式等の譲渡がいずれの所得区分に分類されるかに応じ、それぞれ以下の通りと定められています。

(1) 株式等に係る 事業所得又は雑所得

株式等の譲渡に係る総収入金額 － 株式等の譲渡に係る必要経費

　「株式等の譲渡に係る必要経費」には、株式等の取得費[※1]のほか、株式取得のための借入金利子[※2]、譲渡のために要した委託手数料、管理費等が含まれます。

(2) 株式等に係る 譲渡所得

株式等の譲渡に係る総収入金額 −（株式等の取得費$^{(※1)}$
＋譲渡のために要した委託手数料＋株式取得のための借入金利子$^{(※2)}$）

（※1）「株式等の取得費」には、購入した有価証券の場合、「購入のために要した費用」、すなわち株式等を購入するにあたって支出した買委託手数料（消費税含む）、交通費、通信費、名義書換料等が含まれます。

（※2）一般株式等に係る譲渡所得等の金額又は上場株式等に係る譲渡所得等の金額の計算上控除する借入金利子等は、株式等に係る譲渡所得等の基因となった株式等を取得するために要した負債の利子で、その年中における当該株式等の所有期間に対応して計算された金額となります。

すなわち、譲渡による所得区分が (1)「事業所得又は雑所得」に分類される場合と (2)「譲渡所得」に分類される場合とでは、管理費等を必要経費として譲渡による所得から控除できるかどうか、という差異があります。

4 本件へのあてはめ

おたずねのA上場株式は投資目的で3年超にわたり保有されていたということですので、株式の譲渡を営利目的で継続的に行っているとはいえず、譲渡益の所得区分は、上場株式等に係る譲渡所得として取り扱われると考えられます。

したがって、譲渡収入から控除できる金額は、株式の取得費の他、譲渡に要した費用（委託手数料）及び借入金利子（株式を借入金で取得した場合のみ適用）のみとなると考えられ、保有期間中に要したその他の費用（例えば書籍代等）は控除できないものと考えられます。

参考（関連条文）
所法33条③
措法37条の10、37条の11
措規18条の9②、18条の10②
所基通23〜35共−11
措基通37の10・37の11共−2、37の10・37の11共−10、37の10・37の11共−15

投資一任口座(ラップ口座)における株式の譲渡に係る所得区分及び必要経費の控除

Q 私(居住者たる個人)はＡ証券会社との間で投資一任契約を締結し、Ａ証券会社に資産運用専用の口座(ラップ口座)を開設しました。Ａ証券会社は、投資一任契約に基づき、私に代わり投資資金の運用に関する投資判断と執行を行い、上場株式等(原則所有期間１年以下)の取得、売買等を行います。私はＡ証券会社に投資顧問報酬として固定報酬及び成功報酬を支払うこととなっています。

この場合、投資一任口座内で行われた国内上場株式の売買取引から生じる所得区分はどのようになるのでしょうか。また、投資顧問報酬を所得から控除することはできますか。

なお、特定口座や非課税口座(NISA口座)は利用していません。

A おたずねの投資一任契約は、所有期間１年以下の上場株式の売買を行うものであり、また、顧客が報酬を支払って、有価証券の投資判断とその執行をＡ証券会社に一任し、契約期間中に営利を目的として継続的に上場株式の売買を行っていると認められますので、その株式の譲渡による所得は、株式等の譲渡に係る事業所得又は雑所得に当たるものと考えられます。

したがって、支払うべき投資顧問報酬については、株式等の譲渡に係る必要経費として、各年分の上場株式等に係る譲渡収入から差し引くことができるものと考えられます。

（検 討）

１ 上場株式等の譲渡に係る課税の概要

　上場株式等の譲渡から生じる所得については、他の所得と区分し、上場株式等の譲渡に係る事業所得、譲渡所得及び雑所得（以下、「上場株式等に係る譲渡所得等」）として、申告分離課税（所得税及び復興特別所得税15.315％、地方税５％）が適用されます。

　上場株式等が証券会社等の特定口座内の源泉徴収選択口座で保管されており、譲渡益について証券会社等により源泉徴収がなされる場合を除き、原則として申告が必要となります。

　株式等の譲渡による所得の所得分類について、所得税基本通達は以下の通り定めています（所基通23～35共-11）。

① 　株式の譲渡が営利を目的として継続的に行われている場合
　　⇒事業所得又は雑所得
② 　①以外の場合
　　⇒譲渡所得

　さらに、租税特別措置法所得税関係通達において、次に掲げる株式等の譲渡による部分の所得については、（株式等の譲渡に係る）譲渡所得として取り扱って差し支えない、とされています（措基通37の10・37の11共-2）。

- 上場株式等で所有期間が１年を超えるものの譲渡による所得
- 上場株式等以外の株式等（一般株式等）の譲渡による所得

２ 本件へのあてはめ

　おたずねの投資一任契約（「キーワード」参照）は、所有期間１年以下の上場株式の売買を行うものであり、また、顧客である個人が報酬を支払って、有価証券の投資判断とその執行をＡ証券会社に一任し、契約期間中に営利を目的として継続的に上場株式の売買を行っていると認められますので、当該投資一任口座内で行われた株式の譲渡による所得は、株式等の譲渡に係る事業所得又は雑所得に当たるものと考えられます。

Q5で解説したように、株式等の譲渡に係る事業所得又は雑所得の場合、株式等の譲渡に係る総収入金額から控除できる株式等の譲渡に係る必要経費としては、株式等の取得費（取得に要する付随費用を含む）のほか、株式取得のための借入金利子、譲渡のために要した委託手数料、管理費等が含まれます。

　したがって、A証券会社に支払う投資顧問報酬（固定報酬及び成功報酬）については、各年の上場株式等に係る譲渡収入から差し引くことができるものと考えられます。

> **キーワード** **投資一任契約**
>
> 　投資一任契約とは、投資運用業者が投資家から投資判断の全部又は一部を一任され、その投資判断に基づき投資家のために投資を行う権限を委託されることを内容とする契約をいいます。投資一任契約を締結した口座（ラップ口座）では、この契約に基づき、投資運用業者が資産配分構築や、株式、投資信託などの売買判断、売買の注文執行を行います。

参考（関連条文）
措法37条の10、37条の11
所基通23〜35共−11
措基通37の10・37の11共−2
国税庁質疑応答事例「投資一任口座(ラップ口座)における株取引の所得区分」

Q7 投資一任口座(ラップ口座)を源泉徴収選択口座で開設する場合の投資顧問報酬の取扱い

Q 私（居住者たる個人）はＡ証券会社との間で投資一任契約を締結し、資産運用専用のラップ口座を開設しました。当該ラップ口座は、Ａ証券会社における特定口座として開設すると同時に、特定口座源泉徴収選択届出書を提出しました。

Ａ証券会社は、当該投資一任契約に基づき、私に代わり、投資資金の運用に関する投資判断とその執行をします。投資対象は上場株式等（所有期間は原則１年以下）です。私は当該投資一任契約に係る投資顧問報酬として、Ａ証券会社に対して、固定報酬及び成功報酬を支払いますが、これらの報酬は当該ラップ口座に係る投資所得の計算ではどのように取り扱われますか。

A おたずねの投資一任契約に係るラップ口座で行われる投資所得は、上場株式等の譲渡等に係る事業所得又は雑所得に該当するものと考えられます。また、当該投資一任契約に係る投資顧問報酬は、上場株式等の譲渡等に係る所得の金額の計算上、当該ラップ口座内で必要経費として取り扱われるものと考えられます。

（検討）

1 ラップ口座が源泉徴収選択口座である場合の税務処理

(1) 株式等の譲渡に係る所得区分

上場株式等の譲渡から生じる所得については、他の所得と区分し、上場株式等の譲渡に係る事業所得、譲渡所得及び雑所得として、申告分離課税（所得税及び復興特別所得税15.315％、地方税５％）が適用されます。上場株式等の譲渡から生じる所得が、事業所得、譲渡所得又は雑所得のうちのいずれに該当するかについては、所得税基本通達（所基通23～35共－11）において、以下のとおり定められています。

① 株式の譲渡が営利を目的として継続的に行われている場合
　➡事業所得又は雑所得
② ①以外の場合
　➡譲渡所得

　さらに、租税特別措置法所得税関係通達（措基通37の10・37の11共－2）において、上場株式等の所有期間が1年以下であれば、その上場株式等の譲渡は営利を目的とした継続的なものであるとして、その譲渡に係る所得は、事業所得又は雑所得として取り扱って差し支えないとされています。

(2) 投資一任契約に係る投資顧問報酬の取扱い

　事業所得又は雑所得の金額の計算上、総収入金額から控除する必要経費に算入すべき金額は、総収入金額を得るために直接要した費用の額及びこれらの所得を生ずべき業務について生じた費用の額とされています。

　ラップ口座における投資一任契約に係る投資顧問報酬は、固定報酬、成功報酬ともに、当該ラップ口座内の株式等の譲渡に係る収入金額を得るために直接必要な費用に該当するものと考えられることから、必要経費として取り扱うものと考えられます。

(3) 源泉徴収選択口座における税額計算

　特定口座について、その年最初に当該特定口座に係る上場株式等の譲渡をする時又は当該特定口座において処理された上場株式等の信用取引等につきその年最初に差金決済を行う時のうちいずれか早い時までに、当該特定口座を開設する金融商品取引業者等に対して特定口座源泉徴収選択届出書を提出した場合には、当該特定口座は源泉徴収選択口座として取り扱われます。

　源泉徴収選択口座では、その年中に行われた口座内の上場株式等の譲渡等について、下記③の金額が源泉徴収されます。

① 当該源泉徴収選択口座に係る上場株式等の譲渡等に係る収入金額の総額
② ①の上場株式等に係る取得費等（当該譲渡に係る委託手数料等を含む）の金額の総額
③ 源泉徴収税額＝（①－②）×20.315％（所得税及び復興特別所得税15.315％、地方税5％）

この源泉徴収は、上場株式等の譲渡の対価等の金額が支払われる都度行われ、譲渡損が生じて通算の所得金額が縮小することにより、その譲渡より前にすでに源泉徴収された金額が過大となる場合には、過大となった所得税等の額を当該源泉徴収選択口座に還付することで、年間を通じて、所得金額の20.315％相当額が源泉徴収されるように調整する仕組みが設けられています。

　源泉徴収選択口座に係る投資一任契約に基づき金融商品取引業者等に支払う投資顧問報酬（株式等の譲渡等に係る事業所得又は雑所得の計算上必要経費に算入されるもの）がある場合にも、当該源泉徴収選択口座において、当該投資顧問料の金額に20.315％を乗じて計算した所得税等の額が還付されます。つまり、確定申告を行うことなく、源泉徴収選択口座内で上場株式等の譲渡等に係る所得計算に反映されることになります。

2 本件へのあてはめ

　おたずねのラップ口座に係る投資一任契約は、顧客である個人が報酬を支払って、投資資金の運用に関する投資判断とその執行をA証券会社に一任し、営利を目的として継続的に、所有期間1年以下の上場株式等の売買を行うものであることから、当該ラップ口座で行われた上場株式等の譲渡等に係る所得は、事業所得又は雑所得に該当するものと考えられます。

　当該投資一任契約に係る投資顧問報酬は、上場株式等の譲渡等に係る所得の金額の計算上、必要経費として取り扱うものと考えられ、ラップ口座内の源泉徴収税額計算に反映されるため、確定申告を要しないことになります。

参考（関連条文）
所法37条
措法37条の11の4
措令25条の10の11
所基通23～35共－11
措基通37の10・37の11共－2
国税庁（文書回答事例）「投資一任口座における株取引の税務上の取扱いについて」

Q8 上場株式を国内の証券会社経由で譲渡し譲渡損が出た場合の損益通算の範囲

Q 私(居住者たる個人)は、保有している上場株式(国内株式)について国内証券会社への売委託により売却したところ、譲渡損が発生しました。

この譲渡損を、非上場株式を含む他の株式の配当や譲渡益と損益通算することはできますか。

なお、この上場株式は国内証券会社の一般口座に預け入れられているものであり、特定口座や非課税口座(NISA口座)には入っていません。

A 上場株式の譲渡により生じた譲渡損は、上場株式等に係る譲渡所得等の範囲内で他の上場株式等の譲渡により生じた譲渡益から控除します。非上場株式等の配当や譲渡益との損益通算はできません。

上場株式等に係る譲渡所得等の範囲内での控除後、上場株式等の譲渡に係る譲渡所得等がマイナス(損失)となる場合は、申告を要件に、申告分離課税を選択した上場株式等の配当等(特定公社債等の利子等を含む)との損益通算や損失の繰越控除(3年間)も可能です。

(検 討)

1 上場株式等の譲渡に係る所得区分

上場株式等の譲渡から生じる所得については、他の所得と区分し、上場株式等の譲渡による事業所得、譲渡所得及び雑所得(以下、「上場株式等に係る譲渡所得等」)として、申告分離課税(所得税及び復興特別所得税15.315%、地方税5%)が適用されます。

上場株式等が証券会社等の特定口座内の源泉徴収選択口座で保管されており譲渡益について証券会社等により源泉徴収がなされる場合を除き、原則として申告が必要となります。

上場株式等の譲渡について譲渡損が生じた場合、上場株式等に係る譲渡所得等の範囲内で損益通算が可能です。しかしながら、この損失については、下記**2**に記載する場合を除き、他の所得（たとえば給与所得等）との損益通算を行うことはできません。

　すなわち、上場株式等の譲渡損について、非上場株式等の配当や譲渡益との損益通算はできません。

2 上場株式等に係る譲渡損失の損益通算及び繰越控除

　上場株式等に係る譲渡損失について、その年分の上場株式等に係る譲渡所得等の金額の計算上控除してもなお控除しきれない部分の金額は、一定の要件のもと、①上場株式等に係る配当所得等との損益通算及び②翌年以降3年間の損失の繰越しといった特例が認められています。

　本特例の対象となる上場株式等の譲渡は、主に以下に掲げる譲渡とされています。

- 金融商品取引業者又は登録金融機関への売委託(*)により行う譲渡
- 金融商品取引業者に対する譲渡
- 登録金融機関又は投資信託委託会社に対する譲渡
- 法人の合併、分割、株式交換等一定の事由による譲渡　等
- 信託会社の営業所に信託されている上場株式等の譲渡で、当該営業所を通じて外国証券業者に対して行うもの

　＊「売委託」とは、金融商品取引法2条8項2号及び10号に掲げる行為のうち売買の媒介、取次ぎ若しくは代理について委託すること、同項3号に掲げる行為のうち売買の委託の媒介、取次ぎ若しくは代理について委託すること又は同項9号に掲げる行為のうち売出しの取扱いについて委託することをいう。

　したがって、相対取引や外国の証券会社に対して直接譲渡した場合等は本特例の対象とはなりません。

(1) 配当所得等との損益通算

　上場株式等の譲渡により生じた譲渡損失のうちその譲渡日の属する年分の上場株式等に係る譲渡所得等の金額の計算上控除しきれない金額については、申告を要件に、当該損失をその年分の上場株式等に係る配当所得等の金額（申告分離課税を選択したものに限る）から控除することが認められます。

　損益通算の対象となる上場株式等に係る配当所得等には、申告分離課税を適用した上場株式等の配当のほか、申告分離課税を適用した特定公社債の利子等が含まれます。

　この上場株式等の譲渡損失と上場株式等に係る配当所得等の金額との損益通算の規定は、当該規定の適用を受けようとする年分の確定申告書に、当該規定の適用を受けようとする旨の記載があり、かつ、上場株式等に係る譲渡損失の金額の計算に関する明細書その他の書類の添付がある場合に限り適用されます。

(2) 損失の繰越控除

　上場株式等の譲渡により生じた譲渡損失のうちその譲渡日の属する年分の上場株式等に係る譲渡所得等の金額の計算上控除しきれない金額（(1)の適用を受けて控除されたものを除く）は、一定の条件のもと、その年の翌年以後3年内の各年分の上場株式等に係る譲渡所得等の金額及び上場株式等に係る配当所得等の金額からの繰越控除が認められます。

　この上場株式等の譲渡損失の繰越控除については、①上場株式等の譲渡損失が生じた年分について、その上場株式等に係る譲渡損失の金額の計算明細書などが添付されている確定申告書を提出し、②その翌年以降、連続して確定申告書を提出し、③繰越控除の適用を受けようとする年分の確定申告書に、控除を受ける金額の計算に関する明細書その他の書類の添付がある場合に限り適用されます。

　上記をまとめると、上場株式等の譲渡損失の控除の順序としては以下の通りとなります。

```
┌─────────────────────────────────────────────┐
│ 同一年の他の上場株式等の譲渡益との損益通算 │
└─────────────────────────────────────────────┘
  │   ┌─────────────────────────────────────┐
  │   │ 上場株式等に係る譲渡所得等がマイナスの場合 │
  │   └─────────────────────────────────────┘
  │     │
  │   ┌─────────────────────────────────────────────┐
  │   │ 同一年の申告分離課税の上場株式等に係る配当所得等との損益通算 │
  │   └─────────────────────────────────────────────┘
  │     │   なお、上場株式等に係る譲渡所得等がマイナスの場合
  │     ↓
┌─────────────────────────────────────┐
│ 上場株式等に係る譲渡損失の繰越し（3年間） │
└─────────────────────────────────────┘
  ↓
┌──────────────────────────────────────────────────────┐
│ 翌年以降の各年の上場株式等の譲渡所得等の金額や申告分離課税の上場株式等の配 │
│ 当所得等の金額から控除（最も古い年に生じた上場株式等に係る譲渡損失の金額か │
│ ら順次控除）                                           │
└──────────────────────────────────────────────────────┘
```

3 本件へのあてはめ

　おたずねの上場株式の譲渡により生じた譲渡損は、上場株式等に係る譲渡所得等の範囲内で、他の上場株式等の譲渡により生じた譲渡益から控除することが可能です。また、上場株式は国内証券会社への売委託により売却したとのことですので、上記2の特例の対象となります。

　すなわち、他の上場株式等の譲渡益からの控除後、なお上場株式等の譲渡に係る譲渡所得等が損失となる場合は、申告を要件に、申告分離課税を選択した上場株式等の配当等（特定公社債等の利子等を含む）との損益通算や損失の繰越控除を行うことができます。それ以外の所得との通算はできません。

参考（関連条文）
措法37条の10、37条の11、37条の12の2
措令25条の9、25条の11の2
措基通37の10・37の11共－3、4、37の12の2－1、2

Q9 源泉徴収選択口座内に上場株式等に係る譲渡損失と配当がある場合の確定申告

Q 私(居住者たる個人)は、源泉徴収を選択した特定口座(源泉徴収選択口座)を開設し、上場株式等を保有しています。この源泉徴収選択口座では、上場株式等に係る配当を受領しているほか、上場株式等に係る譲渡損失が発生しました。このほか、一般口座で保有していた上場株式等については譲渡益がありますが、この譲渡益は、確定申告をすれば、源泉徴収選択口座内の譲渡損失と通算することができると聞きました。

確定申告をする場合、源泉徴収選択口座内の配当は申告不要を選択し、譲渡損失だけを申告対象とすることはできますか。

	配当	譲渡益	譲渡損失
源泉徴収選択口座	500,000 円		700,000 円
一般口座		1,000,000 円	

A 源泉徴収選択口座内で生じた上場株式等の譲渡に係る譲渡損失は、確定申告をすることで、一般口座で保有する上場株式等の譲渡による譲渡所得等の金額と通算することができます。

ただし、この確定申告をする場合には、源泉徴収選択口座内で生じた配当について申告不要を選択することはできなくなりますので、譲渡損失と合わせて、確定申告の対象とする必要があります。

(検討)

1 源泉徴収選択口座における所得計算

(1) 確定申告を要しない上場株式等の譲渡による所得及び損失の金額

特定口座のうち、源泉徴収選択口座を開設して、上場株式等を保有する場合、その源泉徴収選択口座内でその年中に譲渡した上場株式等に係る譲渡所得等の金額(特定口座内保管上場株式等の譲渡による事業所得の金額、譲

渡所得の金額及び雑所得の金額）は、確定申告にあたって所得金額から除外して税額計算することができます。

また、譲渡について損失が生じた場合も同様に、確定申告における所得金額の計算から除外することが認められています。

(2) 源泉徴収選択口座における配当等の取扱い

源泉徴収選択口座内で発生する上場株式等の配当等（源泉徴収選択口座内配当等）については、当該源泉徴収選択口座内配当等以外の配当等に係る配当所得の金額とは区分して、所得計算することとされています。そして、当該源泉徴収選択口座に係る上場株式等の譲渡について損失が生じた場合には、源泉徴収選択口座内配当等の額の総額から、譲渡損失の金額を控除した残額に対して、源泉徴収税額を計算することとされています。

したがって、上場株式等に係る譲渡損失は、源泉徴収選択口座内で、その年中の配当等の金額と損益通算されることになりますので、上記(1)に記載したとおり、確定申告を要しない、ということになるわけです。

また、源泉徴収選択口座内配当等は、上場株式等の配当などに対する申告不要制度を適用することができます。この申告不要制度の適用の選択は、その年中に交付を受けた源泉徴収選択口座内配当等に係る利子所得の金額及び配当所得の金額の合計額ごとに行うこととされています。つまり、一回に支払いを受ける配当等の額ごとではなく、口座単位で選択することとされています。

(3) (1)の申告不要を選択しないで確定申告する場合の取扱い

源泉徴収選択口座内で保有している上場株式等の運用結果によっては、当該源泉徴収選択口座内で配当等と損益通算したとしても、なお控除しきれない損失が残ることがあります。その損失を、一般口座で保有する上場株式等の譲渡による譲渡所得等の金額と通算しようとする場合には、上記(1)の申告不要を選択しないで、源泉徴収選択口座内で生じた上場株式等の譲渡に係る譲渡損失を確定申告の対象とする必要があります。

確定申告をして、源泉徴収選択口座で生じた譲渡損失を一般口座で保有する上場株式等の譲渡による譲渡所得等の金額と通算する場合には、上

(2)に記載した少額配当等の申告不要制度の選択適用は認められず、源泉徴収選択口座内で生じた配当等についても確定申告の対象とすることになりますので注意が必要です。これは、確定申告の対象としないと、源泉徴収額は譲渡損失を考慮して決定されていますので、当該配当等が源泉徴収選択口座内で源泉徴収をされないまま残ることになるためと考えられます。

2 本件へのあてはめ

源泉徴収選択口座内で生じた上場株式等の譲渡に係る譲渡損失（70万円）を、一般口座で保有する上場株式等の譲渡による譲渡所得等の金額（100万円）と通算するためには、源泉徴収選択口座内で生じた譲渡損失を確定申告する必要があります。そして、確定申告に際しては、譲渡損失だけではなく、配当もその対象とすることになり、下記の所得計算となります。

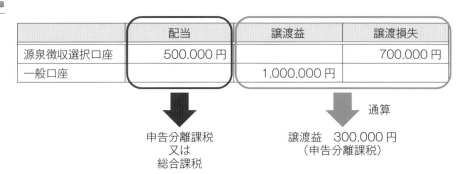

参考（関連条文）

措法8条の5、37条の11の5、37条の11の6⑩

Q10 上場株式の譲渡損失の繰越しの際の手続

Q 私（居住者たる個人）は、2024年に、保有しているA株式（上場国内株式）について国内証券会社への売委託により売却したところ、譲渡損が発生しました。このA株式の譲渡損を、翌年以降繰り越し、将来生じる予定の別の株式の譲渡益と相殺予定ですが、何か手続は必要でしょうか。

なお、このA株式は国内証券会社の一般口座に預け入れられているものであり、特定口座や非課税口座（NISA口座）には入っていません。

A A株式の譲渡損失が生じた年（2024年）から繰越控除の適用する年まで連続して、計算明細書等を添付した確定申告書を提出する必要があります。

（検 討）

1 上場株式等に係る譲渡損失の損益通算及び繰越控除

　上場株式等に係る譲渡損失について、その年分の上場株式等に係る譲渡所得等の金額の計算上控除してもなお控除しきれない部分の金額は、一定の要件のもと、翌年以降3年間の繰越しといった特例が認められています。

　本特例の対象となる上場株式等の譲渡は、金融商品取引業者（証券会社）又は登録金融機関への売委託による譲渡等、一定の譲渡とされています（Q8参照）。相対取引や外国の証券会社に対して直接譲渡した場合等は、本特例の対象とはなりません。

　過去3年以内に生じた上場株式等に係る譲渡損失の金額を控除する場合において、その年分の上場株式等に係る譲渡所得等の金額及び上場株式等に係る配当所得等の金額（申告分離課税を選択したものに限る）があるときは、まず譲渡所得等の金額から控除し、なお控除しきれない損失の金額が

あるときは、配当所得等の金額から控除します。

なお、過去から繰り越された上場株式等に係る譲渡損失は、一般株式等に係る譲渡所得等の金額及び一般株式等に係る配当所得等の金額から控除することはできません。

2 手続

上場株式等の譲渡損失の繰越控除については、以下の手続を行う必要があります。

> ① 上場株式等の譲渡損失が生じた年分について、その上場株式等に係る譲渡損失の金額の計算明細書などが添付されている確定申告書を提出

⇩

> ② その翌年以降、連続して確定申告書を提出

⇩

> ③ 繰越控除の適用を受けようとする年分の確定申告書に、控除を受ける金額の計算に関する明細書その他の書類を添付。

なお、上場株式等が証券会社等の特定口座で保管されている場合であっても、上場株式等の譲渡損失の繰越控除の適用を受けるためには、確定申告書の提出が必要となります。

3 本件へのあてはめ

① 損失が生じた年（2024年）の確定申告書において、以下書類の添付がある確定申告書の提出が必要です。
- 株式等に係る譲渡所得等の金額の計算明細書
- 確定申告書付表（上場株式等に係る譲渡損失の損益通算及び繰越控除用）

② 翌年（2025年）以降も、継続して、以下の書類の添付がある確定申告書を提出し、2024年に生じた損失の金額を報告する必要があります。
- 確定申告書付表（上場株式等に係る譲渡損失の損益通算及び繰越控除用）

③　繰越控除の適用を受ける年において、以下書類の添付がある確定申告書を提出し、損失の繰越控除の適用を受ける旨の記載を行います。
- 株式等に係る譲渡所得等の金額の計算明細書（本年に新たに生じた株式等の譲渡所得等について報告）
- 確定申告書付表（上場株式等に係る譲渡損失の損益通算及び繰越控除用）

フォームについては次頁を参照してください。

参考（関連条文）
措法37条の12の2
措令25条の11の2
措規18の14の2
措基通37の10・37の11共－3、37の12の2－4、

1 面

株式等に係る譲渡所得等の金額の計算明細書

【令和＿＿年分】

整理番号 ＿＿＿＿＿＿

この明細書は、「一般株式等に係る譲渡所得等の金額」又は「上場株式等に係る譲渡所得等の金額」を計算する場合に使用するものです。
なお、国税庁ホームページ【https://www.nta.go.jp】では、画面の案内に沿って収入金額などの必要項目を入力することにより、この明細書や確定申告書などを作成することができます。

住　所（前住所）	（　　　　　　　　　　　　　　　　）	フリガナ／氏　名	
電話番号（連絡先）		職　業	関与税理士名（電　話）（　　　　　　）

※　譲渡した年の１月１日以後に転居された方は、前住所も記載してください。

1　所得金額の計算

			一般株式等	上場株式等
収入金額	譲渡による収入金額	①	円	円
	その他の収入	②		
	小　　計（①＋②）	③	申告書第三表㋡へ	申告書第三表㋚へ
必要経費又は譲渡に要した費用等	取得費（取得価額）	④		
	譲渡のための委託手数料	⑤		
		⑥		
	小　計（④から⑥までの計）	⑦		
特定管理株式等のみなし譲渡損失の金額（※1）（△を付けないで書いてください。）		⑧		
差引金額（③－⑦－⑧）		⑨		
特定投資株式の取得に要した金額等の控除（※2）（⑨欄が赤字の場合は0と書いてください。）		⑩		
所得金額（⑨－⑩）（一般株式等について赤字の場合は0と書いてください。上場株式等について赤字の場合は△を付して書いてください。）		⑪	申告書第三表㋾へ	黒字の場合は申告書第三表㋿へ
本年分で差し引く上場株式等に係る繰越損失の金額（※3）		⑫		申告書第三表㉚へ
繰越控除後の所得金額（※4）（⑪－⑫）		⑬	申告書第三表㊿へ	申告書第三表㊿へ

（注）　租税特別措置法第37条の12の２第２項に規定する上場株式等の譲渡以外の上場株式等の譲渡（相対取引など）がある場合の「上場株式等」の①から⑨までの各欄については、同項に規定する上場株式等の譲渡に係る金額を括弧書（内書）により記載してください。なお、「上場株式等」の⑪欄の金額が相対取引などによる赤字のみの場合には、申告書第三表の㊲欄に０を記載します。

※１　「特定管理株式等のみなし譲渡損失の金額」とは、租税特別措置法第37条の11の２第１項の規定により、同法第37条の12の２第２項に規定する上場株式等の譲渡をしたことにより生じた損失の金額とみなされるものをいいます。
※２　⑩欄の金額は、「特定中小会社が発行した株式の取得に要した金額等の控除の明細書」で計算した金額に基づき、「一般株式等」、「上場株式等」の順に、⑨欄の金額を限度として控除します。
※３　⑫欄の金額は、「上場株式等」の⑪欄の金額を限度として控除し、「上場株式等」の⑪欄の金額が０又は赤字の場合には記載しません。なお、⑫欄の金額を「一般株式等」から控除することはできません。
※４　⑬欄の金額は、⑪欄の金額が０又は赤字の場合には記載しません。また、⑬欄の金額を申告書に転記するに当たって申告書第三表の㉚欄の金額が同⑫欄の金額から控除しきれない場合には、税務署にお尋ねください。

特例適用条文　措法　　条の
　　　　　　　措法　　条の

整理欄

（令和５年分以降用）

R5.11

「上場株式等」の⑪欄の金額が赤字の場合で、譲渡損失の損益通算及び繰越控除の特例の適用を受ける方は、「所得税及び復興特別所得税の確定申告書付表」も記載してください。

2 面（計算明細書）

2　申告する特定口座の上場株式等に係る譲渡所得等の金額の合計

口座の区分	取　引　先（金融商品取引業者等）		譲渡の対価の額（収入金額）	取得費及び譲渡に要した費用の額等	差引金額（譲渡所得等の金額）	源泉徴収税額
源泉口座・簡易口座	証券会社　銀行（　　）	本店　支店　出張所（　　）	円	円	円	円
源泉口座・簡易口座	証券会社　銀行（　　）	本店　支店　出張所（　　）				
源泉口座・簡易口座	証券会社　銀行（　　）	本店　支店　出張所（　　）				
源泉口座・簡易口座	証券会社　銀行（　　）	本店　支店　出張所（　　）				
源泉口座・簡易口座	証券会社　銀行（　　）	本店　支店　出張所（　　）				
合　計（上場株式等（特定口座））			1面①へ	1面④へ		申告書第二表「所得の内訳」欄へ

【参考】　特定口座以外で譲渡した株式等の明細

区分	譲渡年月日（償還日）	譲渡した株式等の銘柄	数量	譲渡先（金融商品取引業者等）の名称・所在地等	譲渡による収入金額	取得費（取得価額）	譲渡のための委託手数料	取得年月日
一般株式等・上場株式等	・・		株(口、円)		円	円	円	・・（・・）
一般株式等・上場株式等	・・							・・（・・）
一般株式等・上場株式等	・・							・・（・・）
一般株式等・上場株式等	・・							・・（・・）
一般株式等・上場株式等	・・							・・（・・）
合　計		一般株式等			1面①へ	1面④へ	1面⑤へ	
		上場株式等（一般口座）			1面①へ	1面④へ	1面⑤へ	

出典：国税庁ホームページ
https://www.nta.go.jp/taxes/shiraberu/shinkoku/syotoku/pdf/r05_joto_18-1.pdf

| | | 一連番号 | | 1 面 |

令和 ___ 年分の所得税及び復興特別所得税の確定申告書付表（上場株式等に係る譲渡損失の損益通算及び繰越控除用）

住所又は居所事業所等		フリガナ	
		氏名	

○ この付表は、申告書と一緒に提出してください。

この付表は、租税特別措置法第37条の12の2（上場株式等に係る譲渡損失の損益通算及び繰越控除）の規定の適用を受ける方が、本年分の上場株式等に係る譲渡損失の金額を同年分の上場株式等に係る配当所得等の金額（特定上場株式等の配当等に係る配当所得の部分については、分離課税を選択したものに限ります。以下「分離課税配当所得等金額」といいます。）の計算上控除（損益通算）するため、又は3年前の年分以後の上場株式等に係る譲渡損失の金額を本年分の上場株式等に係る譲渡所得等の金額及び分離課税配当所得等金額の計算上控除するため、若しくは翌年以後に繰り越すために使用するものです。

○ 本年分において、「上場株式等に係る譲渡所得等の金額」がある方は、この付表を作成する前に、まず「株式等に係る譲渡所得等の金額の計算明細書」の作成をしてください。

1 本年分の上場株式等に係る譲渡損失の金額及び分離課税配当所得等金額の計算

（赤字の金額は、△を付けないで書きます。2面の2も同じです。）

○「①上場株式等に係る譲渡所得等の金額」が黒字の場合又は「②上場株式等に係る譲渡損失の金額」がない場合には、(1)の記載は要しません。また、「④本年分の損益通算前の分離課税配当所得等金額」がない場合には、(2)の記載は要しません。

(1) 本年分の損益通算前の上場株式等に係る譲渡損失の金額

上場株式等に係る譲渡所得等の金額 （「株式等に係る譲渡所得等の金額の計算明細書」の 1面 の「上場株式等」の①欄の金額）	①	円
上場株式等に係る譲渡損失の金額（※） （「株式等に係る譲渡所得等の金額の計算明細書」の 1面 の「上場株式等」の⑨欄の金額）	②	
本年分の損益通算前の上場株式等に係る譲渡損失の金額 （①欄の金額と②欄の金額のうち、いずれか少ない方の金額）	③	

※ ②欄の金額は、租税特別措置法第37条の12の2第2項に規定する上場株式等の譲渡以外の上場株式等の譲渡（相対取引など）がある場合については、同項に規定する上場株式等の譲渡に係る金額（「株式等に係る譲渡所得等の金額の計算明細書」の 1面 の「上場株式等」の⑨欄の括弧書の金額）のみを記載してください。

(2) 本年分の損益通算前の分離課税配当所得等金額

種目・所得の生ずる場所	利子等・配当等の収入金額（税込）	配当所得に係る負債の利子
	円	円
合　　　計	ⓐ　　　申告書第三表㋗へ	ⓑ
本年分の損益通算前の分離課税配当所得等金額 （ⓐ－ⓑ）（赤字の場合には0と書いてください。）	④	

（注）利子所得に係る負債の利子は控除できません。

(3) 本年分の損益通算後の上場株式等に係る譲渡損失の金額又は分離課税配当所得等金額

本年分の損益通算後の上場株式等に係る譲渡損失の金額（③－④） （③欄の金額≦④欄の金額の場合には0と書いてください。） （(2)の記載がない場合には、③欄の金額を移記してください。）	⑤	△を付けて、申告書第三表㋢へ　円
本年分の損益通算後の分離課税配当所得等金額（④－③） （③欄の金額≧④欄の金額の場合には0と書いてください。） （(1)の記載がない場合には、④欄の金額を移記してください。）	⑥	申告書第三表㋔へ

（令和4年分以降用）
R5.11

2 面（確定申告書付表）

2　翌年以後に繰り越される上場株式等に係る譲渡損失の金額の計算

譲渡損失の生じた年分	前年から繰り越された上場株式等に係る譲渡損失の金額	本年分で差し引く上場株式等に係る譲渡損失の金額（※1）	本年分で差し引くことのできなかった上場株式等に係る譲渡損失の金額
本年の3年前分（令和　年分）	Ⓐ（前年分の付表の⑦欄の金額）　円	Ⓓ（上場株式等に係る譲渡所得等の金額から差し引く部分）　円	本年の3年前分の譲渡損失の金額を翌年以後に繰り越すことはできません。
		Ⓔ（分離課税配当所得等金額から差し引く部分）	
本年の2年前分（令和　年分）	Ⓑ（前年分の付表の⑧欄の金額）	Ⓕ（上場株式等に係る譲渡所得等の金額から差し引く部分）	⑦（Ⓑ－Ⓕ－Ⓖ）　円
		Ⓖ（分離課税配当所得等金額から差し引く部分）	
本年の前年分（令和　年分）	Ⓒ（前年分の付表の⑨欄の金額）	Ⓗ（上場株式等に係る譲渡所得等の金額から差し引く部分）	⑧（Ⓒ－Ⓗ－Ⓘ）
		Ⓘ（分離課税配当所得等金額から差し引く部分）	
本年分で上場株式等に係る譲渡所得等の金額から差し引く上場株式等に係る譲渡損失の金額の合計額（Ⓓ＋Ⓕ＋Ⓗ）	⑨	計算明細書の「上場株式等」の⑫へ	
本年分で分離課税配当所得等金額から差し引く上場株式等に係る譲渡損失の金額の合計額（Ⓔ＋Ⓖ＋Ⓘ）	⑩	申告書第三表㊾へ	
翌年以後に繰り越される上場株式等に係る譲渡損失の金額（⑤＋⑦＋⑧）	⑪	申告書第三表㊿へ（※2）　円	

（注）その年の翌年以後に繰り越すための申告が必要です。

1面の⑤欄及び2面の⑦欄、⑧欄の金額は、翌年の確定申告の際に使用します（翌年に株式等の売却がない場合でも、上場株式等に係る譲渡損失の金額を

※1　「本年分で差し引く上場株式等に係る譲渡損失の金額」は、「前年から繰り越された上場株式等に係る譲渡損失の金額」のうち最も古い年に生じた金額から順次控除します。
　　また、「本年分で差し引く上場株式等に係る譲渡損失の金額」は、同一の年に生じた「前年から繰り越された上場株式等に係る譲渡損失の金額」内においては、「株式等に係る譲渡所得等の金額の計算明細書」の1面の「上場株式等」の⑪欄の金額（赤字の場合には、0とみなします。）及び「⑥本年分の損益通算後の分離課税配当所得等金額」の合計額を限度として、まず上場株式等に係る譲渡所得等の金額から控除し、なお控除しきれない損失の金額があるときは、分離課税配当所得等金額から控除します。
※2　本年の3年前分に生じた上場株式等に係る譲渡損失のうち、本年分で差し引くことのできなかった上場株式等に係る譲渡損失の金額を、翌年以後に繰り越して控除することはできません。

3　前年から繰り越された上場株式等に係る譲渡損失の金額を控除した後の本年分の分離課税配当所得等金額の計算

○　「⑥本年分の損益通算後の分離課税配当所得等金額」がない場合には、この欄の記載は要しません。

前年から繰り越された上場株式等に係る譲渡損失の金額を控除した後の本年分の分離課税配当所得等金額（※）（⑥－⑩）	⑫	申告書第三表㊶へ　円

※　⑫欄の金額を申告書に転記するに当たって申告書第三表の㉙欄の金額が同⑫欄の金額から控除しきれない場合には、税務署にお尋ねください。

○　特例の内容又は記載方法についての詳細は、税務署にお尋ねください。

出典：国税庁ホームページ
https://www.nta.go.jp/taxes/shiraberu/shinkoku/syotoku/pdf/r05_joto_18-2.pdf

Q11 前年に確定申告をしなかった譲渡損失がある場合の繰越控除の可否

Q 私（居住者たる個人）は、証券会社に源泉徴収を選択した特定口座を開設し、上場株式等を保有しています。2023年にこの源泉徴収選択口座で保有しているA株式について譲渡損失が発生していましたが、特に確定申告の手続はしていませんでした。

2024年は、B株式について譲渡益が発生しましたが、源泉徴収選択口座で保有しているということもあり、確定申告は行わなくてよいと思っていたところ、上場株式等の譲渡損失は、翌年以後3年間繰越控除ができることを知りました。

2023年に発生したA株式に係る譲渡損失を、2024年に発生したB株式の譲渡益から控除することはできますか。

【2023年の所得状況】
- A株式（上場株式等に該当）の譲渡損失：1,000,000円
- 給与所得（年末調整済）　　　　　　：5,000,000円

　（※）　上記の所得について、確定申告書は提出していない。

【2024年の所得状況】
- B株式（上場株式等に該当）の譲渡益　：　600,000円
- 給与所得（年末調整済）　　　　　　：5,500,000円

A 2023年分の確定申告書は提出されていませんが、2024年分の確定申告書を提出するまでに、必要書類を添付して2023年分の申告書を提出することで、2023年に発生したA株式に係る譲渡損失は、2024年分の確定申告において上場株式等に係る譲渡損失の繰越控除の適用対象となるものと考えられます。

また、控除しきれない金額（1,000,000円－600,000円＝400,000円）は、翌年以後2年間（つまり、2026年まで）にわたって繰越控除されるものと考えられます。

（検討）

🔟 上場株式等に係る譲渡損失の繰越控除

(1) 繰越控除の概要とその対象となる上場株式等の範囲

　上場株式等に係る譲渡損失について、その年分の上場株式等に係る譲渡所得等の金額の計算上、控除してもなお控除しきれない部分の金額は、一定の要件のもと、翌年以降3年間にわたって繰り越す特例が認められています。

　過去3年以内に生じた上場株式等に係る譲渡損失の金額を控除する場合において、その年分の上場株式等に係る譲渡所得等の金額及び上場株式等に係る配当所得等の金額（申告分離課税を選択したものに限ります）があるときは、まず譲渡所得等の金額から控除し、なお控除しきれない損失の金額があるときは、配当所得等の金額から控除します。

　本特例の対象となる上場株式等に係る譲渡は、証券会社（金融商品取引業者）等への売委託によるものや証券会社等に対する譲渡など一定のものに限られていますので、上場株式等の譲渡であっても、相対取引によるものや外国の証券会社に対して直接譲渡するものは対象にはなりません。

(2) 必要な手続

　上場株式等に係る譲渡損失の繰越控除の特例を適用するためには、以下の手続が必要となります。

① 　上場株式等に係る譲渡損失が生じた年分について、その上場株式等に係る譲渡損失の金額の計算明細書などが添付されている確定申告書を提出すること
② 　①の翌年以降、連続して確定申告書を提出すること
③ 　繰越控除の適用を受けようとする年分の確定申告書に、控除を受ける金額の計算に関する明細書その他の書類を添付すること

　上記の確定申告書には、期限後申告書を含むこととされています。したがって、確定申告書の提出期限後に提出したものであっても、本特例の適用を受けるための手続として認められることになります。

2 本件へのあてはめ

　上場株式等に係る譲渡損失が生じた年分（つまり、2023年分）の確定申告書が提出されていないことから、上記**1**(2)①の手続要件を充足していないようにも考えられます。しかしながら、ここでいう確定申告書には期限後申告書も含むこととされているため、2024年分の確定申告書を提出するまでに、必要書類を添付した2023年分の申告書を提出すれば、譲渡損失の繰越控除が適用されるものと考えられます。

　具体的には、2023年分の申告書に、「上場株式等に係る譲渡損失の損益通算及び繰越控除用の確定申告書付表」及び「株式等に係る譲渡所得等の金額の計算明細書」を添付して、2024年分の確定申告書の提出より前にこれを提出し、2024年分の確定申告書にも当年分の確定申告書付表及び計算明細書を添付することで、A株式について2023年に生じた譲渡損失（1,000,000円）は、2024年のB株式に係る譲渡所得等の金額から控除されるものと考えられます。

　また、控除しきれない金額（1,000,000円－600,000円＝400,000円）は、翌年以降2年間にわたって、2026年まで繰越控除の対象となるものと考えられます。

参考（関連条文）

措法2条①十、37条の12の2
措規18条の14の2②、③

上場外国株式の配当の課税関係
（国内の証券会社経由で受け取る場合）

Q 私（居住者たる個人）は、国内の証券会社を通じ、外国法人が発行する上場株式を購入し、当該証券会社の口座で保管しています。この株式について配当が支払われますが、この配当は税務上どのように取り扱われますか。

なお、当該配当については国外では課税されていません。

A 国外上場株式配当の支払いを国内の証券会社経由で受ける場合、配当について国内において20.315％の源泉徴収がなされます。源泉徴収のみで課税関係を完結することができますが、申告を行う場合、総合課税（最高税率約56％）又は上場株式等の配当所得等として申告分離課税（所得税及び復興特別所得税15.315％、地方税5％）が適用されます。

（検 討）

1 源泉徴収

所得税法上、国外で発行された上場株式の配当については、国内における支払の取扱者（「キーワード」参照）を通じてその交付を受ける場合、交付の際に支払いを受けるべき金額（外国所得税が課されている場合は控除後の金額）に対し、20.315％（所得税及び復興特別所得税15.315％、地方税5％）の源泉徴収がなされます（水際源泉徴収）。

支払の取扱者が支払代理機関等から外国通貨によって配当の支払いを受け、当該配当を居住者に外国通貨で交付する場合には、その支払いを受けた外国通貨の金額を、次に掲げる国外株式等の配当等の区分に応じ、それぞれ次に掲げる日（邦貨換算日）における当該支払の取扱者の主要取引金融機関（その支払の取扱者がその外国通貨に係るTTB（電信買相場）を公表している場合には、当該支払の取扱者）の当該外国通貨に係るTTBにより

円換算した金額により源泉徴収がなされます。

① 記名の国外株式等の配当等………支払開始日と定められている日
② 無記名の国外株式等の配当等……現地保管機関等が受領した日

　国外株式の配当等から控除する外国所得税の額の邦貨換算についても、上記と同様、当該国外株式の配当等に係る邦貨換算日におけるTTBによるものとされています。

2 申告

　国外発行の上場株式の配当は、支払の取扱者による源泉徴収がなされている場合、その金額にかかわらず、源泉徴収で課税関係を完結することができます（申告不要）。その場合、他の上場株式等に係る譲渡損との損益通算の適用を行うことはできません。

　また、申告をすることも可能です。申告する場合は、（通常の）配当所得として総合課税の対象とするか（最高税率約56％）、上場株式等の配当所得等として申告分離課税20.315％（所得税及び復興特別所得税15.315％、地方税5％）を適用することができます（なおこの選択は、すべての上場株式等についてどちらかを選択する必要があります）。外国株式の配当については配当控除の適用はありません。申告をする場合、課された源泉所得税は所得税額から控除されます。

　上場株式等の配当所得等として申告分離課税を適用した場合、上場株式等に係る一定の譲渡損との損益通算等が可能です。

　なお、国内株式の場合、大口株主（発行済株式総数等の3％以上(※)を保有）については、申告不要制度や申告分離課税の適用対象外とされていますが、外国株式については大口株主除外の規定は設けられていません。

　　（※）　支払を受ける居住者を判定の基礎となる株主として選定した場合に同族会社に該当する法人が保有する株式等を合算して判定（詳細はQ3）

3 本件へのあてはめ

　本件の場合、国内の証券会社経由で配当の支払いを受けるということですので、当該証券会社により配当の金額（円換算額）に対して20.315％の税率にて源泉徴収がなされます。申告を行うかどうか、申告を行う場合、総合課税か申告分離課税を選択するかは、他の上場株式等の状況や自身の所得金額の多寡に応じて検討する必要があります（Q2参照）。

> **キーワード　支払の取扱者**
>
> 　国外株式の配当等の支払いを受ける者の当該国外株式等の配当等の受領の媒介、取次ぎ又は代理（業務として又は業務に関連して国内においてするものに限る）をする者をいい、一般的には個人が証券口座内で配当等の支払いを受ける場合の証券会社等がこれに当たります。

参考（関連条文）
措法9条の2①、9条の3①、8条の4、8条の5
措令4条の5
措基通9の2−2

上場外国株式の配当の課税関係
（国外の証券会社経由で受け取る場合）

Q 私（居住者たる個人）は、外国証券会社の日本国外の営業所を通じ、外国法人が発行する上場株式を購入し、当該外国証券会社の国外の口座で保有しています。この株式の配当については税務上どのように取り扱われますか。

なお、当該配当については国外では課税されていません。

A 外国法人発行の株式の配当の支払いを直接国外で受ける場合、株式の配当については、日本における源泉徴収がなされませんので、配当所得として申告が必要となります。本件は上場株式等の配当ということですので、総合課税の対象とするか、上場株式等の配当所得等として申告分離課税（所得税及び復興特別所得税15.315％、地方税5％）が適用されます。

（検 討）

❶ 所得区分

所得税法上、個人が受ける株式の配当は、株式発行会社が内国法人か外国法人かを問わず、配当所得として取り扱われます。

❷ 源泉徴収

国外で発行された株式の配当については、国内における支払の取扱者を通じてその交付を受ける場合、交付の際に支払いを受けるべき金額（外国所得税が課されている場合は控除後の金額）に対し日本で（当該支払の取扱者により）源泉徴収がなされます。

一方、株式の配当を国内における支払の取扱者を通じないで受け取る場合（すなわち国外で直接受け取る場合）、配当の金額に対して日本の源泉所得税は課されません。

3 申告分離課税

　国外発行の株式の配当は、支払の取扱者による源泉徴収がなされていない場合、原則として申告が必要となり、総合課税の配当所得として課税されます（最高税率約56％）。外国株式の配当金については、配当控除の適用を受けることはできません。

　株式が上場株式等に該当する場合は、上記の総合課税に代えて、上場株式等の配当所得等として申告分離課税20.315％（所得税及び復興特別所得税15.315％、地方税5％）を選択することも可能です（その場合、上場株式等に係る一定の譲渡損失との損益通算等が可能です）。

　配当所得として収入金額に計上すべき金額は、外貨建の配当の金額をその収入すべき日（原則として配当等の効力が発生する日）におけるTTMにより円換算した金額となります。

　なお、日本で源泉徴収がなされていませんので、Q12のような申告不要制度の適用はありません。

4 本件へのあてはめ

　本件の場合、外国証券会社の国外口座で配当の支払いを受けるということですので、配当の金額（円換算額）に対して日本の源泉所得税は課されません。原則として確定申告が必要となります。

　上場株式等に該当するとのことですので、配当所得として総合課税の対象とするか、上場株式等の配当所得等として申告分離課税（所得税及び復興特別所得税15.315％、地方税5％）が適用されます。

参考（関連条文）

所法24条、措法8条の4①
所基通36－4、57の3－2

日本国外で支払いを受ける上場外国株式の配当に係る申告の要否

Q 私（居住者たる個人）は給与所得者で、自身で不動産賃貸やその他の事業を営んでいませんが、日本国外の証券会社の口座において、外国法人が発行する上場株式を保有しています。この株式について本年1回、少額の配当（5万円）が支払われ、当該証券会社の国外口座において金銭を受け取りましたが、この配当について申告を行う必要はありますか。

なお、当該配当については、日本国外では課税されていません。また、私の給与等の金額は2,000万円を超えているため、私は確定申告書の提出義務があります。

A 株式の配当の支払いを直接国外で受ける場合、株式の配当については、日本における源泉徴収がなされませんので、配当所得として申告が必要となります。

本件は上場株式等の配当ということですので、一般の配当所得として総合課税の対象となるか、または上場株式等の配当所得等として申告分離課税（所得税及び復興特別所得税15.315％、住民税5％）が適用されます。

（検 討）

1 配当に係る源泉徴収

国外で発行された株式の配当で国外で支払われるものについては、国内における支払の取扱者を通じてその交付を受ける場合、交付の際に支払いを受けるべき金額（外国所得税が課されている場合は控除後の金額）に対し日本で（当該支払の取扱者により）源泉徴収がなされます。

一方、株式の配当を国内における支払の取扱者を通じないで受け取る場合（すなわち国外で直接受け取る場合）、配当の金額に対して日本の源泉所得税は課されません。

❷ 申告の要否及び課税方式

(1) 申告の要否

　外国株式に係る配当について確定申告を要するか否かは、日本において支払の取扱者を経由して受領し、日本で源泉徴収されているか否かにより異なります。日本で源泉徴収される場合、上場株式に係る配当であれば、その金額にかかわらず申告不要、非上場株式に係る配当は、少額配当（年間10万円以下）に該当すれば申告不要とすることができます。また、国外の証券会社の口座で直接受領し、日本において源泉徴収されていない場合には、原則として、申告が必要となります(※)。

> (※) 給与所得者の場合、給与等の金額が2,000万円以下であり、かつ、給与所得以外の所得（2つ以上の会社から給与を受けている場合には従たる給与を含む）の合計額が20万円以下である場合、そもそも確定申告を行う義務はありませんので、その場合は配当について申告する必要はありません。また、年金受給者で、公的年金等の収入金額の合計額が400万円以下であり、かつ、公的年金等以外の所得の合計額が20万円以下である場合も同様です。

(2) 課税方式

　株式の配当は、原則として、総合課税の配当所得として課税されます。外国株式の配当金については、配当控除の適用を受けることはできません。

　上場株式等の場合は、上記の総合課税に代えて、上場株式等の配当所得等として申告分離課税20.315％（所得税及び復興特別所得税15.315％、地方税5％）を選択することも可能です（その場合、上場株式等に係る一定の譲渡損失との損益通算等が可能です）。上場株式等が外国法人発行株式の場合も、申告分離課税の適用が可能です。

　配当所得として収入金額に計上すべき金額は、外貨建の配当の金額をその収入すべき日（原則として配当等の効力が発生する日）におけるTTMにより円換算した金額と考えられます。

3 本件へのあてはめ

　本件の場合、外国証券会社の国外口座で配当の支払いを受けるということですので、配当の金額に対して日本の源泉所得税は課されません。

　日本での源泉徴収がなされないため、少額配当や上場株式等の配当に係る申告不要制度の適用はなく、（確定申告の必要がない個人（上記(※)参照）である場合を除き）原則として申告が必要になります。

　おたずねのケースでは、給与等が2,000万円を超える確定申告の必要がある個人ということですので、当該配当もあわせて申告する必要があります。

　本件は、上場株式等に該当しますので、配当所得として総合課税の対象とするか、上場株式等の配当所得等として申告分離課税（所得税及び復興特別所得税15.315％、地方税5％）が適用されます。

参考(関連条文)

所法24条、92条
措法8条の4①⑤、8条の5、9条の2

申告不要とした配当等を更正の請求で総合課税に変更することの可否

Q 私（居住者たる個人）は、A株式（上場）とB証券投資信託（公募）を保有しています。昨年、A株式に係る配当とB証券投資信託に係る収益の分配金を受領しましたが、申告不要制度を適用して確定申告しました。

ところが、他の所得の状況から判定すると、申告不要制度を適用しないで配当所得に含めて確定申告し、配当控除を適用したほうが有利になることが分かりました。更正の請求により配当控除を適用して、所得税の還付を受けることはできますか。

A 昨年の確定申告書において、A株式に係る配当とB証券投資信託に係る収益の分配金について申告不要制度を選択したために配当控除を適用しなかった場合、更正の請求をして、申告不要制度を適用しないで配当控除を適用し、所得税の還付を受けることは認められないと考えられます。

（検 討）

1 配当所得と配当控除

(1) 確定申告を要しない配当所得

上場株式等の配当（株式の保有割合が3％以上である大口株主等が支払を受ける配当等を除きます。詳細はQ3参照）、受益権の募集が公募により行われた投資信託の収益の分配金など一定の配当等については、総所得金額の計算上、これらの配当等の金額を除外して計算することができることとされています。

つまり、納税者の選択により、確定申告をしないことが可能であり、他の所得について確定申告する場合もこれらの配当等を所得に含めないことが認められています。

(2) 配当控除

　日本に本店がある法人から支払われる配当や一定の証券投資信託の収益の分配について、確定申告において総合課税を選択して所得計算をした場合には、その年分の課税総所得金額や配当所得の金額に応じて一定の方法で計算した金額を所得税の額から控除することとされています（配当控除）。

　これは、法人の所得に対して課された法人税が個人株主の所得に対して課される所得税の前払いであると捉え、法人と個人との間の二重課税を排除することを目的とした制度です。

(3) 確定申告との関係

　確定申告不要制度は、これを選択することによって、配当等を受領した際に源泉徴収された税額を最終的な税負担額とする措置です。つまり、上場株式等の配当等であれば、20.315％（所得税及び復興特別所得税15.315％、地方税5％）の税率で源泉分離課税がされたのと同様の効果となり、配当控除の適用を受けることは認められないことになります。

　また、確定申告不要制度を選択しないで総合課税の対象とした配当所得については配当控除を適用することはできますが、その後において、更正の請求や修正申告をする際に総所得金額等の計算から除外することはできないこととされています。逆に、確定申告不要制度を選択して総所得金額等の計算に含めなかった配当所得について、後日、更正の請求や修正申告をする際に総所得金額等の計算に含めることもできないこととされています（当然に配当控除の適用もありません）。

　つまり、上場株式等の配当等については、納税者の判断によって、総合課税か申告不要かを選択することとされているため、一旦選択して申告した方法を後日変更することはできないということになります。

2 本件へのあてはめ

　昨年の確定申告書において、A株式に係る配当とB証券投資信託に係る収益の分配金について申告不要制度を適用し、総所得金額等の計算に含め

なかったとのことですので、配当控除は適用されなかったと解されます。この場合、配当控除を適用したほうが税額計算において有利であったことが分かったとしても、申告不要制度を適用しないで計算した更正の請求書を提出することは認められないと考えられます。

　したがって、確定申告する際には、有利不利判定を的確に行った上で、申告不要制度を選択するか否かを慎重に決定する必要があります。

参考（関連条文）
所法92条
措法8条の5
措通8の5－1

株式の配当の収入すべき時期

Q 私（居住者たる個人）は、外国証券会社の国外口座において、A国に本店が所在する法人の発行する株式を保有しています。この株式については年1回配当が支払われますが、どの時期にこの配当を配当所得として申告を行う必要がありますか。

A A国の法令の定めるところによりその配当の額が確定したとされる日の属する年の配当所得として認識することになると思われます。

（検 討）

1 配当の収入すべき時期

所得税法上、その年分の各種所得の金額の計算上収入金額とすべき金額は、原則として、その年において収入すべき金額、とされています（無記名の株式配当を除く）。具体的には、所得税基本通達において、配当所得の収入金額の収入すべき時期は、それぞれ次に掲げる日による、とされています。

内　　容		収入すべき日
剰余金の配当等		配当等について定めたその効力を生ずる日
投資信託等の収益の分配		収益計算期間の満了の日／信託の終了又は解約の日
みなし配当	a. 合併	その効力を生ずる日
	b. 分割型分割	その効力を生ずる日
	c. 株式分配	その効力を生ずる日
	d. 資本の払戻し	資本の払戻しに係る剰余金の配当又は出資等減少分配が効力を生ずる日
	e. 解散による残余財産の分配	分配開始の日
	f. 自己の株式又は出資の取得	その法人の取得の日

(1) 内国法人（株式会社）からの剰余金の配当の場合

上記の通り、剰余金の配当に係る配当所得の収入すべき時期は、無記名株式等の剰余金の配当等を除き、当該剰余金の「配当等について定めたその効力を生ずる日」（効力発生日）と定められています。法人税基本通達においても同様の規定があります（法人税基本通達2-1-27）。

税務上、効力発生日が配当を収入すべき日として定められているのは、法人税基本通達2-1-27のコンメンタールによれば以下の通りとされています。

> 会社法においては、株式会社は、剰余金の配当を行う場合には、その都度、株主総会の決議によってその剰余金の配当の効力発生日を定めなければならないとされていることから（会社法第454条第1項）、効力発生日に株主の配当金支払請求権が独立の債権として成立するものと考えられる。そこで、税務上、株式会社の行う剰余金の配当については当該配当の効力を生ずる日において収益を計上することになる。

また、効力を生ずる日を定めていない場合は、当該剰余金の配当等を行う法人の社員総会その他正当な権限を有する機関において決議のあった日、とされています。

すなわち、税務上の配当等の収益計上時期についての基本的な考え方は、配当の効力発生その他配当等の額の確定時を基準とする法的基準の立場によっています。

(2) 外国法人からの配当の場合

外国配当の収入すべき時期については、所得税基本通達では特段の規定はないものの、法人税基本通達2-1-27において、「当該外国法人の本店または主たる事務所の所在する国又は地域の剰余金の配当等に関する法令（以下、「外国法令」）にその確定の時期につきこれと異なる定めがあるときは、当該法令に定めるところにより当該剰余金の配当等の額が確定したとされる日の属する事業年度の収益とする」と定められています。

すなわち、外国法令は必ずしも日本の法令と同様の定めになっていると

は限らないことから、外国法令の定めるところによりその配当の額が確定したとされる日の属する年の配当として認識することになります。たとえば、アメリカに本店を有する法人の場合には、配当の支払いは株主総会の決議事項ではなく、取締役会の専決事項とされている等、日本の会社法の定めとは必ずしも類似していません。どの時点をもって配当の額が確定したといえるかは、外国法令に照らし個別の検討が必要と考えられます。

また、法人税基本通達では、継続適用を要件として、現金ベースでの収益認識を認めることとされていますが、所得税には同様の通達がない点も留意が必要と考えられます（ただし、法人税の場合も、毎年継続して適用する必要があると考えられます）。

2 本件へのあてはめ

上述の通り、外国株式の配当については、当該株式の発行国（A国）の法令の定めるところによりその配当の額が確定したとされる日において収益認識すべきと考えられます。

参考（関連条文）

所法36
所基通36-4

Q17 上場株式の譲渡の収入すべき日

Q 私（居住者たる個人）は保有している上場株式について、以下の通り国内証券会社への売委託により譲渡しました。何年分の所得として譲渡所得等の申告をすべきでしょうか。
- 売却約定日　　　2024年12月27日
- 株式引渡日　　　2025年 1月 6日

なお、この株式は証券会社の一般口座において保管されています。

A 原則として2025年の所得とすべきですが、2024年の所得とすることも認められます。

（検討）

　株式等に係る譲渡所得等の総収入金額の収入すべき時期は、通常の市場による売却の場合、「株式等の引き渡しがあった日」とされています。ただし、納税者の選択により、譲渡契約の効力発生の日により総収入金額に算入して申告があったときはこれを認めるとされています。

　おたずねの場合、原則として、株式引渡日である2025年分の所得として申告すべきものと考えられますが、納税者の選択により、2024年の所得として申告することも認められます。

　株式の譲渡損益については他の上場株式等との損益通算が可能ですので、他の上場株式等の譲渡による譲渡損益等の状況を鑑み、いずれの方法を採用するのかを検討する必要があります。

参考（関連条文）
措法37条の11
措基通37の10・37の11共－1

Q18 上場株式の譲渡と同時に同一銘柄の株式を再取得する場合の課税関係

Q 私（居住者たる個人）は上場株式であるA株式とB株式を保有していますが、A株式については含み益があるものの、B株式については含み損が生じていて、さらに時価が下落する傾向にあります。

そこで、A株式とB株式の両方を取引市場で譲渡し、その後直ちにB株式を再取得することを考えています。この場合、A株式とB株式の譲渡損益は通算できますか。

なお、A株式及びB株式の譲渡収入、譲渡原価はそれぞれ以下の通りです。

- A株式
  ① 譲渡収入：1,000,000円
  ② 譲渡原価：　600,000円
- B株式
  ① 譲渡収入：　500,000円
  ② 譲渡原価：　800,000円

（※）　なお、譲渡収入と同額で再取得する。

A A株式及びB株式は共に上場株式であるため、これらの株式の譲渡から生じる損益は、「上場株式等の譲渡所得等」として取り扱われます。

したがって、上場株式等の譲渡所得等の金額の計算上、A株式に係る譲渡益の金額からB株式に係る譲渡損の金額を控除するものと考えられます。

（検 討）

1 上場株式を譲渡した場合の譲渡損益の取扱い

上場株式を譲渡したことによる譲渡益は、「上場株式等に係る譲渡所得等」として、他の所得と区分し、20.315％（所得税及び復興特別所得税15.315％、地方税5％）の税率で課税されることとなります（申告分離課税）。

上場株式等に係る譲渡所得等の金額の計算方法は、下記の通りです。

上場株式等に係る譲渡所得等の金額
＝総収入金額（譲渡価額）－必要経費（取得費＋委託手数料等）

また、上場株式を譲渡したことにより損失が生じた場合には、当該譲渡をした日の属する年分の上場株式等に係る譲渡所得等の金額の計算上、その譲渡損失の金額を、他の上場株式等の譲渡から生じた譲渡益から控除します。さらに、控除しきれない場合には、金融商品取引業者への売委託など一定の譲渡をしたことにより生じたものであることを要件に、その控除しきれない部分の金額について、翌年以降3年間の繰越控除が認められています。

2 上場株式を売却するとともに直ちに再取得する場合

保有する有価証券を売却すると同時に、同一銘柄の有価証券を購入することを約定する取引については、「クロス取引」(※)と呼ばれています。

(※) 企業会計上、クロス取引については、実質的に売買がなかったものとして売買損益を認識しないことが明らかにされており（「金融商品会計に関する実務指針」42項）、法人税法上も同様に取り扱うこととされています（法人税基本通達2－1－23の4）。

このような取引に関する税務上の取扱いについて、日本証券業協会から国税当局に対して照会がなされ、一定の取引については上場株式等の譲渡として取り扱って差し支えない旨、回答されています。

この照会が行われた当時（2000年）には、上場株式の譲渡益に対する課税方法として源泉分離課税制度の選択が認められていたため、同一銘柄の株式を直ちに再取得する取引であることを前提とした譲渡であっても、その選択が認められることを確認する内容となっていますが、そのような譲渡も上場株式の譲渡として取り扱うものであることを確認されたという点で参考になります。

なお、この照会における「一定の取引」とは、下記に掲げる取引とされています。

(1) 上場株式の場合

上場されている証券取引所の定める取引所市場取引（立会時間内の取引（オークション市場での取引）又は立会時間外の取引（東証にあってはToSTNeT等））により行われるものであること。

（注） 立会時間外の取引にあっては、個人が行う売却並びに再取得が同日中に行われないものであること。

(2) 店頭売買株式の場合

日本証券業協会が定める店頭売買取引（JASDAQ売買システムを通じた取引又はマーケットメイクを行う証券会社を通じた当該マーケットメイク銘柄に係る取引）により行われるものであること。

3 本件へのあてはめ

A株式及びB株式は共に上場株式であり、取引市場で譲渡されることから、これらの株式の譲渡から生じる損益は、譲渡後直ちに再取得するB株式分も含めて、上場株式等の譲渡所得等として取り扱うものと考えられます。

したがって下記のとおり、A株式に係る譲渡益の金額からB株式に係る譲渡損の金額を控除するものと考えられます。

(1) A株式に係る譲渡益

1,000,000円 － 600,000円 ＝ 400,000円

(2) B株式に係る譲渡損

500,000円 － 800,000円 ＝ △300,000円

(3) 当年における上場株式等の譲渡所得等の金額

(1) ＋ (2) ＝ 100,000円

なお、再取得したB株式の取得価額は、500,000円となります。

参考（関連条文）

所法33条、48条
措法37条の11、37条の12の2
【参考】 国税庁ホームページ
「個人が上場・店頭売買株式を売却するとともに直ちに再取得する場合の当該売却に係る源泉分離課税の適用について（法令解釈通達）」

特定口座でクロス取引を行う場合の所得金額の計算

Q 私(居住者たる個人)は、特定口座内で上場株式を保有していますが、利益を確定させるために、クロス取引を行うことを検討しています。特定口座において源泉徴収税額を計算するための所得金額の計算方法は、通常の確定申告における所得計算と異なる点があると聞きましたが、クロス取引を行う上で留意すべき点はありますでしょうか。

A 特定口座内の源泉徴収の基礎となる所得金額は、原則として、確定申告の場合と同様となります。ただし、特定口座では、同一日に同一銘柄を買い付ける場合に、一般に、その買付けに係る費用も含めて総平均法に準ずる方法により取得費が計算されており、クロス取引を行う場合には想定していた損益計算と異なる可能性がありますので注意が必要です。

(検 討)

1 上場株式等に係る譲渡所得等の計算方法

上場株式を譲渡したことによる譲渡益は、「上場株式等に係る譲渡所得等」として、下記の算式で計算されます。

上場株式等に係る譲渡所得等 ＝ 総収入金額(譲渡価額) － 必要経費(取得費＋委託手数料等)

クロス取引とは、保有する株式を譲渡すると同時に、同一銘柄の株式を購入することを約定する取引であり、当初の取得と買戻しに係る取得とで、同一銘柄の株式を2回以上にわたって購入することになります。

このように、同一銘柄の株式を2回以上にわたって購入し、その株式の一部を譲渡した場合の取得費は、総平均法に準ずる方法により計算することとされ、具体的には、下記の算式により計算することになります。

〈算式〉

$$取得費 = \frac{A + B}{C + D}$$

A＝株式等を最初に購入した時（その後すでにその株式等を譲渡している場合には、直前の譲渡の後）の購入価額の総額
B＝株式等を最初に購入した後（その後すでにその株式等を譲渡している場合には、直前の譲渡の後）から今回の譲渡の時までの購入価額の総額
C＝Aに係る株式等の総数
D＝Bに係る株式等の総数

したがって、同一銘柄の株式を複数回にわたって購入した場合の取得費は、当該株式を譲渡した時までの平均単価に基づいて計算することになり、譲渡後に購入した株式の取得に係る費用は影響しないことになります。

2 源泉徴収を選択した特定口座内の上場株式等の譲渡等に係る所得計算

特定口座内保管上場株式等（特定口座に係る振替口座簿に記載若しくは記録がされ、又は特定口座に保管の委託がされている上場株式等）を源泉徴収選択口座内で譲渡した場合には、その口座を開設する証券会社等が源泉徴収をすることになります。

この場合の源泉徴収の基礎となる所得金額（源泉徴収選択口座内調整所得金額）は、下記の算式により計算されます。

〈算式〉

源泉徴収選択口座内調整所得金額 ＝ E － F

E＝源泉徴収口座内通算所得金額（その年において対象譲渡等の時の以前にした特定口座内保管上場株式等の譲渡に係る譲渡収入金額の総額からその譲渡をした特定口座内保管上場株式等に係る取得費等の金額の総額を控除した金額）
F＝源泉徴収口座内直前通算所得金額（その年において当該対象譲渡等の時の前にした特定口座内保管上場株式等の譲渡に係る譲渡収入金額の総額からその譲渡をした特定口座内保管上場株式等に係る取得費等の金額の総額を控除した金額）

また、同一銘柄の株式を２回以上にわたって購入した場合の取得費は、上記❶に記載した計算方法と同様ですが、同一銘柄の株式を同一日に売買する場合、一般に、特定口座では実際の取引の順序に関わらず、その日の買戻しに係る費用も含めて総平均法に準ずる計算が行われている点については、注意が必要です。

〈同一日に同一銘柄を売買した場合の計算例〉
① 12月１日　買い　100株：10,000円（単価100円）
② 12月15日　売り　100株：12,000円（単価120円）
③ 12月15日　買い　100株：12,000円（単価120円）
取得費：（10,000円＋12,000円）÷（100株＋100株）＝110円（１株当たり）
譲渡損益：120円×100株－110円×100株＝1,000円
【参考】残高100株（単価110円）

　なお、特定口座では、口座ごとに上記の計算と源泉徴収が行われるため、同一銘柄であっても、複数の証券会社で開設する特定口座に分散して保有している場合には、譲渡による所得の総額は確定申告した場合の計算と異なる可能性があります。

❸ 本件へのあてはめ

　特定口座内の源泉徴収の基礎となる所得金額は、口座ごとにその年中の譲渡収入の総額から総平均法に準じて計算した取得費等を控除して計算することになりますので、原則として、確定申告における所得計算と同様となります。
　ただし、クロス取引として、譲渡と同一日に同一銘柄を買い付ける場合には、一般に、その買付けに係る費用も含めて総平均法に準ずる方法により取得費が計算されているため、想定していた損益計算と異なる可能性があり、注意が必要です。

参考(関連条文)

所令118条
措法37条の11、37条の11の３、37条の11の４
措令25条の10の２、25条の10の11
措通37の11の３－１

Q20 上場外国株式(外貨建)を譲渡した場合の譲渡損益及び為替差損益の取扱い

Q 私(居住者たる個人)は保有している上場外国株式について、国内証券会社への売委託により譲渡しました。譲渡対価はドル建で支払われましたが、譲渡所得等の金額の計算はどのように行えばいいでしょうか。

また、株式の購入時と売却時の為替レートの差から生じる為替差損益は税務上どのように取り扱われますか。

- 取得価額：10,000 ドル
- 取得時の為替レート（TTS）：100 円／ドル

　　　　　　　　　　　（円からドルへの交換と株式の取得は同日）
- 売却価額：12,000 ドル
- 売却時の為替レート（TTB）：150 円／ドル

A 上場外国株式の取得価額及び譲渡対価をそれぞれ日本円ベースに引き直して計算した金額が、上場株式等に係る譲渡所得等として申告分離課税の対象となります。

為替差損益については、上場株式等の譲渡所得等の計算上含まれて計算されるため、別途為替差損益として認識する必要はありません。

（検　討）

1 為替換算

株式等に係る譲渡所得等の金額の計算にあたっては、株式等の譲渡対価の額が外貨で表示されて、当該対価の額を日本円又は外貨で支払うこととされている場合は、外貨で表示されている対価の金額を約定日の為替レートで換算した日本円の金額により譲渡収入を計算することとされています。

この場合に使用する為替レートは、対価の支払いをする者（本件の場合、国内証券会社）の主要取引金融機関（その支払者が TTB（電信買相場）を公

表している場合にはその支払者）の当該外貨に係る TTB により日本円に換算した金額によります。一方、取得価額は、取得した株式の外貨金額を取得時の TTS（電信売相場）で円換算した金額となります。

　したがって、為替差損益部分については、株式等の譲渡に係る譲渡所得の金額に含められることになり、別途雑所得として区分する必要はありません。

2 譲渡損の場合の損益通算

　上場株式等に係る譲渡損失について、その年分の上場株式等に係る譲渡所得等の金額の計算上控除してもなお控除しきれない部分の金額は、一定の要件のもと、上場株式等に係る配当所得等との損益通算及び翌年以降3年間の繰越しといった特例が認められています。この特例の対象となる上場株式等の譲渡は、金融商品取引業者（日本の証券会社）又は登録金融機関への売委託による譲渡等、一定の譲渡に限定されています（Q8参照）。

　外国証券会社（国外営業所）への売委託や、外国証券会社に対して直接譲渡した場合等は損益通算、損失の繰越控除等の特例の対象とはなりませんので、注意が必要です。

3 本件へのあてはめ

　おたずねの場合、以下の金額が上場株式等に係る譲渡所得等の金額として取り扱われます（購入手数料や売却手数料はないものとします）。

〈計算例〉
取 得 価 額：10,000 ドル× 100 円／ドル　　　＝ 1,000,000 円
譲 渡 収 入：12,000 ドル× 150 円／ドル　　　＝ 1,800,000 円
譲渡所得等：1,800,000 － 1,000,000　　　　　＝　 800,000 円

　譲渡所得等とされる金額が、上場株式等に係る譲渡所得等として申告分離課税 20.315％（所得税及び復興特別所得税 15.315％、地方税 5％）の対象となります。

参考(関連条文)
措法37条の11、37条の12の2
措基通37の10・37の11共－6

Q21 上場外国株式の譲渡損についての損益通算の可否

Q 私(居住者たる個人)は、国外の証券会社口座において保有していた上場外国株式について、当該証券会社を通じ譲渡したところ、円換算後、譲渡損失(為替換算損益を含む)が発生しました。

上場株式等の譲渡から生じる損失については、申告を行うことにより一定の所得との損益通算が可能という話を聞きましたが、この譲渡損失について他の所得と損益通算することはできますか。

A 本件の上場外国株式等の譲渡により生じた譲渡損は、申告を行うことにより、同年中に生じた他の上場株式等の譲渡益と相殺することができます。

ただし、本件の譲渡は国外の証券会社を通じて行われることから、上場株式等の配当所得等との損益通算や譲渡損失の繰越しを行うことはできません。また、その他の所得との損益通算もできません。

(検 討)

1 株式の譲渡から生じた損益に係る損益通算の概要

　上場株式等の譲渡から生じる所得については、他の所得と区分し、上場株式等の譲渡による事業所得、譲渡所得及び雑所得(以下、「上場株式等に係る譲渡所得等」)として、申告分離課税(所得税及び復興特別所得税15.315％、地方税5％)が適用されます。上場株式等が証券会社等の特定口座内の源泉徴収選択口座で保管されており譲渡益について証券会社等により源泉徴収がなされる場合を除き、原則として申告が必要となります。

　一方、上場株式等の譲渡について譲渡損が生じた場合は、特に申告を行う必要はありません。ただし、(1)他の上場株式等の譲渡益と損益通算する場合、又は(2)上場株式等の配当所得等(申告分離課税を選択したもの)と通

算する場合は、特定口座内で損益通算が行われる場合を除き、申告を行う必要があります。また、上場株式等の譲渡損失について翌年以降3年間繰り越す場合も申告を行う必要があります。

　この場合において、上記の(2)（上場株式等に係る配当所得等との損益通算）又は譲渡損失の繰越控除に関しては、譲渡が以下を含む一定の場合に限られています。

① 金融商品取引法第2条第9項に規定する金融商品取引業者（第一種金融商品取引業を行う者に限る。以下同様）又は同法第2条第11項に規定する登録金融機関への売委託による譲渡
② 金融商品取引業者に対する譲渡
③ 登録金融機関又は投資信託委託会社に対する譲渡
④ 法人の合併、分割、株式交換、自己株式の取得等一定の事由による譲渡等
⑤ 法人の株式交換又は株式移転による株式交換完全親法人又は株式移転完全親法人に対する譲渡
⑥ 法人に対して会社法第192条第1項の規定に基づいて行う単元未満株式の譲渡その他これに類する譲渡
⑦ 法人に対して会社法改正前の商法第220条の6第1項の規定に基づいて行う端株の譲渡
⑧ 法人が行う会社法第234条第1項又は第235条第1項の規定その他政令で定める規定による一株又は一口に満たない端数に係る上場株式等の競売の規定による譲渡
⑨ 信託会社の営業所（国内にある営業所又は事務所）に信託されている上場株式等の譲渡で、当該営業所を通じて外国証券業者への売委託により行うもの
⑩ 信託会社の営業所に信託されている上場株式等の譲渡で、当該営業所を通じて外国証券業者に対して行うもの
⑪ 所得税法第60条の2第1項（国外転出の場合の譲渡所得等の特例）又は第60条の3第1項（贈与等により非居住者に資産が移転した場合の

譲渡所得等の特例）の規定により行われたものとみなされた譲渡

　上記①の「金融商品取引法第2条第9項に規定する金融商品取引業者又は同法第2条第11項に規定する登録金融機関」とは、日本で金融商品取引法上の登録を受けた者をいいますので、外国に所在する証券会社は含まれません。したがって、外国に所在する証券会社に売委託又は当該証券会社に対して譲渡した場合等は、原則として上場株式等の配当所得等との損益通算や譲渡損失の3年間の繰越控除の対象とはなりません（上記⑨⑩の日本の信託財産として保有されている外国株式を譲渡する場合を除く）。

　なお、上場株式等の譲渡に係る譲渡損は、非上場株式の譲渡に係る譲渡益との損益通算を行うことはできません。また、他の所得（給与所得や雑所得等）との損益通算もできません。

❷ 本件へのあてはめ

　本件の上場外国株式等の譲渡から生じた譲渡損については、❶に記載のとおり、他の上場株式等の譲渡益と損益通算を行うことができます。したがって、他に上場株式等（国内、国外株式を問わず、特定口座に保管されているかどうかも問いません）の譲渡益がある場合は、申告を行うことにより損益を通算することができます。

　一方、本件の上場株式等の譲渡は外国の証券会社を通じて行われることから、上場株式等の配当所得等との損益通算や譲渡損失の3年間の繰越控除を行うことはできません。また、それ以外の所得との損益通算もできません。

参考（関連条文）
措法37条の11、37条の12の2

Q22 特定口座で管理する上場株式等の発行法人が清算した場合の損失の取扱い

Q 私（居住者たる個人）は、A株式（上場）を保有していますが、発行法人であるA社が上場廃止となり、証券取引所の整理銘柄に指定されることになりました。このため、A株式を譲渡することができなくなってしまいましたが、これに伴う損失は他の上場株式等の譲渡益から控除することはできますか。

A A社が内国法人であり、かつ、A株式を特定口座で管理している場合には、これを特定管理口座へ移管することによって、その後のA社の清算等により株式が無価値化された場合の損失の額を譲渡損失として取り扱う特例を適用できる可能性があります。譲渡損失として取り扱うことで、他の上場株式等の譲渡益から控除することができることとなります。

なお、A株式を一般口座で保有する場合や、A社が外国法人である場合などは、この特例の対象外となりますので注意が必要です。

（検 討）

1 上場株式等の無価値化損失の特例

(1) 上場株式等の含み損に関する取扱い

上場株式等の価値は株式市場における取引価格の変動に伴って日々変動します。所得税法上、株式等の含み損益が課税所得に含まれることはなく、実際に譲渡した場合に課税が生じる（譲渡損が生じた場合は譲渡益と損益通算される）ことになります。

したがって、保有する株式の発行法人の財務状況が悪化し、上場廃止等の事由が生じた場合であっても、原則として、当該株式の価値の下落が課税所得に影響を与えることはありません。

しかしながら、一般の個人投資家が株式市場の情報を網羅的に把握し、

上場廃止等の前に譲渡することは必ずしも容易ではないことへの配慮や、株式投資を促進する環境整備という政策的要請から特例的な措置が講じられています。

具体的には、特定口座で管理されていた上場株式が、上場廃止後引き続き証券業者等に保管の委託がされ、その後、その発行法人の清算結了等により価値を失ったことによる損失（無価値化損失）が生じた場合には、これを株式等の譲渡損失とみなすこととされています。

(2) 特例適用のための要件

特定管理株式等又は特定口座内公社債について株式又は公社債としての価値を失ったことによる損失が生じた場合とされる一定の事実が発生したときは、その事実を証明する書類とともに計算明細書を添付した確定申告書を提出することで、その損失の金額は上場株式等を譲渡したことにより生じた損失の金額とみなされます。

この「特定管理株式等」とは、特定口座で管理していた上場株式等のうち内国法人が発行した株式又は公社債が上場廃止になり、その後、特定管理口座に係る振替口座簿に記載若しくは記録がされ、又は特定管理口座において保管の委託がされているものとされています。また、「特定口座内公社債」とは、特定口座で管理されている内国法人が発行した公社債をいうこととされています。

この特定管理口座での管理要件は、株主や社債権者が取得価額の真正性を確認できるよう適正な執行のための担保が必要であることを踏まえたものと解されます。

また、NISA口座で管理されていた上場株式等は、そもそも譲渡損失はないものとみなされることとのバランスを考慮し、監理銘柄等に指定された後に上場廃止に伴い特定口座へ移管されたものだとしても特定管理口座への移管はできないこととされているため、特定管理株式等には含まれません。

なお、特定管理口座を開設する場合は、特定管理口座開設届出書を、特定口座を設定している証券会社等に、上述の株式等を最初に特定管理口座に受け入れる時までに提出しなければならないこととされています。

(3) 価値を失ったことによる損失が生じたものとされる場合

特定管理株式等である株式について次のいずれかの事実が発生した場合には、株式としての価値を失ったことによる損失が生じたものとされます。

- 発行法人が解散（合併による解散を除きます）をし、その清算が結了したこと
- 発行法人が破産手続開始の決定を受けたこと
- 発行法人が更生計画認可の決定を受け、発行済株式の全部を無償で消滅させたこと
- 発行法人につき再生計画認可の決定が確定し、発行済株式の全部を無償で消滅させたこと
- 発行法人が預金保険法の特別危機管理開始決定を受けたこと

また、特定管理株式等である公社債又は特定口座内公社債については、次のいずれかの事実が発生した場合に、公社債としての価値を失ったことによる損失が生じたものとされます。

- 発行法人が解散（合併による解散を除きます）をし、その清算が結了したこと
- 発行法人が破産手続開始の決定を受けたことにより、全額の弁済を受けることができないことが確定したこと
- 発行法人が更生計画認可の決定を受け、同一銘柄の社債を無償で消滅させたこと
- 発行法人につき再生計画認可の決定が確定し、同一銘柄の社債を無償で消滅させたこと

2 本件へのあてはめ

A社が内国法人であり、かつ、A株式を特定口座で管理している場合には、これを特定管理口座へ移管することによって、損失の額を譲渡損失として取り扱う特例を適用できる可能性があります。

特定管理口座へ移管した後に、A社について、清算結了、破産手続き、更生計画の認可や再生計画の認可等の事実が生じた場合には、その事実を

証明する書類とともに計算明細書を添付した確定申告書を提出することにより、Ａ株式に係る損失の額を譲渡損失として取り扱うことが可能と考えられます。

なお、Ａ株式を一般口座で保有する場合や、Ａ社が外国法人である場合などは、この特例の対象外となりますので注意が必要です。

参考(関連条文)
措法37条の11の2
措令25条の9の2

Q23 非上場株式の課税関係

Q 私(居住者たる個人)は日本法人が発行する非上場株式を保有しています。配当については源泉所得税が控除されたのちの金額を受け取っていますが、何か申告等を行う必要はありますか。また、譲渡をした場合の課税関係についても教えてください。

A 非上場株式の配当については、原則として総合課税の対象となります。非上場株式の譲渡については、一般株式等の譲渡に係る譲渡所得等として、20.315%(所得税及び復興特別所得税15.315%、地方税5%)の申告分離課税の対象となります(原則として、申告が必要です)。

(検討)

上場株式等に該当しない株式等は、税務上「一般株式等」として取り扱われます(上場株式等の定義については Q1 参照)。上場株式等に認められる種々の税務上の恩典を受けることはできません。

1 配当

(1) 源泉所得税

非上場株式等の配当については、20.42%の税率にて、源泉所得税が課されます(国税のみ)。

(2) 申　告

個人投資家は、受け取った配当について、原則として配当所得として申告を行う必要があります。配当所得は他の所得と合算され、総合課税(最高税率約56%)の対象となります。ただし、内国法人から支払いを受ける配当等で、1回に支払いを受けるべき金額が以下の計算式で計算した金額以下である場合(少額配当)は、申告をしないことができます(源泉徴収のみで課税関係を完結)。

$$10\,万円 \times \frac{配当計算期間（直前の配当等の基準日の翌日から今回の配当等の基準日までの期間）の月数}{12}$$

(注) 地方住民税では少額配当に該当するものであっても、申告不要の制度はなく、他の所得と総合して課税されます。

上場株式等の配当について認められている申告分離課税の適用はなく、また、金額にかかわらず申告不要とすることはできません（給与所得者等の申告義務については Q14 (※)参照）。

(3) 配当控除

配当について申告を行う場合は、配当控除の適用があります。

配当控除は、剰余金の配当等に係るものである場合、配当所得の金額の10％もしくは５％に相当する金額を申告納税額から控除できます。

課税総所得が1,000万円以下の場合	配当所得の金額×10％（国税）
配当所得を加えると課税総所得が1,000万円を超える場合	1,000万円以下の部分の配当所得の金額×10％＋1,000万円を超える部分の配当所得の金額×５％
配当所得以外の課税総所得が1,000万円を超える場合	配当所得の金額×５％

なお、地方住民税にも配当控除の適用があります。

〈配当控除の例〉
配当所得の金額：12万円
課税総所得：300万円
配当控除：12,000円（課税総所得が1,000万円以下のため、配当所得の10％）

2 譲渡

　非上場株式等の売却による売却益は、総合課税の対象となる一般の譲渡所得とはされず、「一般株式等の譲渡に係る事業所得、雑所得及び譲渡所得」として、申告分離課税が適用されます（原則として確定申告が必要となります）。税率は20.315％（所得税及び復興特別所得税15.315％、地方税5％）が適用されます。

　非上場株式等の売却による売却損は、他の一般株式等（非上場の株式、私募の投資信託や一般公社債等）の売却から生じた売却益と損益通算することができます。しかしながら、非上場株式等の配当との損益通算を行うことはできません。また、上場株式等の売却益や配当所得との損益通算を行うこともできません。

> **キーワード　一般株式等**
>
> 　上場株式等に該当しない株式等は一般株式等として取り扱われます。具体的には以下のようなものがあります。
> - 非上場株式
> - 私募の投資信託の受益権
> - 一般公社債（特定公社債以外の公社債）

参考（関連条文）
所法24、89、92、182条
措法8条の5、37条の10、措令25の8
措基通37の10・37の11共－3

保有する上場株式に関し資本の払戻しがある場合の課税関係

Q 私（居住者たる個人）は日本法人発行の上場株式を保有していますが、このたび、発行体の日本法人から資本剰余金を原資とする配当を現金で受け取りました。この配当については、税務上どのように取り扱われますか。
なお、私はこの配当を国内証券会社の一般口座で受け取ります。

A 資本剰余金を原資とする配当により、株主である個人にみなし配当及び譲渡損益が発生する可能性があります。

（検 討）

1 資本剰余金を原資とする配当の取扱い

株主が法人から金銭の分配を受け取る場合、それがどういった事象によるものなのか、原資は何か等により、課税関係が異なります。

税務上、資本剰余金の減少を伴う剰余金の配当は「資本の払戻し」として取り扱われます。その場合、一部がみなし配当として取り扱われる可能性があります。

2 みなし配当の計算

みなし配当は、資本の払戻し（資本剰余金の減少を伴う剰余金の配当）により交付を受ける金銭及び金銭以外の資産の価額の合計額のうち、資本の払戻しを行った法人（以下、「払戻法人」）の当該払戻し直前の対応資本金等の額を超える部分の金額、とされています。

すなわち、みなし配当の金額は、簡易な式にすると以下のようになります。

みなし配当 ＝ 資本の払戻しにより交付を受ける金銭及び金銭以外の資産の価額の合計額 － 資本金等の額のうちその交付の基因となった当該法人の株式に対応する部分の金額[※1]

(※１) 資本金等の額のうちその交付の基因となった当該法人の株式に対応する部分の金額 = {法人の資本の払戻し直前の税務上の資本金等の金額(※2) × 払戻し割合(※3)} × (各投資家の資本の払戻し直前の所有株式数) / (法人の資本の払戻し直前の当該払戻しに係る株式総数)(※4)

(※２) 当該直前の資本金等の金額が０以下である場合には、０とする

(※３) 払戻し割合 (小数点以下 3位未満切上) = (払戻しにより減少した資本剰余金の額) / (払戻しの日の属する事業年度の前事業年度末の資産の帳簿価額－負債の帳簿価額)(注)

(注) 前期末から当該資本の払戻しの直前の時までの間に税務上の資本金等の額又は利益積立金額の増減がある場合にはその金額を加減算した金額

(※４) 払戻し等により減少した資本剰余金の額を超えるときは、その超える部分の金額を控除した金額（払戻等対応資本金額等）

なお、資本の払戻しを行う法人は、投資家に対して上記の払戻し割合を通知する義務を負います。

❸ みなし譲渡損益の計算

資本の払戻し金額のうち、みなし配当とされる金額以外は、株式の譲渡に係る譲渡収入として取り扱われます。

投資家は、譲渡損益を計算するために譲渡原価を計算しなければなりません。資本の払戻しの際の譲渡原価は以下の通り計算されます。

譲渡原価の額＝資本の払戻し直前の株式の取得価額×払戻し割合(※3)

4 みなし配当及びみなし譲渡損益の課税関係

(1) みなし配当

みなし配当については配当所得として取り扱われ、上場株式等に係るものである場合、20.315％（所得税及び復興特別所得税15.315％、地方税5％）の税率にて源泉徴収がなされます。配当の金額にかかわらず、源泉徴収で課税関係を完結することができます。その場合、上場株式等に係る一定の譲渡損との損益通算の適用を行うことはできません。

また、申告をすることも可能です。申告する場合は、選択により、上場株式等の配当所得等として申告分離課税20.315％（所得税及び復興特別所得税15.315％、地方税5％）、又は総合課税が適用されます。申告分離課税を選択した場合、上場株式等に係る一定の譲渡損との損益通算等が可能です。

(2) 譲渡損益

上場株式等の譲渡所得等の金額については、他の所得と区分し、申告分離課税（所得税及び復興特別所得税15.315％、地方税5％）が適用されます。上場株式等の配当所得等との損益通算や3年間の損失繰越しの適用も可能です。なお、損益通算や損失繰越しは、通常、金融商品取引業者への売委託等によることが適用要件となりますが、資本の払戻しに伴い生じる上場株式等に係る譲渡損失の場合は、当該要件は課されません。

〈図解〉

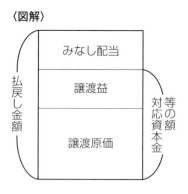

参考（関連条文）

所法24条、25条、所令61条②四、114条⑤
措法8条の4、8条の5、9条の3、37条の10③四、37条の11③、37条の12の2
措基通37の10－3(1)、37の11－11

発行会社による自己株式（非上場株式）取得の課税関係

Q 私（居住者たる個人）は日本法人Ａ社発行の非上場株式（普通株式）を100株（持株割合は5％）保有していますが、このたびＡ社（発行会社）との合意によりＡ社に対し相対で当該株式の譲渡を行い、金銭を取得しました（発行会社による自己株式の取得）。

この譲渡（自己株式取得）については、税務上どのように取り扱われますか。

なお、本件の譲渡対価は適正に決定されており、Ａ社は普通株式のみを発行している法人です。

A 株主である個人に、みなし配当及び譲渡損益が発生する可能性があります。

みなし配当は配当所得、譲渡損益は一般株式等に係る譲渡所得等としてそれぞれ取り扱われるため、プラスのみなし配当とマイナスの譲渡損益（譲渡損失）が算出される場合、両者を損益通算することはできません。

（検　討）

1 自己株式の取得に係る税務上の取扱い

株主たる個人がその有する非上場株式を他者に譲渡する場合、当該譲渡に伴う損益は一般に「一般株式等に係る譲渡所得等」として区分され課税されます。しかしながら、譲渡の相手先が株式の発行会社である場合、税務上、自己株式の取得として取り扱われ、一定の事由(※1)に該当する場合を除き、譲渡損益のうち一部がみなし配当、一部が一般株式等に係る譲渡所得等として取り扱われます。

（※1）　一定の事由に該当する場合、みなし配当とされる部分はなく、損益の全額が株式等に係る譲渡所得等として取り扱われます。「一定の事由」には、例えば以下が含まれます。

① 金融商品取引市場による購入
② 店頭売買登録銘柄の店頭売買による購入
③ 金融商品取引業者が株式の売買の媒介、取次又は代理をする場合
④ 事業の全部の譲受け
⑤ 合併又は分割若しくは現物出資による被合併法人又は分割法人若しくは現物出資法人からの移転(適格と非適格)
⑥ 合併に反対する当該合併に係る被合併法人の株主等の買取請求に基づく買取り
⑦ 単元未満株式の買取りの請求又は端株の買取請求による買取り
⑧ 全部取得条項付き種類株式の取得にあたっての端数株式の買取り

2 みなし配当の計算

　自己株式の取得により株主が交付を受ける金銭及び金銭以外の資産の価額の合計額のうち、発行法人の当該取得直前の対応資本金等の額を超える部分の金額はみなし配当とされます。

　すなわち、みなし配当の金額は、簡易な式にすると以下のようになります(発行法人が1種類の株式のみを発行している場合)。

$$\text{みなし配当} = \begin{pmatrix}\text{自己株式の取得により交付}\\\text{を受ける金銭及び金銭以外}\\\text{の資産の価額の合計額}\end{pmatrix} - \begin{pmatrix}\text{資本金等の額のうちその}\\\text{交付の基因となった株式}\\\text{に対応する部分の金額}^{(※2)}\end{pmatrix}$$

(※2) 資本金等の額のうちその交付の基因となった株式に対応する部分の金額 = 法人の自己株式取得直前の税務上の資本金等の金額$^{(※3)}$ × $\dfrac{\text{各株主の自己株式取得直前の所有株式数}}{\text{法人の自己株式取得直前の発行済株式総数}}$

(※3) 当該直前の資本金等の金額が0以下である場合には、0とする。

3 譲渡損益の計算

　自己株式の取得により交付を受ける金額(譲渡対価)のうち、みなし配当とされる金額以外は、株主たる個人において株式の譲渡に係る譲渡収入として取り扱われます。

すなわち、株式等に係る譲渡所得等として取り扱われる金額は以下の通り計算されます。

株式等に係る譲渡所得等＝譲渡対価－みなし配当－株式等の取得費[※4]

(※4) 譲渡のために要した手数料等を含む。

4 みなし配当及び譲渡損益の課税関係

(1) みなし配当

みなし配当については配当所得として取り扱われ、発行法人により20.42％（所得税及び復興特別所得税）の税率にて源泉徴収がなされます。

個人株主は、受け取った配当について、原則として配当所得として申告を行う必要があります（給与所得者等の申告義務についてはQ14（※）参照）。配当所得は他の所得と合算され総合課税の対象となります。配当について申告を行う場合は、配当控除の適用があります。

ただし、みなし配当の金額が10万円以下である場合（少額配当）は、所得税については申告をせず、源泉徴収のみで課税関係を完結することができます（地方住民税については総合課税）。

上場株式等の配当と異なり、申告分離課税の適用はなく、また、上記の少額配当に該当しない限り、申告不要とすることはできません。

(2) 譲渡損益

非上場株式等の売却による売却益は、「一般株式等の譲渡に係る事業所得、雑所得、譲渡所得」として区分され、申告分離課税が適用されます（原則として確定申告が必要となります）。税率は20.315％（所得税及び復興特別所得税15.315％、地方税5％）が適用されます。

非上場株式等の売却による売却損は、他の非上場株式等（非上場の株式、私募の投資信託や一般公社債）の売却から生じた売却益と損益通算することができます。しかしながら、上場株式等の売却益や、配当所得（上場・非上場）との損益通算を行うことはできません。また、譲渡損の繰越しもできません。

5 本件へのあてはめ

　本件の場合、発行会社に相対で譲渡したということですので、**1**に記載の「一定の事由」に該当しない限り、譲渡から生じた利益はみなし配当（配当所得）と譲渡損益（一般株式等に係る譲渡所得等）に区分されます。

　自己株式の取得の場合、発行法人の税務上の資本金等の金額によっては、（プラスの）みなし配当、マイナスの譲渡損益（譲渡損失）が発生することがあり得ます。その場合、本件は非上場株式ということですので、みなし配当（配当所得）と譲渡損失（一般株式等に係る譲渡損失）を損益通算することはできません。したがって、実額の利益より大きいみなし配当に対し課税が生じる可能性があります（下記【事例】参照）。

〈前提〉
A株式の取得価額：100
A株式の自己株式の譲渡対価：200
A発行法人の譲渡直前の資本金等の額：80

〈計算例〉
みなし配当……200 － 80 ＝ 120
株式の譲渡所得等……200 － 120 － 100 ＝ △20

```
                        ┌─── みなし配当（120）
譲渡原価   自己株式の
(100)     譲渡対価     ─── 譲渡損（△20）
          (200)
                        └─── 資本金等の額（80）
```

参考（関連条文）

所法24条、25条、所令61条①、②六
措法8条の5①一、措令4条の3④
措法37条の10③五、措令25条の8

Q26 保有株式がTOB成立後に買い取られた場合の申告手続

Q 私（居住者たる個人）は、上場会社であるA社の株式を保有していますが、B社による株式の公開買付け（TOB）が行われることになりました。私はTOBには応じないことにしたのですが、この度、TOBが成立したことによってA社が上場廃止となり、保有していたA社株式がB社によって買い取られることになりました。私はA社株式を特定口座（源泉徴収選択あり）で保有していたので、A社株式の譲渡によって譲渡益が生じたとしても確定申告を行う必要はないのでしょうか。

A TOBの成立後にA社が上場廃止になると、A社株式は上場株式ではなくなり、特定口座で保管される上場株式等の範囲に含まれなくなります。したがって、源泉徴収選択口座内の譲渡としての確定申告不要制度の適用が受けられないため、確定申告が必要となります。

（検 討）

1 上場株式等の譲渡等に係る譲渡益に対する課税方法

(1) 申告分離課税制度

上場株式等の売却により生じる益は、一般株式等（いわゆる上場株式等以外の株式等）の譲渡所得とは区別して、「上場株式等の譲渡による事業所得、雑所得及び譲渡所得の金額」として申告分離課税が適用されます。原則として、確定申告が必要となり、適用税率は20.315％（所得税及び復興特別所得税15.315％、地方税5％）です。上場株式等について譲渡損が生じた場合には、他の上場株式等の譲渡益との通算や3年間の繰越控除、また、上場株式等の配当との損益通算が認められています。なお、上場株式等に該当しない一般株式等の譲渡益との通算は認められていません。

この「上場株式等」は、株式等のうち次に掲げるものをいいます。

① 金融商品取引所に上場されている株式等（外国金融商品市場において売買されている株式等を含む）
② 店頭売買登録銘柄として登録されている株式（出資及び投資口を含む）
③ 店頭転換社債型新株予約権付社債
④ 店頭管理銘柄株式（出資及び投資口を含む）
⑤ 日本銀行出資証券
⑥ 投資信託でその設定に係る受益権の募集が公募により行われたものの受益権（特定株式投資信託を除く）
⑦ 特定投資法人の投資口
⑧ 公募の特定受益証券発行信託の受益権
⑨ 公募の特定目的信託の社債的受益権
⑩ 特定公社債（詳細はQ45「キーワード」参照）

(2) **特定口座制度**

　特定口座とは、居住者等が金融商品取引業者等に設定する証券口座で、これを通じて行われた株式等の譲渡について、金融商品取引業者等が譲渡対価と取得費等の計算を行い、口座の保有者に特定口座年間取引報告書を交付することとされているものです。さらに、居住者等が特定口座内で生じる所得について源泉徴収されることを選択した場合（源泉徴収選択口座）には、金融商品取引業者等が譲渡益及び配当等に対して20.315％の税率で計算した所得税（復興特別所得税を含みます）及び地方税を源泉徴収することにより、当該居住者等は、原則として、確定申告が不要となります。

　また、特定口座での保管が認められる株式等は、一定の上場株式等に限られています。

2 本件へのあてはめ

　A社株式が上場株式であることから、特定口座で保管されている期間内に譲渡が行われ、かつ、当該特定口座が源泉徴収選択口座に該当する場合

には、原則として、確定申告を要しません。しかしながら、TOBの成立後にA社が上場廃止になると、A社株式は上場株式ではなくなり、特定口座で保管される上場株式等の範囲に含まれなくなります。

したがって、上場廃止後にA社株式を譲渡する場合には、源泉徴収選択口座内の譲渡ではなくなり、その譲渡益については確定申告が必要となります。さらに、上場株式等ではなく、一般株式等の譲渡による事業所得、雑所得及び譲渡所得の金額に区分されることになりますので、上場株式等に認められた特典（譲渡損の３年間の繰越控除、配当との損益通算）も適用されませんので注意が必要です（譲渡損が生じた場合は、他の一般株式等の譲渡益とは通算されます）。

参考（関連条文）

措法第37条の11、第37条の11の3、第37条の11の4、第37条の11の5、第37条の12の2
国税庁「株式公開買付(TOB)成立後、上場廃止となった株式の買取りに係る所得税（株式等譲渡所得）の申告漏れ等について」

Q27 保有する上場株式の発行会社が合併により消滅し新たな上場株式の交付を受けた場合の取扱い

Q 私（居住者たる個人）はA会社の上場株式を保有していますが、このたびA会社がB会社と合併するという通知を受け取り、その後しばらくしてA社（被合併法人）の株式に代えてB社（合併法人）の株式（上場株式）を受け取りました。この取引については税務上どのように取り扱われますか。

本件の合併は、法人税法上適格合併に該当すると聞いています。

なお、私はこのA社株式を国内証券会社の一般口座で保管しています。

A 合併が税務上の適格合併に該当する場合、株主である個人にみなし配当は発生しません。また、合併に際し受け取る資産が合併法人たるB社の株式のみとのことですので、株主である個人に譲渡損益は発生しません。

（検 討）

1 合併の税務取扱い

(1) 譲渡損益

法人の合併に伴い被合併法人の株主である個人が、合併により消滅する被合併法人の株式に代えて合併法人の株式を受け取る場合は、原則として、その合併の日の属する年に被合併法人の株式の譲渡に係る譲渡所得を計上することとなります。

ただし、その合併により、被合併法人の株主に合併法人株式又は合併親法人の株式（合併法人との間に当該合併法人の発行済株式等の全部を保有する関係とされる一定の関係がある法人の株式）（以下、「合併法人等株式」）のいずれか一方の株式のみが交付された場合には、譲渡益に対する課税は行わないこととされています。また、当該合併法人等株式の取得価額は、被合

併法人株式の従前の取得価額(合併の場合のみなし配当又はその合併法人等株式の取得のために要した費用の額がある場合には、当該費用を加算した金額)とされます。

(2) みなし配当

株主たる個人が、法人の合併により金銭その他の資産の交付を受ける場合で、当該金銭等の額の合計額がその法人の資本金等の額に対応する部分の金額を超えるときは、その超える部分の金額は配当とみなす、とされています。配当とみなされる金額(みなし配当)は、通常の配当と同様、配当所得として課税されます。ただし、合併が、法人税法上の「適格合併」に該当する場合、被合併法人の株主にみなし配当は生じないこととされています。

2 本件へのあてはめ

A社の株主は合併に際しB社株式のみの交付を受けるということですので、A社株式の譲渡に係る譲渡所得を認識する必要はなく、また本件の合併は法人税法上適格合併に該当するということですので、みなし配当も認識されません。個人株主が新たに交付を受けるB社株式の取得価額は、A社株式の合併直前の取得価額に、B社株式の交付を受けるために要した費用を加算した金額となります。

キーワード 適格合併

　法人税法上、「適格合併」とは、次のいずれかに該当する合併で、被合併法人の株主等に合併法人又は合併親法人（合併法人との間に当該合併法人の発行済株式等の全部を直接又は間接に保有する関係として政令で定める関係がある法人をいう）のうちいずれか一方の株式又は出資以外の資産（当該株主等に対する剰余金の配当等として交付される金銭その他の資産、合併に反対する当該株主等に対するその買取請求に基づく対価として交付される金銭その他の資産及び合併の直前において合併法人が被合併法人の発行済株式の総数又は総額の2/3以上に相当する数又は金額の株式又は出資を有する場合における当該合併法人以外の株主等に交付される金銭その他の資産を除く）が交付されないものをいいます（法法2条12の8号）。

　イ　その合併に係る被合併法人と合併法人（新設合併の場合は、当該被合併法人と他の被合併法人）との間にいずれか一方の法人による完全支配関係その他の政令で定める関係がある場合の当該合併

　ロ　その合併に係る被合併法人と合併法人（新設合併の場合は、当該被合併法人と他の被合併法人）との間にいずれか一方の法人による支配関係その他の政令で定める関係がある場合の当該合併のうち、次に掲げる要件のすべてに該当するもの

　　(1)　当該合併に係る被合併法人の当該合併の直前の従業者のうち、その総数のおおむね80％以上に相当する数の者が当該合併後に当該合併に係る合併法人の業務に従事することが見込まれていること

　　(2)　当該合併に係る被合併法人の当該合併前に行う主要な事業が当該合併後に当該合併に係る合併法人において引き続き行われることが見込まれていること

　ハ　その合併に係る被合併法人と合併法人（新設合併の場合は、当該被合併法人と他の被合併法人）とが共同で事業を行うための合併として政令で定めるもの

参考（関連条文）

所法25条、所令112条①
措法37条の10③一、37条の11③

株式交付制度により譲渡した株式の譲渡所得の特例

Q 私（居住者たる個人）は、A社の株式を保有していましたが、同社がB社により子会社化されることになりました。この子会社化は、2021年3月1日に施行された改正会社法において導入された株式交付制度に基づいて、下記の条件により行われますが、A社株式に係る譲渡益は、課税上、どのように扱われるのでしょうか。なお、B社は法人税法に定める同族会社には該当しません。

《譲渡するA社の株式の情報》
- 譲渡株数　　　　　　　：　100株
- １株当たり取得価額　　：5,000円
- 譲渡時の１株当たり時価：9,000円

《株式交付の条件》
　A社の株式１株に対して割り当てられる資産は、以下のとおり（第三者評価機関のレポートに基づいて算定されたもの）。
- B社株式：0.8株（１株当たり時価10,000円）
- 金銭　　：1,000円

A 株式交付制度に基づいて、所有する株式を譲渡し、その株式交付に係る株式交付親会社の株式の交付を受けた場合には、その譲渡をした株式に係る譲渡益については課税が繰り延べられます。ただし、株式交付により交付を受けた金銭に対応する部分については、この措置の対象外となります。

（検討）

1 株式交付制度の概要

　株式交付は2021年3月1日に施行された改正会社法において導入され

た制度で、ある企業を買収する際に、株式交付子会社（対象会社）の株主に対して、株式交付親会社（買収会社）の株式を交付するという、株式を対価としたM&A手法のひとつです。従来の株式交換と類似していますが、株式交換が買収の対象となる会社の発行済株式の100％を取得する場合にしか用いることができないのに対して、株式交付は、対象会社の発行済株式を部分的に取得し、当該対象会社に既存株主を残すことが可能となる制度です。

また、株式交付親会社は、株式交付子会社の株主に対して、株式交付親会社の株式に加えて、金銭等他の財産を交付することも認められています。

❷ 株式交付制度に基づく株式の譲渡に係る譲渡所得等の課税の特例

(1) 株式等に係る譲渡所得等の課税の繰延べ

上記❶の株式交付制度の導入に伴い、令和3年度税制改正において、株式交付子会社の株主に生じる譲渡益について、課税を繰り延べる措置が講じられています。

具体的には、個人が有する株式を発行した法人を株式交付子会社とする株式交付によってその有する株式を譲渡し、その株式交付に係る株式交付親会社の株式の交付を受けた場合には、その株式の譲渡をなかったものとみなすというものです。

ただし、株式交付により交付を受けた株式交付親会社の株式の価額が、その株式交付により交付を受けた金銭の額及び金銭以外の資産の価額の合計額のうちに占める割合が80％に満たない場合は、この措置の対象外とされています。また、株式交付により交付を受けた金銭等の資産（株式交付親会社の株式を除きます）がある場合には、その金銭等の資産に対応する部分についても、この措置の対象外となります（つまり、課税の繰延べの対象となるのは、譲渡益のうち、株式交付割合（※1）を乗じて計算した金額に相当する部分のみです）。

（※1） 株式交付割合 = $\dfrac{\text{株式交付により交付を受けた株式交付親会社の株式の価額}}{\text{交付を受けた金銭の額及び金銭以外の資産の価額の合計額}}$

さらに、2023年10月1日以後に行われる株式交付については、株式交付の直後の株式交付親会社が法人税法第2条第10号に規定する同族会社（同族会社であることについての判定の基礎となった株主のうちに同族会社でない法人又は人格のない社団等がある場合には、当該法人又は人格のない社団等をその判定の基礎となる株主から除外して判定するものとした場合においても同族会社となるものに限ります）に該当する場合にも、本措置の対象外とされます。

(2)　株式交付親会社の株式の取得価額

　上記（1）の適用を受けた個人が交付を受けた株式交付親会社の株式に係る取得価額は、次に掲げる金額の合計額とされています。

① 　株式交付により譲渡した株式の取得価額（株式交付親会社の株式を除く金銭以外の資産の交付がある場合には、株式交付割合を乗じて計算した金額）
② 　株式交付親会社の株式の交付を受けるために要した費用の額

3 本件へのあてはめ

　株式交付制度に基づいてA社株式の譲渡を行い、またB社は同族会社に該当しないとのことですので、譲渡益に対する課税の繰延べ措置の適用が考えられます。また、株式交付親会社の株式以外に、金銭の交付を受けることから、課税の繰延べの対象となるのは株式の交付に係る部分のみとなります。

（適用の可否判定）

① 　株式交付親会社の株式の価額
　　10,000円×100株×0.8株＝800,000円
② 　交付を受けた金銭の額
　　1,000円×100株＝100,000円
③ 　適用の可否判定

$$\frac{①}{(①+②)} ≒ 88.9\% ≧ 80\% \quad ∴適用あり$$

(1) 株式等の譲渡に係る譲渡所得の金額
  ① 譲渡収入
    9,000 円×100 株×(1 − 株式交付割合(※2)) = 100,000 円

    (※2) 株式交付割合 = $\dfrac{800,000 円}{(800,000 円 + 100,000 円)}$

    なお、800,000 円(= 9,000 円×100 株×株式交付割合(※2))については、譲渡はなかったものとみなされます。
  ② 取得費等
    5,000 円×100 株×(1 − 株式交付割合(※2)) = 55,556 円
  ③ 譲渡所得の金額
    ①−② = 44,444 円
(2) 株式交付親会社(B社)の株式の取得価額
  5,000 円×100 株×株式交付割合(※2) = 444,444 円

参考(関連条文)
措法37条の13の4
措令25条の12の4
措基通37の13の4−4

外国法人発行の株式の配当に外国源泉税が課される場合の外国税額控除の適用

Q 私(居住者たる個人)は外国法人発行の上場株式(ドル建)を保有しています。この株式について配当が支払われますが、発行国(A国)において10%の税率で源泉徴収により外国所得税が課されました。この外国所得税について、外国税額控除の適用は可能でしょうか。

なお、私はこの株式を国内の証券会社口座で保有しており、配当は国内の証券会社を通じ外貨建で受け取る予定です。

なお、上記の現地源泉税率は、日本とA国との租税条約に基づく限度税率となっており、源泉徴収により現地での課税は完結しています。

A 上場株式の配当について、申告分離課税又は総合課税を選択する場合は、外国税額控除の適用を受けることができます。

(検討)

居住者たる個人が納付した外国所得税額がある場合、国際的な二重課税排除の措置として、確定申告により一定の金額を日本の所得税額から控除することができます。これを外国税額控除といいます(所法95条)。

1 配当の課税方法による外国税額控除の適用の有無

所得税法上、居住者たる個人が、国外において発行された上場株式の配当で国外において支払われるものを、国内の支払の取扱者を通じて支払いを受ける場合は、配当に対しては、20.315%(所得税及び復興特別所得税15.315%、地方税5%)の税率による源泉徴収が日本で行われます(水際源泉徴収)。

日本の源泉徴収の対象となる金額は、配当に外国所得税が課されている上場株式の場合にはその外国所得税を控除した後の配当金額とされます。

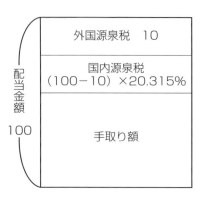

　個人投資家は、受け取った上場株式の配当について、以下の3つの処理が可能です（Q2参照）が、いずれの方法をとるのかにより外国税額控除の適用の可否が定められています。

(1) 申告不要（源泉徴収のみで課税関係終了）

　この場合、外国で課された所得税について外国税額控除の適用はできません。

(2) 総合課税の配当所得として申告

　配当について課されている外国所得税は、外国税額控除の対象とすることができます。

　確定申告書に記載する配当金の収入金額は、外国源泉徴収税額及び国内源泉徴収税額を控除する前の金額となります（以下 (3) において同様）。

(3) 申告分離課税の上場株式等に係る配当所得として申告

　配当について課されている外国所得税は、外国税額控除の対象とすることができます。

　(2) (3) の場合とも、外国税額控除の適用を受ける場合には、その年において生じた他の外国所得税についても外国税額控除の対象とする必要があります。

　なお、外国所得税について外国税額控除の適用を選択しない場合、当該外国所得税が不動産所得、事業所得、山林所得、一時所得又は雑所得に係るものであるときは、これらの所得に係る必要経費等として取り扱うこと

が可能と考えられます。しかし、配当所得に係るものである場合は、配当について総合課税を選択する場合であっても配当収入から控除する必要経費として取り扱うことはできないと考えられます。

2 外国税額控除の方法

(1) 外国税額控除の適用時期

外国税額控除は、外国所得税を納付することとなる日の属する年分において適用されることになりますが、継続適用を条件に、その納付することが確定した外国所得税の額につき、実際に納付した日の属する年分に適用することも認められます。「納付することとなる日」とは、外国所得税について具体的にその納付すべき租税債務が確定した日をいいますが、源泉徴収方式による税にあっては、その源泉徴収の対象となった対価等の支払日に確定したもの取り扱われると考えられます。

(2) 外国所得税の邦貨換算

源泉徴収により納付することとなる配当等に係る外国所得税については、当該配当等の額の換算に適用する為替相場により日本円に換算します。

(3) 控除限度額の計算

個人に適用される外国税額控除は、その年における控除限度額を限度として、外国所得税の額をその年分の所得税の額から控除する制度となっています。所得税上の控除限度額は、以下の算式により計算されます。

$$控除限度額 = その年分の所得税の額 \times \frac{その年分の調整国外所得金額^{(※1,※2)}}{その年分の所得総額^{(※1)}}$$

(※1) 調整国外所得金額及びその年分の所得総額については、純損失の繰越し等一定の規定を適用しないで計算した金額を使用します。

(※2) 国外所得金額は、国外事業所等に帰せられるべき国外源泉所得と、それ以外の国外源泉所得（その他の国外源泉所得）とに大別されます。その他の国外源泉所得とは、現地における外国所得税の課税上その課税標準とされた所得の金額そのものではなく、その年分におけるその他の国外源泉所得に係る所得の計算につき所得税法（措置法等含む）の規定を適用して計

算した場合におけるその年分の課税標準となるべき所得の金額をいうこととされています。したがって、たとえば、外国法人発行の上場株式の配当について、総合課税の配当所得として申告することを選択する場合において、配当所得の金額から控除された負債の利子があるときは、当該負債利子控除を考慮した後の金額をその他の国外源泉所得として取り扱う必要が生じると考えられます。

　控除すべき外国所得税の額は、外国で課された所得税の額(控除対象外国所得税の額)が所得税の控除限度額を超えるか否かによって異なります。
① 控除対象外国所得税の額≦所得税の控除限度額
　　　控除対象外国所得税の額
② 控除対象外国所得税の額＞所得税の控除限度額
　　　控除限度額

その年分の所得税の額から控除対象外国所得税を控除しきれなかった場合、当該金額について、復興特別所得税の額、地方税(住民税)の額の順に、それぞれに算定される控除限度額を限度として、これらの税額から控除することができます。

- 復興特別所得税の控除限度額

$$その年分の復興特別所得税額 \times \frac{その年分の調整国外所得金額}{その年分の所得総額}$$

- 地方税の控除限度額

　　所得税の控除限度額×30％(道府県民税12％と市町村民税18％の合計)

(4) 控除限度超過額の繰越し

　その年において納付することとなる控除対象外国所得税の額が、上記(3)で計算される所得税の控除限度額、復興特別所得税の控除限度額及び地方税の控除限度額の合計額を超える場合、その超える部分の金額を繰越控除対象外国所得税額として、翌年以降3年間の繰越しが可能です。繰越控除対象外国所得税額については、その発生した年の翌年以降3年間、所得税の申告上、各年分の所得税及び地方税の控除限度額を限度としてその年分

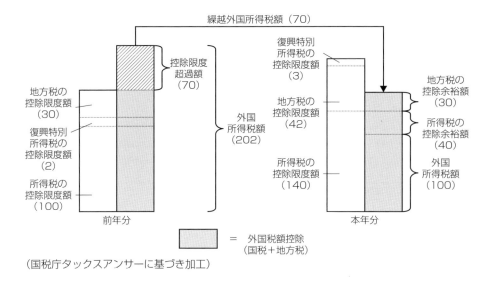

（国税庁タックスアンサーに基づき加工）

の所得税等の額から控除することができます。

なお、繰越控除対象外国所得税額を各年分の復興特別所得税の控除限度額から控除することはできません。

(5) 控除余裕額の繰越し

上記（4）とは反対に、その年において納付することとなる控除対象外国所得税の額が、上記（3）で計算されるその年の所得税の控除限度額及び地方税の控除限度額の合計額に満たない場合、その満たない部分の金額を、控除余裕額として翌年以降3年間、繰越しが可能です。控除余裕額については、その発生した年の翌年以降3年間、所得税の申告上、各年において発生した控除対象外国所得税の額がその年分の控除限度額を上回る場合に、その上回る部分に対応する控除枠として使用し、外国税額控除を適用することが可能となります。

なお、復興特別所得税については、控除余裕枠の繰越しはありません。

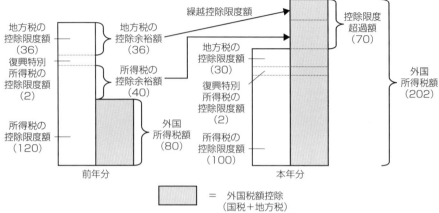

(国税庁タックスアンサーに基づき加工)

3 手続

　外国税額控除の適用を受けるためには、確定申告書等に控除を受ける金額及びその計算に関する明細を記載した明細書、外国所得税を課されたことを証する書類及び国外所得総額の計算に関する明細書などを添付する必要があります。

　具体的には、以下の書類を確定申告書に添付します。

- 外国税額控除に関する明細書（次頁）
- 外国所得税を課されたことを証する書類
- 外国所得税の納付を証する書類（当該外国所得税に係る納税証明書や源泉徴収票等）

外国税額控除に関する明細書（居住者用）
（令和2年分以降用）

（　　　年分）　　　　　　　　　氏　名　_____

1　外国所得税額の内訳

○　本年中に納付する外国所得税額

国　名	所得の種類	税種目	納付確定日	納付日	源泉・申告(賦課)の区分	所得の計算期間	相手国での課税標準	左に係る外国所得税額
			・　・	・　・		・　・ ・　・	（外貨　　　） 円	（外貨　　　） 円
			・　・	・　・		・　・ ・　・	（外貨　　　） 円	（外貨　　　） 円
			・　・	・　・		・　・ ・　・	（外貨　　　） 円	（外貨　　　） 円
計							円	Ⓐ　　　　円

○　本年中に減額された外国所得税額

国　名	所得の種類	税種目	納付日	源泉・申告(賦課)の区分	所得の計算期間	外国税額控除の計算の基礎となった年分	減額されることとなった日	減額された外国所得税額
			・　・		・　・ ・　・	年分	・　・	（外貨　　　） 円
			・　・		・　・ ・　・	年分	・　・	（外貨　　　） 円
			・　・		・　・ ・　・	年分	・　・	（外貨　　　） 円
計								Ⓑ　　　　円

Ⓐの金額がⒷの金額より多い場合（同じ金額の場合を含む。）

| Ⓐ　　円 | － | Ⓑ　　円 | ＝ | Ⓒ　　円 | → 5の「⑬」欄に転記します。

Ⓐの金額がⒷの金額より少ない場合

| Ⓑ　　円 | － | Ⓐ　　円 | ＝ | Ⓓ　　円 | → 2の「Ⓓ」欄に転記します。

2　本年の雑所得の総収入金額に算入すべき金額の計算

年　分	前3年以内の控除限度超過額		
	㋑前年繰越額	㋺㋑から控除すべきⒹの金額	㋩㋑－㋺
年分（3年前）	円	円	Ⓖ　　円
年分（2年前）			Ⓗ
年分（前　年）			Ⓘ
計		Ⓔ	

→ Ⓖ、Ⓗ、Ⓘの金額を4の「㋩前年繰越額及び本年発生額」欄に転記します。

本年中に納付する外国所得税額を超える減額外国所得税額

本年発生額	Ⓓに充当された前3年以内の控除限度超過額	雑所得の総収入金額に算入する金額（Ⓓ－Ⓔ）
Ⓓ　　円	Ⓔ　　円	Ⓕ　　円

→ 雑所得の金額の計算上、総収入金額に算入します。

（提出用）

○この明細書は、申告書と一緒に提出してください。

3 所得税及び復興特別所得税の控除限度額の計算

所　得　税　額	①	円
復興特別所得税額	②	
所　得　総　額	③	
調整国外所得金額	④	
所得税の控除限度額 （①×④／③）	⑤	
復興特別所得税の控除限度額 （②×④／③）	⑥	

・2の⑪の金額がある場合には、その金額を雑所得の総収入金額に算入して申告書により計算した税額を書きます（詳しくは、控用の裏面を読んでください。）。
・①欄の金額に2.1％の税率を乗じて計算した金額を書きます。
・2の⑪の金額がある場合には、その金額を雑所得の総収入金額に算入して計算した所得金額の合計額を書きます（詳しくは、控用の裏面を読んでください。）。
・2の⑪の金額がある場合には、その金額を含めて計算した調整国外所得金額の合計額を書きます。
→ 4の㋭欄及び5の⑦欄に転記します。
→ 4の㋬欄及び5の⑧欄に転記します。

4 外国所得税額の繰越控除余裕額又は繰越控除限度超過額の計算の明細

本年分の控除余裕額又は控除限度超過額の計算

控除限度額	所　得　税（3の⑤の金額）	㋭	円	控除余裕額	所　得　税（㋭－㋠）	㋥	円
	復興特別所得税（3の⑥の金額）	㋬			道府県民税（（㋭+㋬+㋣－㋠）と㋣のいずれか少ない方の金額）	㋷	
	道府県民税（㋭×12％又は6％）	㋑			市町村民税（（㋣－㋠）と㋣のいずれか少ない方の金額）	㋦	
	市町村民税（㋭×18％又は24％）	㋣			計（㋥+㋷+㋦）	㋤	
	計（㋭+㋬+㋑+㋣）	㋠		控　除　限　度　超　過　額			
外国所得税額（1の㋒の金額）		㋕					

前3年以内の控除余裕額又は控除限度超過額の明細等

年分	区分	控除余裕額			控除限度超過額			所得税の控除限度額等
		㋑前年繰越額及び本年発生額	㋺本年使用額	㋩翌年繰越額（㋑－㋺）	㋥前年繰越額及び本年発生額	㋭本年使用額	㋬翌年繰越額（㋥－㋭）	
年分（3年前）	所　得　税	円	円		Ⓒ 円	円		円 翌年1月1日時点の住所 □指定都市 □一般市
	道府県民税							
	市町村民税							
	地方税計							
年分（2年前）	所　得　税			円	Ⓗ			翌年1月1日時点の住所 □指定都市 □一般市
	道府県民税							
	市町村民税							
	地方税計							
年分（前年）	所　得　税				Ⓘ			翌年1月1日時点の住所 □指定都市 □一般市
	道府県民税							
	市町村民税							
	地方税計							
合計	所　得　税		Ⓙ			Ⓜ		
	道府県民税							
	市町村民税							
	計		Ⓚ					
本年分	所　得　税		Ⓛ			㋠	Ⓚ	
	道府県民税		㋬					
	市町村民税		㋦					
	計		Ⓜ					

5 外国税額控除額等の計算

所得税の控除限度額（3の⑤の金額）	⑦	円	所法第95条第1項による控除税額（⑪と⑬とのいずれか少ない方の金額）	⑭	円
復興特別所得税の控除限度額（3の⑥の金額）	⑧		復興財確法第14条第1項による控除税額（⑯が⑭より小さい場合に⑫－⑯と⑬のいずれか少ない方の金額）	⑮	
分配時調整外国税相当額控除後の所　得　税　額（※）	⑨		所法第95条第2項による控除税額（4の㋙の金額）	⑯	
分配時調整外国税相当額控除後の復興特別所得税額（※）	⑩		所法第95条第3項による控除税額（4の㋚の金額）	⑰	
所得税の控除可能額（⑦の金額又は⑦と⑨のいずれか少ない方の金額）	⑪		外国税額控除の金額（⑭+⑮+⑯+⑰）	⑱	
復興特別所得税の控除可能額（⑧の金額又は⑧と⑩のいずれか少ない方の金額）	⑫		分配時調整外国税相当額控除可能額	⑲	
外国所得税額（1の㋒の金額）	⑬		外国税額控除等の金額（⑱+⑲）	⑳	

（※）分配時調整外国税相当額控除の適用がない方は記載する必要はありません。

申告書第一表「税金の計算」欄の「外国税額控除等」欄（申告書Aは⑪～㊷欄、申告書Bは㊹～㊺欄）に転記します。同欄の「区分」の□の記入については、控用の裏面を読んでください。

出典：国税庁ホームページ
https://www.nta.go.jp/taxes/shiraberu/shinkoku/yoshiki/02/pdf/058.pdf

控除限度超過額又は控除余裕枠の繰越しの適用を受ける場合、これらの金額が発生した年分以後の各年について、その各年の控除限度額やその各年において納付することとなった外国所得税の額を記載した外国税額控除に関する明細書と申告書等を提出し、かつ、居住者に係る外国税額控除の繰越控除の適用を受けようとする年分の申告書等にこれらの控除を受ける金額を記載するとともに、外国税額控除に関する明細書を添付する必要があります。したがって、たとえばある年において発生した控除余裕額について、その翌年は外国所得税の額が発生しないため、当該余裕額を使用しない場合であっても、引き続き控除余裕額を繰り越すときは、控除余裕額の記載及び外国税額控除に関する明細書の添付が必要となります。

4 本件へのあてはめ

　以上より、外国法人発行の上場株式に係る配当について、源泉徴収の方法によりA国において課された10％の税率による外国源泉税は、上場株式等の配当等について総合課税又は申告分離課税を選択して確定申告を行い、当該申告書に外国税額控除に関する明細書及び外国所得税の納付を証する書類を添付することで、外国税額控除の対象とされると考えられます。

コラム●

外国税額控除の対象となる外国所得税

　外国で生じた税金がすべて外国税額控除の対象となるわけではありません。所得税法上、外国税額控除の対象となる外国所得税とは、外国の法令に基づき外国又はその地方公共団体により個人の所得を課税標準として課される税をいい、外国又はその地方公共団体により課される次に掲げる税を含みます。
- 超過所得税その他個人の所得の特定の部分を課税標準として課される税
- 個人の所得又はその特定の部分を課税標準として課される税の附加税
- 個人の所得を課税標準として課される税と同一の税目に属する税で、個人の特定の所得につき、徴税上の便宜のため、所得に代えて収入金額その他これに準ずるものを課税標準として課されるもの（源泉徴収される税はこれに該当します）

- 個人の特定の所得につき、所得を課税標準とする税に代え、個人の収入金額その他これに準ずるものを課税標準として課される税

ただし、外国又はその地方公共団体により課される税であっても、次に掲げるものは外国所得税に含まれません（法人税法上の外国税額制度とは異なり、いわゆる高率負担部分に関する適用除外はありません）。

- 税を納付する者が、当該税の納付後、任意にその金額の全部又は一部の還付を請求することができる税
- 税の納付が猶予される期間を、その税の納付をすることとなる者が任意に定めることができる税
- 複数の税率の中から税の納付をすることとなる者と外国若しくはその地方公共団体又はこれらの者により税率の合意をする権限を付与された者との合意により税率が決定された税（当該複数の税率のうち最も低い税率（当該最も低い税率が当該合意がないものとした場合に適用されるべき税率を上回る場合には当該適用されるべき税率）を上回る部分に限る）
- 外国所得税に附帯して課される附帯税に相当する税その他これに類する税

また、性質としては外国所得税に含まれるものであっても、外国子会社合算税制（Q31参照）の対象となる外国子会社等から受ける剰余金の配当等の額を課税標準として課される一定の外国所得税額等、所得税に関する他の制度との兼ね合いから外国税額控除の対象とはされないものもあります。

参考（関連条文）

所法46条、95条、
所令221条～226条の2、
所規41、42条、
所基通95－1、95－2、95－3、95－10、95-28、95-30
復興財確法14条、復興所得税令3条、13条
措法8条の5、9条の2、9条の3
措基通9の2－2
地法37条の3、314条の8
地令7条の19、48条の9の2

Q30 特定口座で保有する上場外国株式の配当に係る外国源泉税と外国税額控除の適用可否

Q 私（居住者たる個人）は、国内の証券会社を経由して、外国法人発行の株式を取得しました。この株式は外国金融商品市場で売買（上場）されているため、特定口座（源泉徴収あり）で保管することにしています。配当を受領し、発行法人の所在地国で源泉徴収により外国所得税が課されたため、手取額のみが国内の証券口座に入金されました。

この外国所得税について、外国税額控除の適用は可能でしょうか。

A その特定口座で受領する配当について上場株式等の配当等に係る申告不要の特例を適用するか否かにより、外国税額控除の適用可否を判断することになります。申告不要の特例を適用している場合には、その特定口座で保管する上場外国株式の配当について支払国において源泉徴収された外国所得税の額は、外国税額控除の適用は受けられません。

一方、申告不要の特例を適用しない場合には、確定申告することにより外国税額控除の適用を受けることが可能です。

（検 討）

1 特定口座で保管する株式に係る配当と外国税額控除の関係

（1） 国内の証券会社を経由して外国株式の配当を受領する場合の源泉徴収

所得税法上、居住者たる個人が、国外において発行された上場株式の配当で国外において支払われるものについて、国内の証券会社（支払の取扱者）を通じて支払いを受ける場合には、配当に対して20.315％（所得税及び復興特別所得税15.315％、地方税5％）の税率による源泉徴収（水際源泉徴収）が行われます。

この際、配当について支払国において外国所得税が源泉徴収されている場合には、日本における源泉徴収税額は、その外国所得税を控除した後の配当金額を基礎として計算されます。

(2) 外国税額控除と特定口座

　居住者たる個人が外国所得税を納付することとなる場合には、原則として、その年分の所得税の額からその外国所得税の額を控除することとされています（外国税額控除）。したがって、国内の証券会社を経由して受領する外国株式の配当について課された外国所得税についても、外国税額控除の適用を受けることが考えられますが、配当の課税方式によって制限を受けることがあるため注意が必要です。

　特定口座内で生じる所得に対しては源泉徴収されることを選択することができます（源泉徴収選択口座）が、同時に上場株式等の配当等に係る申告不要の特例を適用することも可能です。この申告不要の特例は、原則として、上場株式等の配当等の額ごとに行うこととされていますが、源泉徴収選択口座においては、口座単位で選択する必要があります。これは、源泉徴収選択口座内で配当等と譲渡損失との損益通算が行われた結果、配当等の額と源泉徴収税額が比例的にならなくなることを避けることへの対応と解されています。

　また、上場株式等の配当等について申告不要の特例を適用する場合、上場外国株式の配当は内国法人から支払いを受けるものとみなされ、支払国において源泉徴収された外国所得税の額は外国税額控除の対象となる外国所得税の額には該当しないものとみなされます。つまり、申告しないこととした配当について源泉徴収された外国所得税は、外国税額控除が適用できません。この取扱いは、源泉徴収選択口座においても同様です。

2 本件へのあてはめ

　源泉徴収されることを選択した特定口座で上場外国株式を保有されているということですので、その源泉徴収選択口座において、上場株式等の配当等に係る申告不要の特例を適用しているかで外国税額控除の適用があるか否かが異なります。

　申告不要の特例を適用している場合には、上場外国株式の配当は内国法人から支払いを受けるものとみなされ、支払国において源泉徴収された外

国所得税の額は外国税額控除の対象となる外国所得税の額には該当しないものとみなされることから、外国税額控除の適用は受けられないことになります。

　一方、申告不要の特例を適用していない場合には、確定申告することにより外国税額控除の適用を受けることが可能です。

参考(関連条文)
所法第95条
措法第9条の2、第37条の11の5、第37条の11の6
措令第4条の5第11項

外国法人株式を保有する場合の外国子会社合算税制(CFC税制)の適用

Q 私(居住者たる個人)は、外国株式投資を目的とする非上場のシンガポール法人の株式を保有しています。私個人の保有割合は20%ですが、私の妻、子どもの保有持分を合計すると100%となります。シンガポール法人については、現地に事務所はなく、また、従業員もいません。

この場合、シンガポール法人は外国子会社合算税制(いわゆるタックス・ヘイブン税制またはCFC税制)の対象とはなりますか。

なお、シンガポールの法人税率は17%です。

A 外国法人全体に占める日本人投資家の割合が50%超であり、かつ、個々の投資家が保有する株式の割合が発行済株式総数等の10%以上となる場合、外国子会社合算税制の適用がありえます。

適用対象となる場合、外国法人の所得(適用対象金額)のうち、個人が保有する株式に対応する部分の金額(課税対象金額)は、外国法人の各事業年度終了の日の翌日から2か月を経過する日の属する年の個人の雑所得に合算して日本において総合課税の対象とされます。

(検 討)

1 外国子会社合算税制の概要

外国子会社合算税制(タックス・ヘイブン税制、又はControlled Foreign Companyの頭文字をとって、CFC税制とも呼ばれます)は、外国子会社を通じて行われる租税回避に対処するため、一定の条件の下で、軽課税国に所在する外国子会社の所得をその株主である内国法人又は居住者の所得に合算して課税するものです。

具体的には、その発行済株式又は出資の総数又は総額(発行済株式総数等)の50%を超える数又は金額の株式又は出資(株式等)を、居住者及び内国

法人並びにこれらの特殊関係非居住者によって直接に又は他の外国法人を通じて間接に保有（直接及び間接に保有）されている外国法人（外国関係会社）のうち、特定外国関係会社又は対象外国関係会社に該当するものが、当該特定外国関係会社又は対象外国関係会社の各事業年度の決算に基づく所得の金額につき一定の調整を加えた金額（適用対象金額）を有する場合には、当該外国法人の発行済株式総数等の10％以上を直接及び間接に保有する居住者（居住者の親族等の同族株主グループを含む）の当該保有する株式等に対応する部分の金額（課税対象金額）は、特定外国関係会社又は対象外国関係会社の各事業年度終了の日の翌日から2か月を経過する日の属する年分のその居住者の雑所得に合算して日本において課税されます。また、外国関係会社のうち、部分対象外国関係会社に該当するものが一定の受動的所得を有する場合にも、合算課税が行われます。

なお、居住者個人が、雑所得として合算課税を受けた特定外国関係会社等から剰余金の配当等を受けた場合、二重課税排除のため、当該特定外国関係会社等からの剰余金の配当等の額については配当所得の計算上、控除されます。ただし、控除できる額は配当日の属する年分及びその年の前年以前3年以内の各年分において課税された所得が限度とされています。

(1) **外国関係会社の判定方法**

外国関係会社の判定は、その発行済株式総数等のうち50％超を居住者及び内国法人（特殊関係非居住者を含む）が直接及び間接に保有しているかどうかで判定しますが、議決権の数が1個でない株式等や請求権の内容が異なる株式等を発行している場合には、当該発行済株式総数等の割合と、次の①、②に定める割合のいずれか高い割合により判定します。

① 議決権の数が1個でない株式等を発行している場合

議決権の総数のうちに居住者及び内国法人等が有する直接及び間接保有の議決権の数の合計数の占める割合

② 請求権の内容が異なる株式等を発行している場合

請求権に求づき受けることができる剰余金の配当等の総額のうちに居住者及び内国法人等が有する直接及び間接保有の請求権に基づく剰

余金の配当等の額の合計額の占める割合

外国子会社合算税制適用の有無の判定は、外国関係会社の発行済株式総数等の10％以上を居住者（同族株主グループを含む）が直接及び間接に保有しているかどうかで判定しますが、外国関係会社が議決権の数が1個でない株式等や請求権の内容が異なる株式等を発行している場合には、外国関係会社の判定と同様、当該発行済株式総数等の割合と上記①、②に定める割合のいずれか高い割合により判定します。

(2) 合算対象となる外国関係会社

外国子会社合算税制の対象となる外国関係会社については、下記の順序で判定を行うこととなり、合算対象となる所得の範囲が定められています。

① 特定外国関係会社

　ペーパーカンパニー等、経済実体のない外国関係会社の所得については、租税負担割合が30％未満（2024年4月1日以後に開始する事業年度は27％）の場合は会社単位の所得を合算

② 対象外国関係会社

　経済活動基準のいずれかを満たさない外国関係会社の所得については、租税負担割合が20％未満の場合は会社単位の所得を合算

③ 部分対象外国関係会社

　経済活動基準をすべて満たす外国関係会社の実体のある事業からの所得については、租税負担割合にかかわらず合算対象外。ただし、当該割合が20％未満の場合は一定の受動的所得を部分合算（一定の少額免除基準あり）。

外国子会社合算税制の仕組み

制度の概要

○ 外国子会社等の実質的活動のない事業から得られる所得に相当する金額について、内国法人等の所得に合算して課税。

○ ただし、事務負担に配慮し、外国子会社等の租税負担割合が一定以上の場合には、本税制の適用を免除。

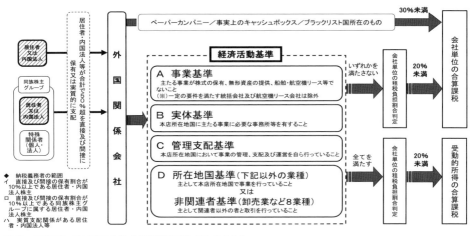

出典：国税庁「外国子会社合算税制に関するQ&A」
https://www.nta.go.jp/law/joho-zeikaishaku/hojin/180111/pdf/01.pdf
(2024年4月1日以後に開始する事業年度に係る特定外国関係会社の適用免除要件である租税負担割合については27％となる)

2 本件へのあてはめ

① まず、外国法人全体に占める日本人投資家の割合をカウントする必要があります。本件の場合、日本人投資家（特殊関係非居住者を含む）の割合が100％ということですので、シンガポール法人は外国関係会社に該当します。

② ペーパーカンパニー（主たる事業を行うのに必要な事務所等の固定施設を持たず、その本店所在地国において事業の管理、支配等を自ら行っていない外国関係会社）等として特定外国関係会社に該当するかを検討します。

投資のみを目的とする法人は一般的に従業員がおらず、現地で管理支配を行っているとはいいがたいことから、該当可能性が高いと考えられます。

③ 経済活動基準の判定をします。株式保有業は基本的には経済活動基準を満たさないとされているため、（仮に②のペーパーカンパニーに該当しない場合も）対象外国関係会社に該当すると考えられます。
④ 個々の居住者（特殊関係非居住者を含む）が保有する株式の割合が発行済株式総数等の10％以上の場合、外国子会社合算税制の適用があります。
⑤ 適用対象となる場合、シンガポール法人の所得（適用対象金額）のうち本件個人の保有する株式等に対応する部分の金額（課税対象金額）は、シンガポール法人の各事業年度終了の日の翌日から2か月を経過する日の属する年の個人の雑所得に合算して日本において総合課税の対象とされます。

具体的な計算としては以下の通りです。

適用対象金額の計算
本邦法令又は現地法令に基づき計算した特定外国関係会社又は対象外国関係会社の所得金額から一定の調整(※)を行う。
　※居住者に係る外国子会社合算税制の場合、当該金額の計算上、損金の額に算入されなかったため適用対象金額に含まれた金額その他一定の金額（調整金額）については、課税対象金額の計算上控除される。

課税対象金額の計算
適用対象金額から調整金額を控除した残額にその居住者個人の保有割合（本件の場合20％）を乗じる。

必要経費の控除（課税対象金額に達するまでの金額）
・特定外国関係会社又は対象外国関係会社の株式等を取得するための負債利子
・特定外国関係会社又は対象外国関係会社からの配当等に係る外国所得税の額

雑所得の金額

参考（関連条文）
措法40条の4、40条の5
措令25条の19から25条の24

① 特定外国子会社等に係る課税対象金額の計算に関する明細書

（　　年分）　　　　　　　　　　　　　　氏名＿＿＿＿＿＿＿＿

（平成30年分以降用）

ご注意　この明細書の各欄中金額を記載するものにあっては、その金額に係る通貨の単位を表示してください。

特定外国子会社等の状況

項目		番号	内容	項目		番号	内容
名　　称		1		主たる事業		4	
本店又は主たる事務所の所在	国名又は地域名	2		所得に対する租税の負担割合（付表1「22」又は「23」）		5	％
	所　在　地	3		事業年度		6	．．／．．

適用除外の判定

事業基準	特定事業を主たる事業とする特定外国子会社等の該当・非該当	7		非関連者基準	対象取引の種類	10	
実体基準	本店又は主たる事務所の所在する国又は地域における固定施設の有無及びその内容	8			対象取引に係る収入金額又は支出金額	11	
					(11)のうち非関連者取引に係る収入金額又は支出金額	12	
					非関連者取引割合 (12)/(11)	13	％
管理支配基準	本店又は主たる事務所の所在する国又は地域における事業の管理、支配及び運営の状況	9		所在地国基準	本店又は主たる事務所の所在する国又は地域における事業活動の状況	14	
	株式等の保有又は卸売業を主たる事業とする統括会社の該当・非該当					15	
	平成29年旧措置法第40条の4第3項の適用の有無					16	

課税対象金額の計算

項目		番号	金額	項目	番号	金額
所得計算上の適用法令		17		基準所得金額 (18)+(22)-(27)	28	
当期の利益若しくは欠損の額又は所得金額		18		繰越欠損金の当期控除額（付表1「29の計」）	29	
加算	損金の額に算入した法人所得税の額	19		当期中に納付することとなる法人所得税の額	30	
		20				
		21		当期中に還付を受けることとなる法人所得税の額	31	
	小　　計	22				
減算	益金の額に算入した法人所得税の還付額	23		適用対象金額 (28)-(29)-(30)+(31)	32	
	控除対象配当等の額	24				
		25		調整金額	33	
		26		課税対象金額 (((32)-(33))×付表1「27」の「本人」の欄)	34	
	小　　計	27				
平成29年旧措置法第40条の4第1項の適用を受ける課税対象金額					35	（　　　　円）

出典：国税庁ホームページ
https://www.nta.go.jp/taxes/tetsuzuki/shinsei/annai/shinkoku/annai/pdf/0019002-075_01.pdf

② 特定外国子会社等の判定に関する明細書（付表１）

（　　　年分）　　　　　　　　　　　　　　　　氏名＿＿＿＿＿＿＿

（平成30年分以降用）

ご注意：この明細書の各欄中金額を記載するものにあっては、その金額に係る通貨の単位を表示してください。

外国関係会社の名称	1		外国関係会社の事業年度	2	・　・〜・　・
			本店所在地国における法人の所得に対する税の有無	3	

所得に対する租税の負担割合の計算

所得の金額の計算	当期の所得金額	当期の決算上の利益又は欠損の額	4		租税の額の計算	本店所在地国の外国法人税の額	実際に納付する外国法人税の額	16	
		本店所在地国における課税所得金額	5				所得の額に応じて税率が高くなる場合に納付したものとみなされる税額	17	（　　　％）
	加算	非課税所得の金額	6				納付したものとみなして本店所在地国の外国法人税の額から控除される額	18	
		損金の額に算入した支払配当等の額	7				減免された外国法人税の額のうち租税条約の規定により納付したものとみなされるもの	19	
		損金の額に算入した外国法人税の額	8						
		保険準備金繰入限度超過額	9				本店所在地国外において納付する外国法人税の額	20	
		保険準備金取崩不足額	10						
		小　計	11			租税の額（⑯から⑳までの合計額）		21	
	減算	(6)のうち配当等の額	12		所得に対する租税の負担割合 ㉑／⑮			22	％
		益金の額に算入した還付外国法人税の額	13						
		小　計	14		⑮が零又は欠損金額となる場合には、その行う主たる事業に係る収入金額から所得が生じたとした場合に適用される税率			23	
	所得の金額 (5)+(11)-(14)		15						

株式等の保有割合

氏名又は名称	直接間接の区分	発行済株式等の保有割合	議決権株式等又は請求権株式等の保有割合	請求権勘案保有株式等の保有割合
		24	25	26	27
同族株主グループ　本人		％	％	％	％
計					
その他の内国法人及び居住者等					
計					
合　計					

欠損金額の内訳

事業年度	控除未済欠損金額 28	当期控除額 29	翌期繰越額 ㉘−㉙ 30
・　・〜・　・			
・　・〜・　・			
・　・〜・　・			
・　・〜・　・			
・　・〜・　・			
・　・〜・　・			
・　・〜・　・			
・　・〜・　・			
・　・〜・　・			
計			
当期分			
合　計			

出典：国税庁ホームページ
https://www.nta.go.jp/taxes/tetsuzuki/shinsei/annai/shinkoku/annai/pdf/0019002-075_02.pdf

③ 統括会社及び被統括会社の状況等に関する明細書（付表２）

（　　　年分）　　　　　　　　　　　　　　　氏　名＿＿＿＿＿＿＿＿＿＿

（平成30年分以降用）

統括会社の状況

項目		No.	記入欄
統括会社の名称		1	
本店又は主たる事務所の所在	国名又は地域名	2	
	所在地	3	
主たる事業		4	
事業年度		5	：　～　：
本店所在地国における統括業務に係る固定施設及びその業務に従事する者の有無		6	
株式等の所有を通じた関係を記載した書類の添付		7	

株主等の状況	名称	所在地等	直接間接の区分 8	発行済株式等の保有割合 9
	本人			％

被統括会社の状況

項目		No.	記入欄
被統括会社の名称		10	
本店事務所又はたる所の所在	国名又は地域名	11	
	所在地	12	
事業年度		13	：　～　：
事業内容		14	
事業に従事する者の有無		15	
統括業務	業務の内容	16	
	支払対価	17	（　　　　円）

株主等の状況	名称等	所在地等	直接間接の区分	発行済株式等の保有割合	議決権株式等の保有割合
			18	19	20
	統括会社			％	％

項目		No.	記入欄
被統括会社の名称		21	
本店事務所又はたる所の所在	国名又は地域名	22	
	所在地	23	
事業年度		24	：　～　：
事業内容		25	
事業に従事する者の有無		26	
統括業務	業務の内容	27	
	支払対価	28	（　　　　円）

株主等の状況	名称等	所在地等	直接間接の区分	発行済株式等の保有割合	議決権株式等の保有割合
			29	30	31
	統括会社			％	％

統括会社に係る事業基準及び非関連者基準の判定

株式等の保有を主たる事業とする統括会社の事業基準の判定	株式等の期末帳簿価額	32	
	(32)のうち被統括会社に係る株式等の期末帳簿価額	33	
	(33)/(32)	34	％
	(33)のうち外国法人である被統括会社に係る株式等の期末帳簿価額	35	
	(35)/(33)	36	％
	被統括会社に対して行う統括業務に係る対価の額	37	
	(37)のうち外国法人である被統括会社に対して行う統括業務に係る対価の額	38	
	(38)/(37)	39	％

卸売業を主たる事業とする統括会社の判定	卸売業に係る販売取扱金額又は仕入取扱金額	40	
	(40)のうち非関連者取引に係る販売取扱金額又は仕入取扱金額	41	
	(41)のうち外国法人である被統括会社との取引に係る販売取扱金額又は仕入取扱金額	42	
	(41)/(40)	43	％

出典：国税庁ホームページ
https://www.nta.go.jp/taxes/tetsuzuki/shinsei/annai/shinkoku/annai/pdf/0019002-075_03.pdf

Q32 税制非適格ストックオプションの行使により取得した株式等の取得価額

Q 私（居住者たる個人）は勤務するA内国法人から勤務の対価としてストックオプション（株式を取得する権利で、当該権利の譲渡等について制限が付されているもの）を無償で付与されています。このたび当該ストックオプションを行使し、権利行使価額に相当する金銭を支払うことによりA法人の株式を取得しました。このとき、A法人株式の取得価額はどのように計算されますか。

なお、このストックオプションは、租税特別措置法29条の2に規定される、いわゆる税制適格ストックオプションには該当しません。

- 権利行使価額　　　　　　　　　：100万円
- 権利行使時（払込時）の株式の時価：200万円

A 本件のストックオプションの行使により取得した株式の取得価額は、行使により払い込んだ金額（100万円）ではなく、権利行使日における株式の時価（200万円）となります。

（検 討）

1 税制非適格ストックオプションの課税

所得税法施行令において、個人が株式の発行法人から株式を取得する権利で、当該権利の譲渡についての制限その他特別の条件が付されているものを与えられた場合における当該権利に係る収入金額についての定めがおかれています。

税制適格でないストックオプションについては、ストックオプション付与時には課税されず、行使時に以下の金額が経済的利益として給与所得等として課税されます。

権利行使時の株式の時価 － 権利行使価額 ＝ 経済的利益

なお、税制非適格のストックオプションについて従業員から権利行使がなされた場合は、各従業員につき、発行会社から「新株予約権の行使に関する調書」が税務署に提出されます。

2 株式の取得価額

ストックオプションの行使により取得した株式の取得価額は、ストックオプションの権利の行使の日における株式の価額（時価）となります。

3 本件へのあてはめ

本件のストックオプションの行使により、権利行使時の株式の時価（200万円）と権利行使価額（100万円）の差額は給与所得として課税されることになります。取得した株式の取得価額は、行使により実際払い込んだ金額（100万円）ではなく、権利行使日における株式の時価（200万円）となります。

〈税制非適格オプションの課税〉

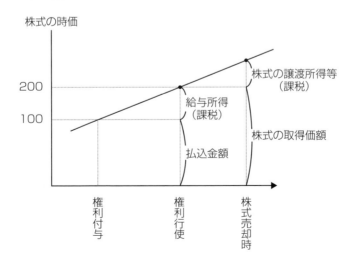

> **キーワード** **ストックオプション**
>
> 　ストックオプションとは、会社が従業員や取締役に対して、会社の株式をあらかじめ定めた価額（権利行使価額）で一定期間経過後に取得する権利を付与するインセンティブ制度をいいます。
>
> 　ストックオプションを付与された従業員や取締役は、将来会社の株価が上昇した際にストックオプションを行使し、あらかじめ定められた行使価額（時価より低い価額）で定められた数の株式を取得し、売却することにより利益を得ることができます。利益額が企業の業績向上による株価の上昇と直接連動することから、権利を付与された取締役や従業員の株価に対する意識が高まり、業績向上のインセンティブとなります。
>
> 　ストックオプションにはいわゆる税制適格ストックオプションと税制非適格ストックオプションがあり、課税上の取扱いが異なります。具体的には、税制適格ストックオプションについては株式譲渡時に株式等の譲渡所得等として課税されるのに対し、税制非適格ストックオプションの場合は、権利行使時に給与所得等として課税がなされます。税制適格ストックオプションとするためには、付与対象者、権利行使期間等についての種々の要件を満たす必要があります（措法29条の２）。

参考（関連条文）
所令84条②、109条①
所法228条の２

Q33 税制適格ストックオプションの行使により取得した株式を他の証券会社へ移管した場合のみなし譲渡

Q 私（居住者たる個人）は、勤務先（A社）から付与されていた税制適格ストックオプションを行使することにより取得したA社株式を保有しています。当該A社株式はB証券会社の証券口座に入庫されましたが、私が通常取引をしているのはC証券会社であるため、C証券会社の口座へ移管することを検討しています。ところが、証券口座を移管すると含み益について譲渡所得として課税対象となると聞きました。譲渡していないにもかかわらず確定申告が必要になるのでしょうか。

A 税制適格ストックオプションの行使により取得し、B証券会社の証券口座に入庫したA社株式を、C証券会社の証券口座に移管する場合は、当該株式が譲渡されたものとみなして所得税が課されることになると考えられます。したがって、C証券会社に移管した時点での価額（時価）からストックオプションの行使に係る払込金額を控除した譲渡益相当額が、20.315％の税率で申告分離課税の対象となり、確定申告することになります。

（検 討）

1 税制適格ストックオプションの行使により取得した株式に係る課税関係

　法人の役員又は使用人等が当該法人の発行する税制適格ストックオプションを付与され、これを行使したことによって当該法人の株式を取得した場合、当該株式を取得したことによる経済的利益については、所得税を課さないこととされています。そして、当該株式を譲渡した場合には、当該譲渡による所得（譲渡収入からストックオプションの行使による払込金額を控除して計算した金額）は、20.315％（所得税及び復興特別所得税15.315％、

地方税5％）の税率で申告分離課税の対象となります。つまり、税制適格ストックオプションの行使により取得した株式に係る所得に対する課税は、原則として、譲渡時まで繰り延べられることとなります。

❷ 取得した株式の保管委託要件とみなし譲渡課税

ストックオプションが税制適格となるための要件の1つに、株式の保管委託に関するものがあります。これは、ストックオプションの行使により取得する株式について、当該ストックオプションを付与する法人を通じて、金融商品取引業者等の振替口座簿に記載若しくは記録又は金融商品取引業者等の営業所等に保管の委託、又は管理及び処分に係る信託（保管の委託等）がされること、というもので、当該保管の委託等をされた株式を当該金融商品取引業者等への売委託等により譲渡した場合にのみ課税の繰延べを認めることとされています(注)。

したがって、ストックオプションの発行法人と金融商品取引業者等との間で締結された当該株式に係る保管の委託等の契約が終了する場合、例えば、ストックオプションの発行法人と契約している証券会社に開設した証券口座から株式を引き出し、これを他の証券会社が開設する証券口座に移管する場合には、それ以降の課税の繰延べは認められなくなり、株式を譲渡したものとみなして、当該株式に係るキャピタルゲイン（含み益）について所得税が課されます。税制適格ストックオプションにより取得した株式は特定口座やNISA口座での保管が認められていないため、株式を譲渡したものとみなされる場合には確定申告が必要となります。

> （注） 令和6年度税制改正により、非上場のスタートアップ企業の税制適格ストックオプション制度導入を支援することを目的として、株式の保管委託要件に代えて、発行会社と新株予約権者との間であらかじめ締結されるその株式（譲渡制限株式に限ります）の管理に関する取決めに従い、その取得後ただちにその会社により管理がされていること、の要件を選択適用できるようになりました。

3 本件へのあてはめ

　税制適格ストックオプションの行使により取得したＡ社株式は、Ａ社が当該株式の保管の委託等に係る取決めを行ったＢ証券会社の証券口座に入庫されますが、その後、Ｃ証券会社の証券口座に移管する場合は、当該株式が譲渡されたものとみなして所得税が課されることになると考えられます。したがって、Ｃ証券会社に移管した時点での価額（時価）からストックオプションの行使に係る払込金額を控除した譲渡益相当額が、20.315％の税率で申告分離課税の対象となり、確定申告することになります。Ａ社株式の保管先である証券口座を移管するのみで実際に譲渡をしたわけではありませんが、譲渡したものとみなされるため注意が必要です。

参考（関連条文）

措法第29条の2、第37条の11

株式報酬プランにより取得した外国親会社株式を売却した場合の課税関係

Q 私（居住者たる個人）は外資系企業（外国法人の日本子会社）に勤務していますが、報酬の一部として、日本子会社の親会社たる上場外国法人発行の株式を取得する権利であるリストリクテッド・ストック・ユニット（以下「RSU」）を付与（Grant）されています。

このたび、RSUの付与から1年が経過して当該権利が確定（Vest）し、外国親会社株式を海外の証券口座で受け取りました。その後すぐに当該株式を海外の証券会社経由で売却しましたが、どのような課税関係になりますか。

A 本件のRSUの権利が確定し、外国株式を取得した時点で、当該株式の時価相当額が給与所得として取り扱われ、総合課税の対象となります。原則として申告が必要です。

また、外国親会社株式の売却時において、売却価額と株式の取得価額との差額が、株式等の譲渡に係る譲渡所得等として取り扱われ、20.315％の税率で課税されます。こちらについても、原則として申告が必要となります。

（検 討）

1 経済的利益の課税（RSU権利確定時）

外資系企業に勤めている方の中には、インセンティブ報酬として外国親会社のRSUを付与されることがあります。RSUの詳細な内容は各社により異なりますが、一般的には、付与（Grant）から1～3年後に、対象者が自己都合によって退職しない等の一定の要件を満たすことを条件に、権利が確定（Vest）し、一定数の株式が対象者に交付されます。

所得税法上、本件のような外国親会社から付与されたRSUについては、一般的に、日本子会社への勤務の対価として交付されるものであるため、

条件が成就して権利が確定（Vest）した時に、株数×確定時の株価×確定時の円相場（TTM）で計算された金額が、給与所得（収入）として取り扱われます。

　なお、一般の給与については、国内において支払われる場合、給与支払者により源泉徴収がなされますが、RSU の場合、株式報酬自体は外国親会社から付与されるものであり、権利確定時には株式が外国親会社から本人の海外の証券会社の口座に交付される等の理由から、国外で支払われたものとして、勤務する日本法人において源泉徴収はなされていないことが多いと思われます。その場合は、従業員は、確定申告において給与所得を申告し、納税を行う必要があります。

　なお、外国親会社等により供与された株式報酬等の経済的利益に関し、各従業員につき、勤務先の日本子法人から「外国親会社等が国内の役員等に供与等をした経済的利益に関する調書」が所轄税務署に提出されます。

出典：国税庁ホームページ
　　　https://www.nta.go.jp/taxes/tetsuzuki/shinsei/annai/hotei/pdf/h31/1255-01.pdf

この調書は、株式を取得する権利等が外国親会社から従業員に直接付与される場合に、従業員が当該権利の行使等により得た経済的利益を税務当局が的確に捕捉することを目的として提出が求められているものです。すなわち、税務署側では権利の行使等が行われた事実、株式の価額、数等を把握していますので、給与所得の申告漏れには注意が必要です。

2 株式の譲渡に係る課税（株式売却時）

　上記のRSUの権利確定により取得した親会社株式の取得価額は、確定時（株式交付時）における株式の価額（時価）となります。

　親会社株式を譲渡した場合の譲渡所得については、給与所得その他の所得と区分して株式等の譲渡に係る譲渡所得として申告分離課税の対象となります。親会社株式が国外の証券取引所において上場、売買されており、税務上の上場株式等に該当する場合、上場株式等に係る譲渡所得として20.315％の税率（所得税及び復興特別所得税15.315％、地方税5％）が適用されます。

　なお、譲渡損失が生じた場合は、他の上場株式等の譲渡から生じた譲渡益と損益通算をすることは可能ですが、日本国内の証券会社を経由して行われた譲渡でない限り、上場株式等に係る配当所得等の金額との損益通算及び譲渡損失の繰越控除の適用はありません。

3 本件へのあてはめ

　本件の①株式報酬の権利確定による株式の取得、及び、②株式の譲渡は、課税上は別々の事由として取り扱われ、それぞれの所得ごとに①給与所得、②上場株式等の譲渡に係る譲渡所得として計算を行う必要があります。

　①の給与所得は他の所得（すでに源泉徴収されている給与所得を含む）と合算の上、総合所得の対象となり（最高税率約56％）、②の譲渡所得は、他の上場株式等の譲渡所得とあわせて、20.315％の申告分離課税の対象となります。

〈前提〉
- X1年9月1日
  RSUの権利確定によりA株式1,000株を取得（権利確定時のA株式の時価：＠100ドル／株、為替レート：150円／ドル）
- X1年9月15日
  A株式1,000株を譲渡（譲渡時のA株式の時価：＠105ドル／株、為替レート：152円／ドル）

〈計算例〉
給与所得（収入）⇒ 1,000 × 100 × 150 = 15,000,000円
株式等の譲渡収入⇒ 1,000 × 105 × 152 = 15,960,000円
給与収入として申告すべき金額⇒ 10,000,000円
上場株式等に係る譲渡所得として申告すべき金額
　　　　　　　　⇒ 960,000円（15,960,000 － 15,000,000）

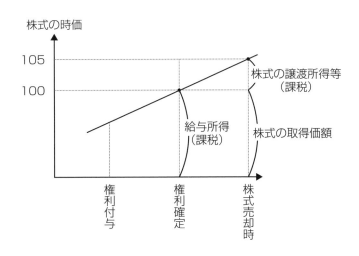

> **キーワード　リストリクテッド・ストック・ユニット（RSU）**
>
> 　株式報酬の一種ですが、Vesting（権利確定）のための条件が付されており、継続勤務や業績達成など一定のVesting条件を満たした後に、株式が本人に交付されます。一定以上の役職の役員・従業員に対してRSUを交付することにより、継続勤務と業績向上へのインセンティブ等の効果があるといわれています。
>
> 　従来、外資系企業において導入されているケースが多くみられましたが、近年は日系の会社においても中長期的なインセンティブといった観点から様々な株式報酬が導入されています。

参考（関連条文）

所法36条、第228条の3の2
措法37条の11
【参考】　国税庁ホームページ
「外国親会社等が国内の役員等に供与等をした経済的利益に関する調書（同合計表）」

Q35 譲渡制限付株式を制限解除後に譲渡した場合の税務手続

Q 私（居住者たる個人）は、3年前に、勤務先からインセンティブプランとして譲渡制限付株式の交付を受け、このたび譲渡制限が解除されました。
　この株式（上場株式に該当）を譲渡しましたが、この場合、確定申告が必要でしょうか。

A 譲渡制限が解除された株式を保管する口座が特定口座であり、源泉徴収を選択している場合には、確定申告を要しません（上場株式等に係る譲渡所得等の金額や配当等の金額と損益通算する場合は除く）。
　特定口座でも源泉徴収を選択していない場合や、一般口座である場合には、原則として確定申告する必要があります。

（検　討）

1 特定譲渡制限付株式の取得価額

　税法上、譲渡制限付株式とは、譲渡（担保権の設定その他の処分を含む）についての制限がされており、かつ、当該譲渡についての制限に係る期間（譲渡制限期間）が設けられ、さらに、発行法人がその株式を無償で取得することとなる事由（無償取得事由）が定められている株式をいいます。
　また、この無償取得事由は、その株式の交付を受けた個人が譲渡制限期間内の所定の期間勤務を継続しないこと若しくは当該個人の勤務実績が良好でないことその他の当該個人の勤務の状況に基づく事由又は発行法人の業績その他の指標の状況に基づく事由に限られています。
　そして、勤務先でのインセンティブプランに基づく譲渡制限付株式は、勤務先法人への役務の提供の対価として個人に生ずる債権の給付と引換えに交付されるか、実質的に役務提供の対価と認められるものであるため、

特定譲渡制限付株式に該当するものと考えられます。

　一般に、株式の取得価額は、その払込みや購入に際して支出する金銭の額であるとされていますが、特定譲渡制限付株式は、その交付を受ける際に個人が金銭を支出することがないため、何をもって取得価額とするか疑問が生じます。この点、法律上の取扱いとして、インセンティブプランに基づく譲渡制限付株式は、取締役に対して無償交付される場合を除き、個人が勤務先法人から役務提供の対価として報酬金銭債権の給付を受け、当該報酬金銭債権を当該勤務先法人に現物出資することの見返りとして交付を受けるものであると整理されています。

　したがって、当該報酬金銭債権の額をもって取得価額とするのではないかとも考えられますが、譲渡制限付株式に係る報酬は、譲渡制限が解除されるまで個人に担税力がないことに配慮する必要があることから、譲渡制限解除日に同日における株式の価額（時価）に対して給与課税することに呼応して、それと同額を当該株式の取得価額とすることとされています。

2 一般口座と特定口座

　インセンティブプランとして交付される譲渡制限付株式が上場株式である場合、証券会社で保管する口座は、一般口座の他、特定口座を利用することも可能です。

　一般口座で保管する場合には、上場株式の譲渡益は申告分離課税の対象となり、原則として確定申告する必要があります。譲渡損失が生じる場合には、上場株式等に係る配当所得等との損益通算や譲渡損失の繰越控除の適用も可能です。

　一方、特定口座で保管し、源泉徴収を選択する場合には、確定申告は不要となりますが、源泉徴収を選択しない場合や、選択していても特定口座内で譲渡損失が生じ、その口座外の上場株式等に係る譲渡所得等の金額や配当等の金額と損益通算する場合には、確定申告する必要があります。

3 本件へのあてはめ

　まずは、株式の譲渡制限が解除された後に、当該株式を保管する証券会社の口座が、一般口座なのか特定口座なのかを確認する必要があります。特定口座で源泉徴収を選択する場合は、確定申告を要しませんが、それ以外は、原則として確定申告する必要があります。

　確定申告をする際の譲渡所得の計算にあたっては、譲渡制限が解除された日の時価の情報が必要です。これは、譲渡制限付株式に係る給与所得の収入金額と同額であるため、勤務先から通知される金額を参照することになります。

参考(関連条文)
所令84条、109条
措法37条の11の3
措令25条の10の2

譲渡制限付株式と同一銘柄の株式を譲渡した場合の取得費の計算

Q 私（居住者たる個人）は、今年の6月に勤務先法人（上場）からインセンティブ報酬として3年間の譲渡制限が付されている譲渡制限付株式の交付を受けました。この譲渡制限付株式は、私の勤務先法人に対する役務の提供の対価として生ずる債権の給付と引換えに交付されるものであり、譲渡制限期間（3年）中に所定の事由が生じた場合には発行法人が無償で取得することとされていることから、所得税法施行令第84条第1項に規定する特定譲渡制限付株式に該当します。これとは別に、以前より同一銘柄の株式を保有していますが、株価が上昇しているため近日中に譲渡する予定です。

この場合、譲渡所得の計算上控除する取得費は、譲渡制限が解除されていない株式と譲渡制限が課されていない株式とを合わせて総平均法により計算することになるのでしょうか。

なお、私はこの譲渡制限が課されていない上場株式を証券会社の一般口座で保有しています。また、営利を目的として保有しているものではありません。

A 特定譲渡制限付株式の取得価額は譲渡制限が解除される日に初めて計算されることになるため、譲渡制限が解除されていない株式を考慮しないで、譲渡制限が課されていない株式の購入代価等を基礎として、譲渡した株式に係る取得費を計算するものと考えられます。

（検 討）

1 上場株式等に係る譲渡所得等の計算に係る取得費

(1) 上場株式の譲渡益に対する課税方法

上場株式の譲渡益は、「上場株式等に係る事業所得、雑所得及び譲渡所

得の金額」として申告分離課税の対象となり、原則として確定申告が必要となります。税率は20.315％（所得税及び復興特別所得税15.315％、地方税5％）が適用されます。株式の譲渡が営利を目的として継続して行われるものでない場合には譲渡所得として取り扱われますが、所得区分（事業所得、雑所得、譲渡所得のいずれに該当するか）とそれによる計算方法の違いについては、Q4を参照してください。

　また、譲渡所得の計算上、譲渡収入から控除する株式等の取得費には、購入のために要した費用として購入代価、買委託手数料、交通費、通信費、名義書換料等が含まれます。同一銘柄の株式を2回以上にわたって購入し、その株式の一部を譲渡した場合には、総平均法に準ずる方法によって譲渡した株式に係る取得費を計算することとされています。総平均法に準ずる方法とは、株式をその種類及び銘柄の異なるごとに区分して、その種類等の同じものについて次の算式により計算する方法をいいます。

〈算式〉

$$\frac{A + B}{C + D} = 1 単位当たりの金額$$

A＝株式を最初に購入した時（その後すでにその株式を譲渡している場合には、直前の譲渡の時）の購入価額の総額

B＝株式を最初に購入した時（その後すでにその株式を譲渡している場合には、直前の譲渡の時）から今回の譲渡の時までの購入価額の総額

C＝Aに係る株式の総数

D＝Bに係る株式の総数

(2)　特定譲渡制限付株式の取得価額

　譲渡制限付株式は、一般に、個人が勤務先法人から役務提供の対価として報酬金銭債権の給付を受け、当該報酬金銭債権を当該勤務先法人に現物出資することの見返りとして交付を受けるものです。

したがって、譲渡制限付株式の取得価額は、当該報酬金銭債権の額を基礎とするのではないかとも考えられますが、特定譲渡制限付株式（譲渡制限期間が設けられ、所定の事由が生じた場合に発行法人が無償で取得することとなるものであり、かつ、役務の提供の対価として個人に生ずる債権の給付と引換えに交付されるものであるものをいいます）に該当する場合には、譲渡制限解除日における価額（時価）をもって取得価額とすることとされています。

これは、特定譲渡制限付株式の交付に係る所得認識のタイミングについて、譲渡制限が解除されるまでは個人に担税力がないことに配慮してその制限解除時とすること、つまり、譲渡制限解除日に同日における株式の価額（時価）を基礎として課税（勤務先法人との雇用契約等に基因として交付された場合は給与課税）されることに対応するものと考えられます。

2 本件へのあてはめ

保有する同一銘柄の株式の一部を譲渡した場合には、譲渡直前に保有している株式について総平均法に準ずる方法によって取得費を計算することになります。しかしながら、特定譲渡制限付株式の取得価額は譲渡制限が解除される日に初めて確定することになるため、譲渡制限が解除されるまでの間はそれを計算することができません。

したがって、譲渡した株式と同じ銘柄の特定譲渡制限付株式を有する場合であっても、譲渡制限が解除されていない株式を考慮せず、譲渡制限が課されていない株式の購入代価等を基礎として、当該譲渡した株式に係る取得費を計算するものと考えられます。

参考（関連条文）

所法第48条第3項
所令第84条第1項、第109条第1項第2号、第118条
措法第37条の11

株式交付信託による取得株式を譲渡した場合の税務手続

Q 私（居住者たる個人）は、勤務先が株式交付信託を利用したインセンティブプランを導入しているため、このプランに基づいて株式交付に係るポイントを付与されていました。

昨年、このポイント数に相当する株式（上場株式に該当）の交付を受け、今年になってこの株式を譲渡しましたが、この場合、確定申告が必要でしょうか。

A 交付を受けた株式を保管する口座が特定口座であり、源泉徴収を選択している場合には、確定申告を要しません（上場株式等に係る譲渡所得等の金額や配当等の金額と損益通算する場合は除く）。

特定口座でも源泉徴収を選択していない場合や、一般口座である場合には、原則として確定申告する必要があります。

（検 討）

❶ 株式交付信託を通じて取得した株式の取得価額

株式交付信託（「キーワード」参照）を利用したインセンティブプランを導入する企業は、委託者となって信託銀行との間で信託契約を締結し、将来、自社の役員又は使用人（以下、「対象者」）に交付する株式を管理するための信託を設定します。この信託は、税務上の受益者等課税信託として設定され、対象者に対して株式を交付するまでの間は、受益者は存在せず、委託者が税務上のみなし受益者となって、信託財産を保有するものとして取り扱うのが一般的です。

このインセンティブプランの対象者は、個人の業績等に応じて会社から株式交付に係るポイントを付与され、一定期間後にそのポイント数に応じた数の株式の交付を受けます。この交付に際しての当該信託に係る手続と

しては、当該対象者を信託の受益者として確定し、当該受益者に対する信託財産の分配として、株式を交付することになります。

対象者に対する所得課税のタイミングという観点では、ポイント付与時か株式交付時のいずれであるかを検討する必要があります。インセンティブプランの設計によりますが、将来、退職等の事実が生じる場合等にポイントが消滅する可能性があるということであれば、ポイント付与時点では株式の交付を受けることが確定しているわけではないことから、課税関係は生じないものと考えられます。

この場合、実際に株式の交付が確定した際（実務上は、信託契約等で定められた受益権の帰属が確定する日）に所得の発生を認識し、交付を受ける株式の時価をベースに給与所得（退職を基因として株式の交付を受ける場合には、退職所得）として課税することとなります。したがって、当該株式の取得価額は、所得課税のベースとなる金額と同額の、交付時の時価であるものと考えられます。

2 一般口座と特定口座

株式交付信託を通じて交付される株式が上場株式である場合には、証券会社で保管する口座は、一般口座の他、特定口座を利用することも可能です。特定口座を利用する場合には、株式の交付を受ける段階で、対象者が自己の口座を指定する必要があります。

一般口座で保管する場合には、上場株式の譲渡益は申告分離課税の対象となり、原則として確定申告することとなります。譲渡損失が生じる場合には、上場株式等に係る配当所得等との損益通算や譲渡損失の繰越控除の適用も可能です。

一方、特定口座で保管し、源泉徴収を選択する場合には、確定申告は不要となりますが、源泉徴収を選択しない場合や、選択していても特定口座内で譲渡損失が生じ、その口座外の上場株式等に係る譲渡所得等の金額や配当等の金額と通算する場合には、確定申告する必要があります。

3 本件へのあてはめ

　まずは、株式の交付を受けた際に、当該株式を保管する証券会社の口座が、一般口座なのか特定口座なのかを確認する必要があります。特定口座で源泉徴収を選択する場合は、確定申告を要しませんが、それ以外は、原則として確定申告する必要があります。

　確定申告をする際の譲渡所得の計算にあたっては、株式の交付を受けた日の時価の情報が必要です。これは、株式に係る給与所得の収入金額と同額であるため、勤務先から通知される金額を参照することになります。

> **キーワード　株式交付信託**
>
> 　役員や使用人に対するインセンティブとして株式を交付する制度で、信託の仕組みを利用したものです。対象となる役員、使用人は、信託を通じて株式の交付を受けることになりますが、実質的には勤務先法人から直接交付を受けるのと相違なく、いわゆるRSU（リストリクテッド・ストック・ユニット）（Q34参照）と類似した効果が期待されています。多くの上場企業が導入し、子会社の役員、従業員を対象とするものもあります。

参考（関連条文）
所法13条
法法12条
措法37条の11の3
措令25条の10の2

信託型ストックオプションの行使により取得した株式の譲渡

Q 私（居住者たる個人）は、勤務先（上場企業）が信託会社を通じてストックオプションを付与する制度（いわゆる、信託型ストックオプション）を導入しているため、この制度に基づいてストックオプションを取得しました。今年、このストックオプションを行使して株式を取得し、市場で売却しましたが、この場合、確定申告は必要でしょうか。

なお、この株式は国内証券会社の一般口座に預けられています。

A 信託型ストックオプション制度に基づいて取得したストックオプションは、その行使時に経済的利益が給与所得として課税されるものと考えられます。その後、当該行使により取得した株式を市場で譲渡した場合には、譲渡所得の金額について、原則として、確定申告が必要となります。この譲渡所得の金額は申告分離課税の対象となり、20.315％の税率で所得税等が課されますが、上場株式ですので、他の上場株式等の譲渡損益との通算や譲渡損の繰越控除の適用も考えられます。また、譲渡損については、上場株式等の配当所得との損益通算も認められます。

（検討）

1 信託型ストックオプションの行使による株式の取得

信託型ストックオプションでは、役職員へストックオプションを交付する主体は信託会社ですが、国税庁が2023年に公表した「ストックオプションに対する課税（Q＆A）」の問3によれば、実質的には、発行会社が役職員にストックオプションを付与していること、役職員の金銭等の負担がないことなどの理由から当該ストックオプションの取得に係る経済的利益は労務の対価に該当して、給与課税の対象になるものとして取り扱われています。

上記の経済的利益は、ストックオプションを行使して発行会社の株式を取得したタイミングで認識することとなり、行使時の株式の価額（時価）からストックオプション（新株予約権）の取得価額として信託会社から引き継いだ金額及び権利行使価額を控除して計算されます。

2 信託型ストックオプションの行使により取得した株式を譲渡した場合の課税関係

信託型ストックオプションの行使により取得した株式が上場株式である場合には、一般株式等（いわゆる上場株式等以外の株式等）の譲渡所得とは区別して、「上場株式等の譲渡による事業所得、雑所得及び譲渡所得の金額」として申告分離課税が適用されます。原則として、確定申告が必要となり、適用税率は20.315％（所得税及び復興特別所得税15.315％、地方税5％）です。

上場株式等について譲渡損が生じた場合には、他の上場株式等の譲渡益との通算や、一定の要件を満たす場合には3年間の繰越控除、また、上場株式等の配当との損益通算が認められています。なお、上場株式等に該当しない一般株式等の譲渡益との通算は認められていません。

また、信託型ストックオプションの行使により取得した株式の譲渡所得の金額は、当該株式に係る譲渡収入から当該行使時の株式の価額（時価）を控除して算定します。

3 本件へのあてはめ

信託型ストックオプション制度に基づいて取得したストックオプションを行使したということですので、当該行使時に経済的利益が給与所得として課税され、勤務先が源泉徴収することになると考えられます。その後、当該行使により取得した株式を市場で譲渡した場合には、譲渡収入から当該行使時の株式の時価を控除して計算した譲渡所得の金額について、原則として、確定申告が必要となります。

この譲渡所得の金額は申告分離課税の対象となり、譲渡益については20.315％の税率で所得税等が課されますが、他の上場株式等から生じた譲

渡損との通算や過年度の譲渡損の繰越控除の適用も考えられます。また、譲渡損が生じた場合には、他の上場株式等から生じた譲渡益との通算や繰越控除のほか、上場株式等の配当所得との損益通算も認められます。

> **キーワード**『信託型ストックオプション』
> 　信託型ストックオプションはスタートアップ企業を中心に導入が進められた制度で、発行会社の代表取締役等が信託会社に金銭を拠出して組成した信託（組成時に受益者が存在しないことから税法上は法人課税信託に該当するものと考えられます）が発行会社の新株予約権を有償で取得し（この取得価額は役職員に引き継がれます）、将来、発行会社の役職員を受益者に指定することで当該新株予約権を付与する仕組みになっているものです。この制度を導入する場合の課税関係については、国税庁がその整理を公表しています。

参考（関連条文）
所法第28条、第36条②
所令第84条③
措法第37条の11、第37条の12の2
国税庁「ストックオプションに対する課税（Q&A）」（令和5年7月改訂）

付与契約の内容を変更した税制適格ストックオプションの行使により取得した株式の譲渡

Q 私（居住者たる個人）は、勤務先（上場を目指すスタートアップ企業）から税制適格ストックオプションを付与されていますが、今般、2023年8月に、当該ストックオプションに係る契約を変更して権利行使価額を引き下げると聞きました。引下げ後の権利行使価額に基づいて当該ストックオプションを行使したことにより取得する株式を、上場後に譲渡する際に留意することはありますか。

A 2023年7月の租税特別措置法通達改正を受けて権利行使価額を引き下げた税制適格ストックオプションは、税制適格性には影響がないものと考えられますので、行使時には課税関係は生じず、当該行使により取得した株式を譲渡した場合に譲渡所得として確定申告をすることとなります。この譲渡所得の金額は申告分離課税の対象となり、20.315%の税率で所得税等が課されますが、譲渡時に上場株式に該当する場合には、他の上場株式等の譲渡損益との通算や譲渡損の繰越控除の適用も考えられます。また、譲渡損については、上場株式等の配当所得との損益通算も認められます。なお、特定口座、NISA口座を利用することは認められていませんので注意が必要です。

（検 討）

1 付与契約に係る条件を変更することによる税制適格性への影響

　上場を目指すスタートアップ企業では、役職員へのインセンティブとしてストックオプション制度を導入することがあります。ストックオプションに関する税制適格要件のうちには、ストックオプションの権利行使価額が当該ストックオプションの付与に係る契約の締結時における1株当たりの価額に相当する金額以上であること（権利行使価額要件）が定められて

いるため、1株当たりの価額の算定が容易ではない非上場企業にとっては権利行使価額を保守的に（つまり高めに）設定せざるを得ない状況がありました。

この実務慣行に対応するため、2023年7月、国税庁から税制適格ストックオプションの権利行使価額要件に係る付与契約時の株価の算定についてガイドラインが公表され、一定の条件の下、財産評価基本通達の例によって算定することもできることが明らかにされました。さらに、ストックオプションについては当初の付与契約で定められた事項を変更した場合は、原則として税制適格ストックオプションとして取り扱うことはできないところ、今般のガイドライン公表を受けて権利行使価額を引き下げる変更を行った場合には、適格要件に抵触しないものとして取り扱われることも明示されました。

❷ 税制適格ストックオプションの行使により取得した株式を譲渡した場合の課税関係

税制適格であるストックオプションについては、その行使により取得した株式が上場株式である場合には、当該株式の譲渡益は一般株式等（いわゆる上場株式等以外の株式等）の譲渡所得とは区別して、「上場株式等の譲渡による事業所得、雑所得及び譲渡所得の金額」として申告分離課税の対象となり、適用税率は20.315％（所得税及び復興特別所得税15.315％、地方税5％）です。上場株式等について譲渡損が生じた場合には、他の上場株式等の譲渡益との通算や、一定の要件を満たす場合には3年間の繰越控除、また、上場株式等の配当との損益通算が認められています。

なお、税制非適格ストックオプションの場合と異なり、税制適格ストックオプションを行使することにより取得した株式は特定口座やNISA口座で管理することが認められていません。

❸ 本件へのあてはめ

　原則として、税制適格ストックオプションの付与契約を変更した場合には税制適格ストックオプションとは取り扱われなくなりますが、2023年7月の租税特別措置法通達改正を受けて権利行使価額を引き下げたものである場合には、税制適格性には影響がないものとして取り扱われると考えられます。おたずねの場合、2023年8月にストックオプションに係る契約を変更して権利行使価額を引き下げるとのことですので、税制適格性の判定には影響がないものと考えられます。したがって、ストックオプションの行使時には課税関係は生じず、当該行使により取得した株式を譲渡した場合に譲渡所得として確定申告をすることとなります。この譲渡所得の金額は申告分離課税の対象となり、20.315％の税率で所得税等が課されますが、譲渡時に上場株式に該当する場合には、他の上場株式等の譲渡損益との通算や譲渡損の繰越控除の適用も考えられます。また、譲渡損については、上場株式等の配当所得との損益通算も認められます。

　なお、税制非適格ストックオプションと異なり、税制適格ストックオプションの行使により取得した株式を特定口座、NISA口座で管理することは認められていませんので、申告不要の取扱いをすることができない点については注意が必要です。

参考(関連条文)

措法第37条の11、第37条の12の2
国税庁「「租税特別措置法に係る所得税の取扱いについて」の一部改正について(法令解釈通達)」
国税庁「ストックオプションに対する課税(Q&A)」(令和5年7月改訂)

個人が行う株券貸借取引に係る課税上の取扱い

Q 私（居住者たる個人）は、証券会社との間で、株券消費貸借取引（消費貸借契約に基づき一定期間株券を貸し出し、取引終了時に当該株券と同種、同等、同数の株券の返還を受ける）を行うことを考えています。

私は、取引終了日に賃借料を証券会社から受け取ります。また、貸借期間中に株券発行会社から証券会社へ配当金の支払いがあったときには、当該配当金相当額を配当代わり金名目で受け取ります。

この場合、私が支払いを受ける賃借料及び配当金相当額はどのように課税されますか。

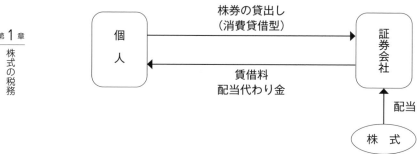

A 賃借料及び配当代わり金は雑所得として取り扱われ、総合課税の対象となると考えられます。

（検討）

1 株券の譲渡

株券貸借取引は、金融商品取引業者が取引終了日に、投資家から借り受けた株券と同種、同等、同数の株券を投資家へ返還することを約する取引であり、民法上の消費貸借取引（民法587条）に該当します。法人に適用される金融商品会計基準及び法人税法上は、投資家から金融商品取引業者

へ株券を貸し出し、投資家が金融商品取引業者から当該株券と同種、同等、同数の株券の返還を受ける取決めがある場合には、株券のリスクが移転していないことから当該株券の譲渡を認識しないものとして取り扱われることとされています。所得税法上は明確な規定はありませんが、法人税法上の取扱いと同様に取り扱われるものと考えられます。

2 賃借料及び配当代わり金

賃借料については、株券の貸借取引から生じる賃借料であり、所得税法に定める所得分類上、雑所得に該当すると考えられます。

また、配当代わり金については、その経済的な性質は配当と同等であるものの、個人は、貸出期間中株式を保有しているわけではなく、株式の配当は株主である借入人（本件の場合、証券会社）が発行会社から受け取ることになります。すなわち貸出人たる個人が受け取る配当代わり金は、株主等である地位に基づいて受け取った配当そのものではないことから、配当所得と取り扱ってよいのかという問題があります。

国税庁の質疑応答事例「特約の付された株券貸借取引に係る特約権料等の課税上の取扱い」によれば、個人が受け取る株券貸借取引にかかる賃借料は、株券貸借取引から生ずる果実であることから、所得税法23条（利子所得）から同法34条（一時所得）に掲げる所得に該当せず、雑所得となり、また、配当代わり金についても、株主たる地位に基づいて受ける配当金ではなく、株券貸借取引から生ずる果実であることから、配当所得には該当せず、賃借料と同じく雑所得となる、とされています。

3 本件へのあてはめ

上記の質疑応答事例から、本件の賃借料及び配当代わり金は雑所得として取り扱われ、総合課税の対象となると考えられます。

> **キーワード　株券消費貸借取引**
>
> 　株券消費貸借取引は、一般的には、当事者の一方（貸出者）が他方（借入者）に株券等を貸し出し、合意された期間を経た後、借入者が貸出者に、対象銘柄と同種、同等、同量の株券等を返還する株券等の消費貸借取引をいいます。「ストックレンディング（Stock lending）」とも呼ばれます。

参考（関連条文）

所法35条
国税庁質疑応答事例「特約の付された株券貸借取引に係る特約権料等の課税上の取扱い」

Q41 非永住者が受け取る上場外国株式の配当の課税関係

Q 私は、英国人ですが、20X0年4月に、日本の子会社に3年の予定で派遣され日本で勤務しており、日本の所得税法上、日本の居住者かつ非永住者に該当します。

このたび、日本に派遣されている20X1年中に、外国の証券会社口座において保有している外国法人株式（上場株式等に該当）について当該口座で配当を受け取りました。この配当については、日本で課税されますか。

A 居住者ではありますが、非永住者に該当しますので、外国法人発行の株式の配当については、日本国外で支払われ、かつ、日本に送金されない限り、日本での課税対象とはなりません。

（検 討）

1 非永住者に対する課税

所得税法上、居住者のうち、日本国籍を有しておらず、かつ、過去10年以内において国内に住所又は居所を有していた期間の合計が5年以下である個人は、非永住者と定義されます。

所得税法上、居住者については、原則として、日本国内だけでなく国外において稼得した所得も課税対象とされますが、居住者のうち非永住者に該当する者については、以下について日本での課税が行われます。

- 国外源泉所得(※)以外の所得
- 国外源泉所得で国内において支払われ、又は国外から送金されたもの
  - （※） 国外源泉所得（所得税法第95条第4項）
    ① 国外事業所等帰属所得
    ② 国外にある資産の運用又は保有により生ずる所得
    ③ 国外にある資産の譲渡により生ずる所得として一定のもの

④ 国外において人的役務の提供を主たる内容とする事業で一定のものを行う者が受けるその人的役務の提供に係る対価
⑤ 国外にある不動産の貸付けによる対価
⑥ 外国の国債若しくは地方債又は外国法人の発行する債券の利子等
⑦ 外国法人から受ける剰余金の配当等
⑧ 国外において業務を行う者に対する貸付金利子
⑨ 国外において業務を行う者から受ける著作権等の使用料又はその譲渡による対価
⑩ 給与、報酬又は年金のうち、国外において行う勤務等に基因するもの、外国の法令に基づく保険等で社会保険又は共済に関する制度に類するものに基づいて支給される年金等
⑪ 国外において行う事業の広告宣伝のための賞金として一定のもの
⑫ 国外にある営業所又は国外において契約の締結の代理をする者を通じて締結した外国保険業者の締結する保険契約に基づいて受ける年金
⑬ 国外営業所が受け入れた定期積金等にかかる給付補填金、利息、利益又は差益
⑭ 国外において事業を行う者に対する出資につき、匿名組合契約に基づいて受ける利益の分配
⑮ 国内及び国外にわたって船舶又は航空機による運送の事業を行うことにより生ずる所得のうち国外において行う業務につき生ずべき一定の所得
⑯ 租税条約の規定によりその租税条約の相手国等において租税を課することができることとされる所得のうち一定のもの
⑰ 上記①から⑯までに掲げるもののほかその源泉が国外にある一定の所得

2 株式の配当

所得税法上、株式の配当についての国内／国外源泉所得の分類は以下の通りとされています。

配当の種類	税務上の区分
内国法人から受ける剰余金の配当	国内源泉所得
外国法人から受ける剰余金の配当	国外源泉所得

すなわち、株式の発行体が内国法人（日本国内に本店又は主たる事務所を有する法人）か外国法人（内国法人以外の法人）かにより、株式の配当の国内／国外源泉所得が決定されます。

3 本件へのあてはめ

　本件は、非永住者が受け取る上場外国株式の配当ということですので、所得税法上、当該配当が日本国外で支払われ、かつ、国外から国内に送金されない限り、日本での課税は行われません。

参考（関連条文）
所法7条①二、95条④七、161条①九

非永住者が行う株式の譲渡に係る課税

Q 私（居住者たる個人）は、日本に居住する米国人であり（日本国籍を有していない）、所得税法上の非永住者に該当します。このたび、2024年10月に、日本に入国後の2020年に海外において取得した上場外国株式を、外国証券会社の海外口座を通じて外国証券会社への売委託により譲渡しました。当該譲渡対価は日本国外において支払われ、また日本国内に送金していません。

この外国株式の譲渡所得について、日本で課税されますか。

A 非永住者が外国株式の譲渡を行う場合、譲渡が日本国外で行われたとしても、一定の場合は、日本の課税対象となります。

（検 討）

1 非永住者に対する課税

所得税法上、居住者のうち、日本国籍を有しておらず、かつ、過去10年以内において国内に住所又は居所を有していた期間の合計が5年以下である個人は、非永住者と定義されます。

所得税法上、居住者のうち非永住者に該当する者については、以下について日本での課税が行われます。

- 国外源泉所得（3ページ参照）以外の所得
- 国外源泉所得で国内において支払われ、又は国外から送金されたもの

2 株式の譲渡に係る課税

上記の通り、非永住者は、国外源泉所得については課税がなされません（国内において支払われるか、国外から送金される場合を除く）。株式等の譲渡により生ずる所得については、原則として、下記のものが国外源泉所得と

されています。
① 外国法人の発行する株式等で、その外国法人の発行済株式等の一定割合以上に相当する数の株式等を所有する場合に、その外国法人の本店又は主たる事務所の所在する国又は地域においてその譲渡による所得に対して外国所得税が課されるもの
② 不動産関連法人（国外にある土地等の価額の占める割合が総資産価額の50％以上である法人）の株式
③ 国外にあるゴルフ場の所有又は経営に係る法人の株式

すなわち、上記①から③に掲げる株式を除き、非永住者による株式の譲渡から生じる所得については日本の国内源泉所得とされ、非永住者の日本の課税の範囲とされます。

ただし、非永住者の課税所得の範囲からは、有価証券でその取得の日がその譲渡の日の10年前の日の翌日からその譲渡の日までの期間（その者が非永住者であった期間に限る）内にないもの（以下、「特定有価証券」）のうち、次に掲げるものの譲渡により生ずる所得が除外されています。
- 外国金融商品取引所において譲渡されるもの
- 国外において金融商品取引業等を営む者への売委託により国外において譲渡されるもの
- 国外において金融商品取引業等を営む者の国外営業所等に開設された有価証券の保管等に係る口座に受け入れられているもの

なお、この規定は平成29年度税制改正で手当てされたものであることから、経過措置として、2017年4月1日以後に上記の譲渡を行う場合で、その取得の日が2017年4月1日前の有価証券は「特定有価証券」に該当するものとみなして取り扱うこととされています。

以上をまとめると、次のようになります。

〈非永住者による外国株式の譲渡〉

取得後10年超経過後譲渡	外国金融商品取引所での譲渡等		
	非永住者でない期間中に取得	取得後10年内に譲渡	
		非永住者期間中に取得	
		2017年3月31日以前取得	2017年4月1日以降取得
非課税(*)	非課税(*)	非課税(*)	課税

＊2017年4月1日以後に譲渡される有価証券に適用。ただし、国内において支払われ、または国外から送金された場合は課税。

3 本件へのあてはめ

おたずねのケースについて、非永住者が日本入国後の2020年に取得した外国株式等を、2024年10月に外国証券会社の海外口座を通じて外国証券会社への売委託により譲渡したということですので、取得後10年超は経過しておらず、また非永住者であった期間中に取得したものですので、日本での課税所得の対象となります。

参考（関連条文）

所法7条①二、95条④三、
所令17条、225条の4
平成29年改正所令附則3

Q43 非居住者が内国法人から配当を受領する場合の課税関係

Q 私は、3年間の任期で海外に転勤になりました。転勤前から株式投資を行っていたため、出国後も、引き続き、内国法人の株式（上場）や投資信託（公募）を保有し、配当等を受領することになります。転勤前は、特定口座内でこれらを保有していたため、確定申告は行っていませんが、出国後に受領する配当等については、確定申告が必要でしょうか。

　なお、私は日本において事業の拠点等は有しておらず、いわゆる恒久的施設（Permanent Establishment）は有していません。

A 日本の国内法上、非居住者が受領する株式配当や投資信託の収益分配金は、国内源泉所得に該当し、源泉徴収の対象となりますが、この源泉徴収のみで課税関係は終了し、確定申告をする必要はありません。

　源泉徴収に係る税率は、おたずねの上場株式や公募投資信託の場合は、15.315％（所得税及び復興特別所得税）ですが、居住地国と日本との間に租税条約が締結されている場合には、軽減税率が適用される可能性があります。

（検 討）

1 非居住者に対する課税の範囲

　所得税法上、「非居住者」とは、居住者以外の個人をいいます。「居住者」とは、国内に住所を有し、又は現在まで引き続いて1年以上居所を有する個人とされ、1年以上の予定で海外転勤した場合には、一般的には非居住者に該当することになると考えられます。

　居住者については、原則として、日本国内だけではなく国外で稼得した所得も課税対象になりますが、非居住者については、国内源泉所得（国内源泉所得の範囲については、Q44参照）のみが、日本において課税されるこ

とになります。この取扱いは、非居住者が日本人かどうかにかかわらず、同様です。

❷ 非居住者が受領する株式配当等に係る課税関係

　非居住者が内国法人から受ける剰余金の配当、利益の配当等や、国内にある営業所等に信託された投資信託又は特定受益証券発行信託の収益の分配（以下、「内国法人から受ける配当等」といいます）は、国内源泉所得に含まれ、源泉徴収の対象となります。源泉徴収税率は、原則として、20.42％（所得税及び復興特別所得税）ですが、上場株式に係る配当（保有割合が3％以上である大口株主等（Q3参照）を除きます）や受益権の募集が公募により行われた証券投資信託に係る分配金などは、15.315％（所得税及び復興特別所得税）の税率が適用になります。居住地国と日本との間に租税条約が締結されている場合には、軽減税率が適用される可能性があります。

　また、非居住者に対する課税方法は、総合課税（居住者の確定申告に準じて累進税率で計算する方法）と分離課税（他の所得と区分して15.315％又は20.42％の税率で計算する方法）がありますが、内国法人から受ける配当等に係る所得は分離課税の対象とされています。

❸ 特定口座に関する手続

　特定口座は、居住者又は恒久的施設を有する非居住者にしか開設することが認められていませんので、恒久的施設を有しない非居住者に該当することとなる場合には、特定口座廃止届出書を提出したものとみなされます。

　ただし、一定の要件を満たす場合には、特定口座に保管されていた上場株式等のすべてについて、出国をした後も引き続き証券会社等で開設する出国口座において保管し、かつ、帰国をした後に再びその証券会社等で設定する特定口座にその株式等を移管することが認められています。

4 本件へのあてはめ

　3年間の任期で海外に居住する場合、所得税法上の居住者に該当しなくなることから、非居住者として取り扱われることになります。非居住者が受領する株式配当や投資信託の分配金は、所得税法に列挙される国内源泉所得に該当するため、居住者に対して支払われる場合と同様に、源泉徴収の対象となります。

　源泉徴収税率は、おたずねの上場株式や公募投資信託の場合は、15.315％（所得税及び復興特別所得税）です。非居住者が受領する株式配当等は、分離課税の対象となるため、この源泉徴収のみで課税関係は終了し、確定申告をする必要はありません。

　なお、居住地国と日本との間に租税条約が締結されている場合には、軽減税率が適用される可能性があります。

参考（関連条文）
所法2条①三・五、5条、161条、164条、170条、213条
措法9条の3、37条の11の3
措令25条の10の5

非居住者による上場内国法人株式の譲渡の課税関係

Q 私は日本人ですが、数年前から海外に居住しており、日本国内には住所を有しておらず、税務上、日本の非居住者に該当します。

このたび、以前から海外の証券口座において保有している日本法人発行の上場株式（保有割合は1％未満）を譲渡しました。この譲渡により生じた利益については、日本で課税されますか。

なお、私は日本において事業の拠点等は有しておらず、いわゆる恒久的施設（Permanent Establishment）は有していません。

日本の国内法上、非居住者が行う株式の譲渡は、所得税法に列挙される国内源泉所得に該当しない限り、日本での課税対象とはなりません。

本件の場合、上場されている内国法人株式で少数（1％未満）の持分割合のみの保有ということですので、本件の譲渡が日本に滞在する間に行われていない限り、日本において申告・納税の義務はありません。（なお、非居住者の居住地国と日本との間に租税条約がある場合は、別途、租税条約の検討が必要となります）。

（検 討）

1 非居住者に対する課税

所得税法上、「非居住者」とは、居住者以外の個人をいいます。「居住者」とは、国内に住所を有し、又は現在まで引き続いて1年以上居所を有する個人、とされており、その要件に該当しない場合、所得税法の非居住者とされます。

所得税法上、居住者については、原則として、日本国内だけでなく国外において稼得した所得も課税対象とされますが、非居住者については、以

下に記す国内源泉所得のみが、日本における課税対象となります。この取扱いは、非居住者が日本人かどうかにかかわらず、同様です。

〈国内源泉所得の範囲〉
① 恒久的施設帰属所得
② 国内にある資産の運用又は保有により生ずる所得
③ 国内にある資産の一定の譲渡により生ずる所得
④ 組合契約等に基づいて恒久的施設を通じて行う事業から生ずる利益で、その組合契約に基づいて配分を受けるもののうち一定のもの
⑤ 国内にある土地、土地の上に存する権利、建物及び建物の附属設備又は構築物の譲渡による対価
⑥ 国内で行う人的役務の提供を事業とする者の、その人的役務の提供に係る対価
⑦ 国内にある不動産や不動産の上に存する権利等の貸付けにより受け取る対価
⑧ 日本の国債、地方債、内国法人の発行する債券の利子、外国法人が発行する債券の利子のうち恒久的施設を通じて行う事業に係るもの、国内の営業所に預けられた預貯金の利子等
⑨ 内国法人から受ける剰余金の配当、利益の配当、剰余金の分配等
⑩ 国内で業務を行う者に貸し付けた貸付金の利子で国内業務に係るもの
⑪ 国内で業務を行う者から受ける工業所有権等の使用料、又はその譲渡の対価、著作権の使用料又はその譲渡の対価、機械装置等の使用料で国内業務に係るもの
⑫ 給与、賞与、人的役務の提供に対する報酬のうち国内において行う勤務、人的役務の提供に基因するもの、公的年金、退職手当等のうち居住者期間に行った勤務等に基因するもの
⑬ 国内で行う事業の広告宣伝のための賞金品
⑭ 国内にある営業所等を通じて締結した保険契約等に基づく年金等
⑮ 国内にある営業所等が受け入れた定期積金の給付補てん金等

⑯ 国内において事業を行う者に対する出資につき、匿名組合契約等に基づく利益の分配

⑰ その他の国内源泉所得（たとえば、国内において行う業務又は国内にある資産に関し受ける保険金、補償金又は損害賠償金に係る所得）

2 株式の譲渡

　非居住者による資産の譲渡が上記**1**の「③　国内にある資産の一定の譲渡により生ずる所得」に該当する場合、国内源泉所得として、非居住者について日本において課税がなされます。

　ここで、非居住者による株式の譲渡については、所得税法施行令において、以下のものが国内源泉所得として取り扱われる、とされています。なお、租税条約の規定により、一部については日本の課税対象から除外される可能性がありますので、個別の検討が必要となります。

① 同一銘柄の内国法人の株式等の買集めをし、その所有者である地位を利用して、その株式等をその内国法人若しくはその特殊関係者に対し、又はこれらの者若しくはその依頼する者のあっせんにより譲渡をすることによる所得

② 事業譲渡類似の株式等の譲渡（次の(イ)及び(ロ)に掲げる要件を満たす場合の非居住者のその譲渡の日の属する年（以下「譲渡年」という）における次の(ロ)の株式又は出資の譲渡をいう）

(イ) 譲渡年以前3年以内のいずれかの時において、非居住者（特殊関係者を含む）がその内国法人の発行済株式又は出資の総数又は総額の25％以上に相当する数又は金額の株式又は出資を所有していたこと。

(ロ) 譲渡年において、その非居住者（特殊関係者を含む）が最初にその内国法人の株式又は出資の譲渡をする直前のその内国法人の発行済株式又は出資の総数又は総額の5％以上に相当する数又は金額の株式又は出資の譲渡をしたこと。

③ 税制適格ストックオプションの権利行使により取得した特定株式等の譲渡による所得
④ 不動産関連法人の一定の株式（次の(イ)又は(ロ)に掲げる株式又は出資）の譲渡による所得
　(イ)（上場株式等の場合）その譲渡の日の属する年の前年の12月31日において、非居住者（特殊関係者を含む）がその不動産関連法人の発行済株式又は出資の総数又は総額の5％超の数又は金額の株式又は出資を有する場合のその譲渡
　(ロ)（非上場株式等の場合）その譲渡の日の属する年の前年の12月31日において、非居住者（特殊関係者を含む）がその不動産関連法人の発行済株式等の総数又は総額の2％超の数又は金額の株式又は出資を有する場合のその譲渡
⑤ 日本に滞在する間に行う内国法人の株式等の譲渡による所得
⑥ 日本国内にあるゴルフ場の株式形態のゴルフ会員権の譲渡による所得

非居住者による株式の譲渡が上記のいずれかに該当する場合、非居住者は譲渡益について、日本で所得税の確定申告を行う必要があります。

上記の①から⑤に該当する場合の株式の譲渡益にかかる税率は、上場・非上場の区分に応じ、「上場株式等の譲渡」又は「一般株式等の譲渡」として15.315％（所得税及び復興特別所得税）が適用されます（⑥については一般の譲渡所得として累進課税が適用）。なお、非居住者が日本国内に住所を有しない場合、地方税は課されません。

（※）「上場株式等」及び「一般株式等」については Q1 を参照。

3 本件へのあてはめ

本件については、非居住者が行う株式の譲渡が上記 2 の①から⑥のいずれかに該当するかの検討が必要となります。

一般的に、上場されている内国法人株式で少数（5％未満）の持分割合しか保有していない場合は、②や④に該当しませんので、⑤の要件（日本

に滞在する間に行う内国法人の株式等の譲渡）に該当しない限り、日本において申告・納税の義務はないものと考えられます。

なお、国内法だけでなく、非居住者の居住地国と日本との間に租税条約が締結されている場合は、租税条約についての検討も必要となります。

参考(関連条文)
所法2条①三・五、161条、164条
所令281条、289条
措法37条の12
措令19条の3

第 2 章

債券の税務

特定公社債と一般公社債の区分

Q 私（居住者たる個人）は、保有する資金を製造業を営む上場内国法人が2024年に発行する円建利付債券（公募）で運用しようと思います。公社債は特定公社債に該当するかそれ以外の一般公社債に該当するかで課税関係が異なると聞いていますが、それぞれどのような差異がありますか。私が保有する予定の社債はどちらに該当しますか。

A おたずねの債券は上場内国法人が発行する公募債とのことですので特定公社債に該当すると考えられます。

（検 討）

特定公社債については、税法上「上場株式等」として、基本的に上場株式と同様の課税とされ、利子については源泉徴収（所得税及び復興特別所得税15.315％、地方税5％）の上、原則として、申告分離課税（20.315％）、譲渡益及び償還益も申告分離課税（20.315％）の対象となります。また、特定公社債に該当しない一般公社債については、利子については源泉分離課税（20.315％）、譲渡益及び償還益は、原則として、特定公社債と同じように課税されます（同族会社の一定の株主については利子及び償還益が総合課税となります）。

1 特定公社債の定義

特定公社債とは、次の表に掲げる公社債（預金保険法に規定する長期信用銀行債、償還差益について発行時に源泉徴収がされた割引債等を除く）をいいます。

一般公社債とは特定公社債以外の公社債をいいます。代表的なものとしては、同族会社が発行する私募債等が挙げられます。

- 国債、地方債、外国国債、外国地方債
- 会社以外の法人が特別の法律により発行する債券（外国法人に係るもの並びに投資法人債、短期投資法人債、特定社債及び特定短期社債を除く。）
- 公募公社債、上場公社債
- 発行の日前9月以内（外国法人にあっては、12月以内）に有価証券報告書等を提出している法人が発行する社債
- 金融商品取引所（外国の法令に基づき設立されたこれに類するものを含む。）において公表された公社債情報（一定の期間内に発行する公社債の種類及び総額、発行者の財務状況等その他その公社債に関する基本的な情報をいう。）に基づき発行する公社債で、目論見書に当該公社債情報に基づき発行されるものである旨の記載のあるもの
- 国外において発行された公社債で、次に掲げるもの（取得後引き続き保管が委託されているものに限る。）
  ・国内において売出しに応じて取得した公社債
  ・国内において売付け勧誘等に応じて取得した公社債で、その取得の日前9月以内（外国法人にあっては、12月以内）に有価証券報告書等を提出している法人が発行するもの
- 外国法人が発行し、又は保証する債券で一定のもの
- 国内又は国外の法令に基づいて銀行業又は第一種金融商品取引業を行う法人又は当該法人との間に完全支配の関係がある法人等が発行する社債（その取得した者が実質的に多数でないものを除く。）
- 平成27年12月31日以前に発行された公社債（その発行の時において法人税法第2条第10号に規定する同族会社に該当する会社が発行したものを除く。）(注)
  (注) 平成27年12月31日以前に発行された公社債の取扱いについては、次の点に留意が必要です。
      ・当該公社債の譲渡又は元本の償還の日において、当該会社が同族会社に該当しないこととなっている場合であっても、弧書の「同族会社に該当する会社が発行した」公社債に該当する。
      ・弧書の同族会社発行の公社債であっても、上述のいずれかに該当する場合は、特定公社債に該当する。

2 課税上の取扱い

個人が特定公社債及び一般公社債を保有する場合の課税関係の概要は以下の通りです。

	特定公社債	一般公社債
利子	源泉課税（20.315%）の上、原則として、申告分離課税（20.315%）申告不要制度の適用可	源泉分離課税（20.315%）。ただし同族会社の一定の株主(*)が受ける場合は源泉課税（15.315%）の上、総合課税
譲渡益	20.315%の申告分離課税（上場株式等）	20.315%の申告分離課税（一般株式等）
償還益	同上	同上 ただし、同族会社の一定の株主(*)に該当する場合は雑所得（総合課税）

*一定の株主とは、①同族会社の判定の基礎となる一定の株主（以下「特定個人」）、②特定個人の親族、事実上婚姻関係と同様の事情にある者、使用人、特定個人から受ける金銭その他の資産によって生計を維持しているもの、③これらの者と生計を一にするこれらの者の親族、④同族会社の判定の基礎となる株主である法人と特殊の関係がある一定の個人をいいます。
詳細はQ47参照

特定公社債に該当する場合の個人に対する課税上の取扱い詳細については、Q46を参照してください。

参考（関連条文）

措法3条、8条の4、8条の5、37条の10、37条の11
措令1条の4、25条の8⑩
措規18条の9①
措基通37の11－6
所法181条、182条

Q46 公募利付債券の課税関係

Q 私(居住者たる個人)は、保有する資金を内国法人が発行する円建利付債券で運用しようと思います。

債券の売買や償還に係る損益、利子はどのように取り扱われますか。上場株式の譲渡損益や配当との損益通算なども可能でしょうか。

なお、本件の社債は公募発行のため、税務上の特定公社債に該当します。

A 特定公社債の譲渡及び償還により生じる損益については、他の所得と区分し、上場株式等に係る譲渡所得等として、申告分離課税(所得税及び復興特別所得税15.315％、地方税5％)が適用されます。他の上場株式等の譲渡損益との損益通算や上場株式等の配当等(特定公社債の利子を含む)との損益通算が可能となります。

特定公社債の利子については、20.315％の源泉徴収がなされます。申告不要を選択することも可能ですが、上場株式等の配当所得等として申告分離課税(所得税及び復興特別所得税15.315％、地方税5％)を選択して上場株式等の譲渡損失と損益通算を行うことも可能となります。

(検討)

特定公社債については、以下の通り、基本的に上場株式と同様の課税とされます。

1 利子にかかる税金

国内発行の公社債の利子については、支払いの際に20.315％(所得税及び復興特別所得税15.315％、地方税5％)の源泉徴収がなされます。

特定公社債の利子はその金額にかかわらず、源泉徴収で課税関係を完結することができますが、申告する場合は、上場株式等の配当所得等とし

て申告分離課税20.315%（所得税及び復興特別所得税15.315%、地方税5％）が適用されます。申告をした場合、上場株式等（特定公社債を含む）に係る譲渡損との損益通算等が可能です。

2 売却・償還時の取扱い

特定公社債の譲渡益については、他の所得と区分し、上場株式等の譲渡による事業所得、譲渡所得及び雑所得（以下、「上場株式等に係る譲渡所得等」）として、申告分離課税（所得税及び復興特別所得税15.315%、地方税5％）が適用されます。

特定公社債の元本の償還により交付を受ける金銭等の額については、公社債の譲渡による収入金額としてみなされることにより、譲渡と同様に課税されることとなります。

特定公社債の譲渡損、償還損は、上場株式等に係る譲渡損失として取り扱われます。申告分離課税の適用上、その年中の他の上場株式等（特定公社債を含む）に係る譲渡所得等との相殺は認められますが、上場株式等に係る譲渡所得等の合計額が損失となった場合は、その損失は他の所得と相殺することはできません。

ただし、日本の証券会社等への売委託等により生じた一定の譲渡損益については以下の特例の対象となります。

(1) 配当所得等との損益通算

特定公社債の譲渡（償還を含む。以下同様）により生じた損失のうちその譲渡日の属する年分の上場株式等に係る譲渡所得等の金額の計算上控除しきれない金額は、申告を要件に、当該控除しきれない金額をその年分の上場株式等の配当所得等の金額（特定公社債の利子を含み、申告分離課税を選択したものに限る）から控除することが認められます。

(2) 損失の繰越控除

特定公社債の譲渡により生じた譲渡損失のうちその譲渡日の属する年分の上場株式等に係る譲渡所得等の金額の計算上控除しきれない金額は、一定の条件のもと、その年の翌年以後3年内の各年分の上場株式等に係る譲

渡所得等の金額及び上場株式等に係る配当所得等の金額からの繰越控除が認められます。

詳細については、Q8 を参照してください。

Q46 公募利付債券の課税関係

参考（関連条文）
措法3条、8条の4、8条の5、37条の10、37条の11、37条の12の2
所法181条、182条

Q47 同族株主等が受領する社債利子に対する課税

Q 私（居住者たる個人）は、親族が経営する会社（内国法人）が発行した社債（私募）を保有しています。社債の利子でも、申告分離課税が適用されず、総合課税が適用されることがあると聞きましたが、私の保有する社債の利子は総合課税の対象になるのでしょうか。

A 親族が経営する会社が発行した社債（私募）ということですので、特定公社債には該当しないものと考えられます。また、当該会社が同族会社に該当し、親族がその同族会社の判定の基礎となる同族株主である場合には、分離課税の対象となる一般公社債にも該当しないこととなりますので、当該社債の利子は総合課税の対象となり、確定申告が必要となるものと考えられます。

（検討）

1 公社債の利子に対する課税の概要

(1) 特定公社債と一般公社債

内国法人が国内で発行した社債の利子については、その支払いの際に、原則として、20.315％（所得税及び復興特別所得税15.315％、地方税5％）で源泉徴収されます。

特定公社債の利子は、その金額にかかわらず、申告不要制度を適用して源泉徴収のみで課税関係を終了させることができますが、申告する場合には、上場株式等の配当所得等として申告分離課税（所得税及び復興特別所得税15.315％、地方税5％）の対象となります。特定公社債の範囲については、Q45を参照してください。

一方、特定公社債に該当しない一般公社債の利子は、原則として、源泉分離課税（所得税及び復興特別所得税15.315％、地方税5％）の対象となります。

したがって、特定公社債、一般公社債ともに、原則として、分離課税が適用され、総合課税の対象とはなりません。

(2) 同族会社の株主等が受領する一般公社債の利子に対する総合課税

一般公社債の利子であっても、同族会社の一定の株主等が受領する利子については分離課税の対象から除外され、総合課税されます。このような措置が講じられた背景としては、同族会社の株主の立場にある役員などが、その同族会社から支給される役員報酬に代えて、社債の利子として所得を得ることにより、本来は総合課税されるべき所得（すなわち給与所得）を分離課税の対象となる利子所得とする事例が見受けられたため、このような税負担の軽減を図ることを目的とした所得の種類の変換に対応することが挙げられます。

2 総合課税の対象となる利子の範囲

総合課税の対象となる利子は、その支払いの確定した日において、下記に該当する者に対して支払われるものとされています。

① 利子の支払いをした法人が同族会社（法人税法第2条第10号）に該当するときにおけるその判定の基礎となる同族株主（以下「特定個人」）
② 特定個人の親族
③ 特定個人と婚姻の届出をしていないが事実上婚姻関係と同様の事情にある者
④ 特定個人の使用人
⑤ 上記②から④に掲げる者以外の者で、特定個人から受ける金銭その他の資産によって生計を維持しているもの
⑥ 上記③から⑤に掲げる者と生計を一にするこれらの者の親族

また、総合課税の対象となる利子には、利払いをする同族会社の直接の株主ではなく、特殊関係法人を通じて間接的にその同族会社を保有する個人が支払いを受けるものも含まれます。特殊関係法人とは、判定の対象となる利子の受領者（対象者）との間に下記のいずれかの関係にある法人をいいます。

(a) 対象者（特殊の関係のある個人を含みます）が法人を支配している場合（※）における当該法人
(b) 対象者及びこれと上記(a)に規定する特殊の関係のある法人が他の法人を支配している場合における当該他の法人
(c) 対象者及びこれと上記(a)、(b)に規定する特殊の関係のある法人が他の法人を支配している場合における当該他の法人
(※) 法人を支配している場合とは、発行済株式又は出資の総数又は総額の50％超、事業の全部若しくは重要な部分の譲渡など一定の決議に係る議決権の50％超を有する場合などをいいます。

【例】特殊関係法人が同族株主になる場合の総合課税

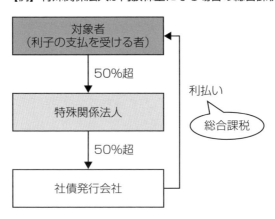

なお、総合課税の対象となる同族会社の株主等に対する利子は、源泉徴収される地方税（利子割）の対象とはなりませんので、支払いの際には、所得税及び復興特別所得税（15.315％）のみが課されます。

❸ 本件へのあてはめ

　親族が経営する会社が発行した社債は、私募により発行されたものであるとのことですので、特定公社債には該当しないものと考えられます。また、当該会社が同族会社に該当するか否かを判定する際に、その判定の基礎となる株主に当該親族が含まれる場合には、分離課税の対象となる一般公社債にも該当しない可能性があります。

　したがって、当該会社が同族会社に該当するか否か、当該親族がその判定の基礎となる同族株主に該当するか否かを確認し、両方ともに該当する場合には、当該社債の利子は、総合課税の対象として、確定申告が必要となるものと考えられます。

参考（関連条文）

法令4条①、③
措法3条①四
措令1条の4③、⑤

Q48 外国法人が発行した外貨建利付債券の利子の取扱い
（国内の証券会社経由で受け取る場合）

Q 私（居住者たる個人）は、国内の証券会社を通じ、外国法人が国外で発行する外貨建利付債券を購入し、当該証券会社の口座で保管する予定です。

この債券は利払いが年2回行われますが、この利子については税務上どのように取り扱われますか。なお、当該利子については国外では課税されません。

この債券は利付債であり、税務上の特定公社債に該当します。

A 国外公社債（特定公社債に該当）の利子の支払いを国内の証券会社経由で受ける場合、利子について、国内において20.315％（所得税及び復興特別所得税15.315％、地方税5％）の源泉徴収がなされます。源泉徴収のみで課税関係を完結することができますが、申告を行う場合、上場株式等の配当所得等として申告分離課税（所得税及び復興特別所得税15.315％、地方税5％）が適用されます。

（検 討）

所得税法上、国外公社債（特定公社債）の利子を国内の支払の取扱者（「キーワード」参照）経由で受け取る場合、源泉徴収の上、原則として申告分離課税の対象となります。

1 源泉徴収

　国外で発行された特定公社債の利子については、国内における支払の取扱者を通じてその交付を受ける場合、交付の際に支払いを受けるべき金額（外国所得税が課されている場合は控除後の金額）に対し、20.315％（所得税及び復興特別所得税15.315％、地方税5％）の源泉徴収がなされます（水際源泉徴収。**序章Ⅳ1**参照）。

　支払の取扱者が支払代理機関等から外国通貨によって利子の支払いを受け、当該利子を居住者に外国通貨で交付する場合には、その支払いを受けた外国通貨の金額を、次に掲げる国外公社債等の利子等の区分に応じ、それぞれ次に掲げる日（邦貨換算日）におけるTTBにより円換算した金額により源泉徴収がなされます。TTBは、当該支払の取扱者の主要取引金融機関（その支払の取扱者がその外国通貨に係るTTBを公表している場合には、当該支払の取扱者）が公表する換算レートによります。

　① 記名の国外公社債等の利子等………支払開始日と定められている日
　② 無記名の国外公社債等の利子等……現地保管機関等が受領した日

　おたずねの場合、国内の証券会社経由で利子の支払いを受けるということですので、利子の金額（円換算額）に対して20.315％の税率にて源泉徴収がなされます。

2 申告分離課税

　国外発行の特定公社債の利子は、支払の取扱者による源泉徴収がなされている場合、その金額にかかわらず、源泉徴収で課税関係を完結することができます。その場合、上場株式等（特定公社債を含む）に係る譲渡損との損益通算の適用を行うことはできません。

　また、申告をすることも可能です。申告する場合は、上場株式等の配当所得等として申告分離課税20.315％（所得税及び復興特別所得税15.315％、地方税5％）が適用されます。申告をした場合、上場株式等（特定公社債を含む）に係る一定の譲渡損との損益通算等が可能です。

> **キーワード　支払の取扱者**
>
> 　国外公社債の利子等の支払いを受ける者の当該国外公社債等の利子等の受領の媒介、取次ぎ又は代理（業務として又は業務に関連して国内においてするものに限る）をする者をいい、一般的には個人が証券口座内で利子等の支払いを受ける場合の証券会社等がこれに当たります。

> **キーワード　国外で発行された公社債**
>
> 　外国法人が発行する社債といっても、国外で発行されるものと日本国内で発行されるもの（例：サムライ債）、外貨建のもの円貨建のもの、等いろいろなバリエーションがあります。税務上の水際源泉徴収の対象となる「国外で発行された公社債」とは、募集又は売り出しが国外において行われた公社債をいうものとされており、発行体の所在地国や通貨の種類は問わないこととされています（措基通3の3－1）

参考（関連条文）

措法3条の3、8条の4、8条の5、37条の12の2
措令2条の2
措基通3の3－1、3の3－2、3の3－6

Q49 外国法人が発行した外貨建利付債券の利子の取扱い
（国外の証券会社経由で受け取る場合）

Q 私（居住者たる個人）は、外国の証券会社を通じ、外国法人が国外で発行する外貨建利付債券を購入し、当該外国証券会社の国外の口座で保有する予定です。

この債券は利払いが年2回行われますが、この利子については税務上どのように取り扱われますか。なお、当該利子については国外では課税されません。

この債券は利付債であり、税務上の特定公社債に該当します。

A 国外発行の債券の利子の支払いを直接国外で受ける場合、利子については、日本における源泉徴収がなされませんので、申告が必要となります。特定公社債に該当する場合、上場株式等の配当所得等として申告分離課税（所得税及び復興特別所得税15.315％、地方税5％）が適用されます。

（検討）

所得税法上、国外公社債（特定公社債）の利子を国内における支払の取扱者を経由しないで受け取る場合、源泉徴収の対象とならず、上場株式等の配当所得等として申告分離課税の対象となります。

1 源泉徴収

国外で発行された特定公社債の利子については、国内における支払の取扱者を通じてその交付を受ける場合、交付の際に支払いを受けるべき金額（外国所得税が課されている場合は控除後の金額）に対し源泉徴収がなされます（Q48参照）。

おたずねの場合、外国証券会社の国外口座で利子の支払いを受けるということですので、利子の金額に対して日本の源泉所得税は課されません。

199

2 申告分離課税

　国外発行の特定公社債の利子は、支払の取扱者による源泉徴収がなされていない場合、原則として確定申告が必要となり、上場株式等の配当所得等として申告分離課税20.315％（所得税及び復興特別所得税15.315％、地方税5％）が適用されます。上場株式等（特定公社債を含む）に係る一定の譲渡損失との損益通算等が可能です。

　この場合における利子所得として収入金額に計上すべき金額は、外貨建の利子の金額をその収入すべき日（利子につき支払開始日と定められた日）におけるTTM（電信仲値相場）により円換算した金額となります。

参考（関連条文）
措法8条の4①、37条の12の2
所基通36－2、57の3－2

Q50 円建利付債券の償還時に生じた償還差益の取扱い

Q 私(居住者たる個人)は日本法人発行の円建債券を保有しています。このたび債券が額面を上回る金額で償還されることとなりました。この償還益はどのように取り扱われますか。

この社債は公募利付債であり、税務上の特定公社債に該当します。
- 債券の額面金額　　　　　10,000,000円
- 発行価額(取得価額)　　　10,000,000円
- 償還金額　　　　　　　　10,500,000円

A おたずねの債券の償還により支払いを受ける金銭等については、特定公社債の譲渡による収入金額として取り扱われます。したがって、償還差益部分が、他の上場株式等の譲渡益と合算の上、上場株式等に係る譲渡所得等として20.315%の税率により課税されます。

(検討)

1 償還差損益の課税

(1) 償還差損益についての課税方法

公社債の元本の償還(買入償還を含む)により交付を受ける金銭の額及び金銭以外の資産の価額(元本の価額の変動に基因するものを含む)は公社債の譲渡に係る収入金額とみなされます。これについては、債券が特定公社債か一般公社債かを問わず、原則として同じ取扱いとされます。

償還差益については、他の所得と区分し、特定公社債、一般公社債の別に、株式等の譲渡に係る事業所得、譲渡所得及び雑所得(以下、「株式等に係る譲渡所得等」)として、申告分離課税(所得税及び復興特別所得税15.315%、地方税5%)が適用されます。

(2) 収入すべき時期

公社債の元本の償還については、以下の区分に応じそれぞれ次に掲げる日が、株式等に係る譲渡所得等の収入すべき時期とされます。

記名公社債：償還期日

無記名公社債：公社債の元本償還により交付を受ける金銭等の交付の日

(3) 源泉徴収

一定の割引債に該当する公社債については、償還時に、償還益相当部分（みなし償還差益）に対し源泉徴収が行われます。利子が付された公社債であっても、発行価額が額面金額の90％以下であるものについては、一定の割引債として取り扱われ償還時に源泉徴収が行われます（詳細についてはQ56を参照してください）。

2 本件へのあてはめ

おたずねの債券（特定公社債）の償還により支払いを受ける金銭等については、公社債の譲渡による収入金額として取り扱われます。発行価額と額面金額は同額であることから、償還時の源泉徴収の対象となる割引債には該当しません。

〈計算例〉　（※）購入手数料や売却手数料はないものとします。

取得価額	：10,000,000円
償還金額（譲渡収入）	：10,500,000円
償還益（譲渡益）	：　　500,000円

したがって、500,000円が上場株式等に係る譲渡所得の金額として取り扱われ、申告分離課税（20.315％）の対象となります。

参考(関連条文)

措法37条の10、37条の11、41条の12の2
措規19の5
措基通37の10・37の11共－1

Q51 円建利付債券の償還時に生じた償還差損の取扱い

Q 私（居住者たる個人）は日本法人発行の円建債券を保有していますが、日本法人の財務状況が悪化したことにより、債券が額面を下回る金額で償還されることとなりました。

この償還損はどのように取り扱われますか。

この社債は利付債であり、税務上の特定公社債に該当します。

- 債券の額面金額（発行価額）：10,000,000 円
- 取　得　価　額　　　　　　：10,000,000 円
- 償　還　金　額　　　　　　： 8,000,000 円

A おたずねの債券の償還により支払いを受ける金銭等については、特定公社債の譲渡による収入金額として取り扱われます。したがって、償還差損については、上場株式等に係る譲渡損失の金額として、他の上場株式等に係る譲渡益から控除することが可能です。

控除後、上場株式等の譲渡に係る譲渡所得等がマイナス（損失）となる場合は、申告を要件に、申告分離課税を選択した上場株式等の配当等（特定公社債等の利子等を含む）との損益通算や損失の繰越控除も可能です。

（検討）

1 償還差損益の課税

(1) 償還差損益についての課税方法

公社債の元本の償還（買入償還を含む）により交付を受ける金銭の額及び金銭以外の資産の価額（元本の価額の変動に基因するものを含む）は、公社債の譲渡に係る収入金額とみなされます。これについては、債券が特定公社債か一般公社債かを問わず、原則として同じ取扱いとされます。

償還差益については、他の所得と区分し、特定公社債か一般公社債かの

区分に応じ、株式等の譲渡に係る事業所得、譲渡所得及び雑所得(以下、「株式等に係る譲渡所得等」)として、申告分離課税(所得税及び復興特別所得税15.315%、地方税5%)が適用されます。

償還差損の場合、特定公社債か一般公社債かの区分に応じ、株式等に係る譲渡所得等の範囲内での損益通算が可能ですが、株式等に係る譲渡所得等の計算上生じた損失については、生じなかったものとみなされます(すなわち、他の所得(たとえば給与所得等)との損益通算を行うことはできません)。

ただし、特定公社債の償還差損については、上場株式等の譲渡損失として以下の特例の対象となります。

- 上場株式等の配当所得等(申告分離課税を選択したものに限る)との損益通算
- 3年間の繰越控除

詳細については Q8 を参照してください。

なお、特例の適用にあたり、特定公社債の償還について特段の要件は課されません。

(2) 収入すべき時期

公社債の元本の償還については、以下の区分に応じそれぞれ次に掲げる日が、株式等に係る譲渡所得等の収入すべき時期とされます。

- 記 名 公 社 債:償還期日
- 無記名公社債:公社債の元本償還により交付を受ける金銭等の交付の日

2 本件へのあてはめ

おたずねの債券(特定公社債)の償還により支払いを受ける金銭等については、公社債の譲渡による収入金額として取り扱われます。

〈計算例〉 (※)購入手数料や売却手数料はないものとします。
取得価額: 10,000,000 円
譲渡収入: 8,000,000 円
譲 渡 損: 2,000,000 円

2,000,000円が上場株式等に係る譲渡損失の金額として取り扱われ、申告分離課税の適用上、他の上場株式等に係る譲渡益との損益通算を行うことができます。また、申告を要件に、申告分離課税を選択した上場株式等の配当等（特定公社債等の利子等を含む）との損益通算や損失の繰越控除も可能です。なお、発行価額と額面金額は同額であることから、償還時の源泉徴収の対象となる割引債には該当しません。

参考（関連条文）
措法37条の10、37条の11、37条の12の2
措基通37の10・37の11共－1

Q52 外貨建の利付債券の償還時に生じた為替差損益の取扱い

Q 私（居住者たる個人）が国内証券会社の口座で保有している外国法人発行の米ドル建債券が、このたび額面金額（米ドル建）の100％にて償還がなされました。取得時点よりも円安になったため、日本円ベースに換算すると為替差益が生じています。

この為替差益相当はどのように課税されますか。

この社債は毎月利子が支払われる債券であり、税務上の特定公社債に該当します。

- 債券の額面金額　　　　　：100,000 ドル
- 取得価額　　　　　　　　：100,000 ドル
- 取得時の為替レート（TTS）：100 円／ドル
　　　　　　　　　　　　　（円からドルへの交換と債券の取得は同日）
- 償還価額　　　　　　　　：100,000 ドル
- 償還時の為替レート（TTB）：150 円／ドル

A 利付債券の取得価額及び償還価額をそれぞれ日本円ベースに引き直して計算した差益部分が、上場株式等に係る譲渡所得等として申告分離課税の対象となります。

為替差益については、上場株式等の譲渡所得等の計算上含まれるため、別途為替差益として認識する必要はありません。

（検 討）

税務上、公社債の償還差益及びそれに伴う為替差損益に対する課税については、譲渡と同様に取り扱われます。

1 償還差損益の課税

　公社債の元本の償還（買入償還を含む）により交付を受ける金銭の額及び金銭以外の資産の価額（元本の価額の変動に基因するものを含む）は、公社債の譲渡に係る収入金額とみなされます。これは、債券が特定公社債か一般公社債かを問わず、同じ取扱いとされます。

　したがって、本件の債券（特定公社債）の償還により支払いを受ける金銭等については、公社債の譲渡による収入金額として取り扱われ、他の所得と区分し、上場株式等の譲渡に係る事業所得、譲渡所得及び雑所得（以下、「上場株式等に係る譲渡所得等」）として、申告分離課税（所得税及び復興特別所得税15.315％、地方税5％）が適用されます。特定口座内において証券会社により源泉徴収がなされる場合を除き、原則として申告が必要です。

2 償還差損益の計算

　国外発行の公社債の元本の償還により交付を受ける金銭等の邦貨換算については、公社債の区分に応じ、それぞれ以下の日におけるTTBにより円換算した金額となります。

- 記名のもの：償還期日
- 無記名のもの：現地保管機関等が受領した日（ただし、現地保管機関等からの受領の通知が著しく遅延して行われる場合を除き、金融商品取引業者が当該通知を受けた日とすることも可）

　為替レートは、対価の支払いをする者（すなわち国内証券会社）の主要取引金融機関（その支払者が対顧客直物電信買相場を公表している場合にはその支払者）の当該外貨に係るTTBによります。

　なお、債券の取得価額の邦貨換算は、取得した債券の外貨金額を取得時のTTSで換算した金額となります。

　結果として、為替差損益部分については、上場株式等の譲渡に係る譲渡所得に含められることになり、別途雑所得として区分する必要はないと考えられます。

3 本件へのあてはめ

おたずねの場合、以下の金額が上場株式等に係る譲渡所得等の金額として取り扱われます。

〈計算例〉（※）購入手数料や売却手数料はないものとします。
取得価額：100,000 ドル× 100 円／ドル（TTS）＝ 10,000,000 円
償還金額(譲渡収入)：100,000 ドル× 150 円／ドル(TTB)＝ 15,000,000 円
譲渡所得等：15,000,000 － 10,000,000 ＝ 5,000,000 円

参考（関連条文）
措法37条の10、37条の11
措基通37の10・37の11共－6

外国法人が発行した外貨建利付債券を譲渡した場合の取扱い

Q 私（居住者たる個人）は、保有している外国法人発行のドル建社債について国内証券会社への売委託により売却を予定しています。売却時の課税はどのようになりますか。

この社債は利付債であり、税務上の特定公社債に該当します。
- 債券の額面金額　　　　　：100,000 ドル
- 取得価額　　　　　　　　：100,000 ドル
- 取得時の為替レート（TTS）：100 円／ドル
　　　　　　　（円からドルへの交換と債券の取得は同日）
- 売却価額　　　　　　　　：110,000 ドル
- 売却時の為替レート（TTB）：150 円／ドル

A 利付債券の取得価額及び譲渡対価をそれぞれ日本円ベースに引き直して計算した譲渡益部分が、上場株式等に係る譲渡所得等として申告分離課税の対象となります。

為替差損益については、上場株式等に係る譲渡所得等の計算上含まれるため、別途為替差損益として認識する必要はありません。

（検討）

税務上、公社債の譲渡に対する課税については、株式の譲渡と同様に取り扱われます。

❶ 譲渡損益についての課税

(1) 譲渡益の場合

　特定公社債は上場株式等の範囲に含まれます。上場株式等の譲渡に係る所得については、他の所得と区分し、上場株式等の譲渡に係る事業所得、譲渡所得及び雑所得（以下、「上場株式等に係る譲渡所得等」）として、申告分離課税（所得税及び復興特別所得税15.315％、地方税5％）が適用されます。証券会社等の特定口座内において証券会社等により源泉徴収がなされる場合を除き、原則として申告が必要です。

(2) 譲渡損の取扱い

　特定公社債の譲渡に関し譲渡損が発生した場合、上場株式等に係る譲渡所得等の範囲内での損益通算が可能ですが、上場株式等に係る譲渡所得等の計算上生じた損失については生じなかったものとみなされます（したがって、原則として他の所得（たとえば、非上場株式の譲渡益）との損益通算を行うことはできません）。

　ただし、一定の上場株式等に係る譲渡損失については、3年間の繰越控除及び上場株式等の配当所得等（特定公社債の利子所得を含む）との損益通算の適用が可能です（詳細については Q8 を参照してください）。

❷ 譲渡損益の計算方法

　上場株式等に係る譲渡所得等の金額の計算にあたっては、株式等の譲渡対価の額が外貨で表示されて、当該対価の額を日本円又は外貨で支払うこととされている場合は、原則として外貨で表示されている対価の金額を約定日の為替レートで換算した日本円の金額により譲渡収入を計算することとされています。

　この場合に使用する為替レートは、対価の支払いをする者（本件の場合、国内証券会社）の主要取引金融機関（その支払者がTTBを公表している場合にはその支払者）の当該外貨に係るTTBによります。

　一方、取得価額は、取得した債券の外貨金額を取得時のTTSで円換算した金額となります。なお、利付公社債（既発債）を購入する場合に、直

前の利払期からその購入の時までの期間に応じた経過利子に相当する額を売買価額に含めて譲渡者に対して支払っている場合は、当該経過利子相当額は、利付公社債の取得価額に含まれます。

3 本件へのあてはめ

おたずねの場合、以下の金額が上場株式等に係る譲渡所得等の金額として取り扱われます。

〈計算例〉（※）購入手数料や売却手数料はないものとします。
取 得 価 額：100,000ドル×100円／ドル＝10,000,000円
譲 渡 収 入：110,000ドル×150円／ドル＝16,500,000円
譲渡所得等：16,500,000－10,000,000　＝　6,500,000円

Q53 外国法人が発行した外貨建利付債券を譲渡した場合の取扱い

参考（関連条文）

措法37条の10、37条の11、37条の12の2
措基通37の10・37の11共－6、37の10・37の11共－10

Q54 外国法人発行の債券の利子に外国源泉税が課される場合の外国税額控除の適用

Q 私（居住者たる個人）はA国に所在する外国法人発行の債券を保有しています。この債券は年2回利息が支払われますが、当該利息について、発行国（A国）において10％の税率で外国所得税が課されました。この外国所得税について、外国税額控除の適用は可能でしょうか。

なお、当該債券は国内の証券会社口座に保管されており、利息は国内の証券会社を通じ外貨建で受け取る予定です。

- 利息金額　　　　　　　：100ドル
- 現地源泉税率　　　　　：10％
  　　　　　　　　　　　（日本とA国との租税条約に基づく限度税率）
- 利子の支払開始日レート：150円／ドル

なお、本件の債券は、税務上の特定公社債に該当します。

A 特定公社債の利子について、申告分離課税を選択する場合は、外国税額控除の適用を受けることができます。

（検 討）

居住者たる個人が納付した外国所得税額がある場合、国際的な二重課税排除の措置として、確定申告により一定の金額を日本の所得税額から控除することができます。これを外国税額控除といいます。

1 利子の課税方法による外国税額控除の適用の有無

所得税法上、居住者たる個人が、国外において発行された社債に係る利子で国外において支払われるものを、国内の支払の取扱者を通じて支払いを受ける場合は、利子に対して20.315％（所得税及び復興特別所得税15.315％、地方税5％）の税率による源泉徴収が日本で行われます（水際源泉徴収）。

源泉徴収の対象となる金額は、特定公社債の場合で利子の支払いの際に外国所得税が課されるときは、外国所得税控除後の利子の金額とされます。

　個人投資家は、受け取った利子について、以下のいずれかの処理が可能です。

(1) 　申告不要制度

　上記の源泉徴収（20.315％）のみで課税関係を終了することができます。

　この場合、利子について課された外国所得税について外国税額控除の適用を受けることはできません。

(2) 　申告分離課税

　特定公社債の利子について申告を行う場合、上場株式等に係る配当所得等として、申告分離課税の対象となります。この場合、利子の金額（外国所得税控除前のグロス金額）に対し20.315％（所得税及び復興特別所得税15.315％、地方税5％）の税率が適用されます。

　利子について課された外国所得税は、外国税額控除の対象とすることができます。

2 外国税額控除の方法

　個人の場合、その年において納付する外国所得税額があるときは、所得税額（配当控除等の税額控除後）から、次の算式によって計算した控除限度額を限度として、控除することができます。

$$\text{所得税の控除限度額} = \text{その年分の所得税の額} \times \frac{\text{その年分の調整国外所得金額}}{\text{その年分の所得総額}}$$

　外国税額控除の規定を適用する場合の外国所得税の額は、源泉徴収により納付することとなる利子・配当等に係る外国所得税の場合、その利子・配当等の額の換算に適用する外国為替の売買相場により換算した金額となります。

　外国税額控除を受けるためには、確定申告書等に控除を受ける金額及びその計算に関する明細を記載した明細書、外国所得税を課されたことを証する書類などを添付する必要があります。

外国税額控除は所得税及び復興特別所得税（国税）だけでなく住民税（地方税）においても規定されており、国税から引ききれない分は地方税から控除されます。

　外国所得税額がその年の控除限度額（国税及び地方税）を超える場合、または、外国所得税額がその年の控除限度額に満たない場合には、一定の手続要件のもと、過去３年間の繰越控除余裕額や繰越控除対象外国所得税額を利用することができます（詳細についてはQ29を参照してください）。

❸ 具体的計算

- 利息金額：100 ドル × 150円／ドル = 15,000 円
- 外国所得税：15,000 円 × 10% = 1,500 円
- 国内源泉徴収税額：(15,000 − 1,500) × 20.315% = 2,742 円
- 申告分離課税の対象となる利息金額：15,000 円
- 外国税額控除の対象となる金額：1,500 円

参考（関連条文）
措法3条の3、8条の5
所法95条
所令221条、222条、223条、224条、225条、所規41条
所基通95−28

個人が割引債の償還を受けた場合の取扱い
（割引債の発行日が2015年12月31日以前）

Q 私（居住者たる個人）は内国法人発行の円建社債をその発行時から保有しています。この社債は割引発行であり、詳細は以下の通りです。

- 額面（券面）金額：1,000,000 円
- 発行金額：950,000 円
- 償還金額：額面金額の100％
- 期間：10 年（発行日：2014 年 12 月 1 日、償還日：2024 年 11 月 30 日）
- 利息：なし

2016 年以後、社債に対する税制が変更になったとのことですが、この割引債は償還時にどのように課税されますか。なお、この割引債は発行時に額面金額から発行価額を控除した金額に対して 18.378％（所得税 18％、復興特別所得税 0.378％）の税率にて源泉徴収が行われています。

A おたずねの割引債の発行日は 2015 年 12 月 31 日以前であり、発行時に源泉徴収（償還差益に対し 18.378％）が行われているため、社債に対する税制改正の影響は受けず、償還時に申告等の必要はありません。

（検 討）

割引債（「キーワード」参照）の償還差益に対する課税については、従前、割引債の発行時に源泉徴収（償還差益に対し 18.378％）を行い、個人については当該源泉徴収のみで課税関係が終了する源泉分離課税とされていました。

金融所得一体課税の改正に伴い、2016 年以後は、割引債の源泉徴収については発行時ではなく、償還時（支払時）に行われることとなりました（ただし、預金保険の対象となっている一定の金融債については引き続き発行時源泉徴収）。また、割引債の償還差益は株式等に係る譲渡所得等として課税されることとなりました。

改正前の規定が適用されるかどうかは、割引債の発行日が2015年12月31日以前か2016年1月1日以後かにより異なります。

2015年12月31日以前に発行された割引債で、租税特別措置法41条の12の発行時源泉徴収の適用を受けているものについては、経過措置により、改正後の償還時課税の規定の適用はありません。

本件の割引債の発行日は2015年12月31日以前であり、発行時に償還差益(券面金額から発行価額を控除した金額)に対して18.378%(所得税18%、復興特別所得税0.378%)の税率にて源泉徴収が行われています。このため上述の経過措置に従い、償還時に申告等の必要はありません。

> **キーワード** 発行時源泉徴収(措法41条の12)の対象となる割引債の範囲
>
> 割引債とは、一般に、割引の方法により発行される債券をいいます。
>
> 平成25年度税制改正前の税法上、発行時の源泉徴収の対象とされていた割引債は、割引の方法により発行される公社債(外貨債等一定のものを除く)で、次に掲げるものをいいます(ただし、発行日から償還期限までの期間が1年以下である、いわゆる短期公社債については、一定の条件のもと、発行時源泉徴収は不要とされていました)。
>
> - 国債及び地方債
> - 内国法人が発行する社債(会社以外の内国法人が特別の法律により発行する債券を含む)
> - 外国法人が発行する債券(国外において発行する債券にあっては、その社債発行差金がその外国法人の国内事業に帰属するものに限る)

参考(関連条文)

措法41条の12
措令26条の15
平成25年改正法附則56条1項

Q56 個人が割引債の償還を受けた場合の取扱い
（割引債の発行日が2016年1月1日以後）

Q 私（居住者たる個人）は内国法人発行の円建社債をその発行時から保有しています。この社債は割引発行であり、詳細は以下の通りです。なお、この社債は税務上の特定公社債に該当します。

- 額面金額：1,000,000 円
- 発行金額：　980,000 円
- 償還金額：額面金額の100％
- 期間：10 年（発行日：2016 年7 月1 日、償還日：2026 年6 月30 日）
- 利息：なし

この割引債は償還時にどのように課税されますか。
なお、私はこの割引債を証券会社の一般口座で保有しています。

A 割引債の償還により支払いを受ける金銭等については、株式等の譲渡による収入金額として取り扱われ、償還差益に対して20.315％（所得税及び復興特別所得税15.315％、地方税5％）の税率により課税されます（申告分離課税の対象となります）。

割引債の償還金の支払いの際、割引債の償還金に係るみなし償還差益に対して、20.315％（所得税及び復興特別所得税15.315％、地方税5％）の税率により源泉徴収が行われますが、この源泉所得税は申告に際し所得税額から控除することが可能です。

（検討）

割引債の償還差益に対する課税については、従前、割引債の発行時に源泉徴収を行い、個人についてはこの源泉徴収のみで課税関係が終了する源泉分離課税とされていました。

金融所得一体課税の改正に伴い、2016 年以後は、割引債の源泉徴収につ

いては発行時ではなく、償還時（支払時）に行われることとなりました。また、償還差益は株式等に係る譲渡所得等として課税されることとなりました。

改正前の規定が適用されるかどうかは、割引債の発行日が2015年12月31日以前か2016年1月1日以後かにより異なります。

発行日が2015年12月31日以前の割引債は、原則として発行時に源泉徴収が行われていましたが、2016年1月1日以後に発行されたものについては、発行時の源泉徴収を適用しないこととされます。

(1) 源泉徴収

居住者が割引債の償還金の支払いを受ける場合、その支払いの際、その割引債の償還金に係る差益金額（みなし差益金額）に対して、20.315％（所得税及び復興特別所得税15.315％、地方税5％）の税率により源泉徴収が行われます。

この特例の対象となる割引債の範囲は列挙されていますが（「キーワード」参照）、割引の方法により発行され利子が付されない公社債はこの範囲に入ります。

源泉徴収の対象となるみなし差益金額は、以下の通り定められています。

- 割引債のうち、発行日から償還日までの期間が1年以下であるもの
  ⇒償還金額の0.2％
- 割引債のうち、発行日から償還日までの期間が1年を超えるもの（分離利子公社債を含む）
  ⇒償還金額の25％

なお、割引債が特定口座において管理されている場合には、償還時に特定口座内で源泉徴収が行われることから、本源泉徴収の対象外とされています。

(2) 申告分離課税

2016年1月1日以後、社債の元金の償還により交付を受ける金額は、社債の譲渡に係る収入金額とみなされます。

割引債のうち、2016年1月1日以後に発行されたもの（すなわち発行時源泉徴収の適用を受けない割引債）の償還により支払いを受ける金銭等は、株式等の譲渡による収入金額として課税されます。

　本件の割引債は特定公社債に該当するということですので、その償還差益については、上場株式等に係る譲渡所得等として20.315％（所得税及び復興特別所得税15.315％、地方税5％）の税率により申告分離課税の対象となります。

　なお、(1)で源泉徴収された源泉所得税については、申告時に所得税額から控除されます。

> **キーワード** 償還時源泉徴収（措法41の12の2）の対象となる割引債の範囲
>
> 　平成25年度税制改正後の規定において、償還時源泉徴収の対象となる割引債とは、租税特別措置法第37条の10第2項第7号に掲げる公社債のうち次に掲げるもの（その償還の時において特定口座に係る振替口座簿に記載若しくは記録がされ、又は当該特定口座に保管の委託がされているもの等を除く）とされています。
>
> - 割引の方法により発行されるもの
> - 分離元本公社債（公社債で元本に係る部分と利子に係る部分とに分離されてそれぞれ独立して取引されるもののうち、当該元本に係る部分であった公社債）
> - 分離利子公社債（公社債で元本に係る部分と利子に係る部分とに分離されてそれぞれ独立して取引されるもののうち、当該利子に係る部分であった公社債）
> - 利子が支払われる公社債で、その発行価額として財務省令で定める金額の額面金額に対する割合が財務省令で定める割合※以下であるもの
>   ※財務省令で定める割合は90％とされています。

参考（関連条文）
措法37条の10③八、37条の11③、41条の12⑦三、41条の12の2
措規19条の5

Q57 転換社債型新株予約権付社債(CB)が株式に転換された場合の課税関係

Q 私(居住者たる個人)は、保有しているA社発行の転換社債型新株予約権付社債(CB)の新株予約権の行使により、社債部分の代用払込みを行い、A社の株式を取得しました。このとき、私に課税関係は発生するのでしょうか。

A 代用払込みにより取得をするA社株式の価額が、譲渡をしたA社債の価額とおおむね同額となっている場合は、A新株予約権付社債の譲渡はなかったものとみなされ、取得をしたA社株式の取得価額は、A新株予約権付社債の取得価額(株式の取得に要した費用がある場合は、当該費用を加算した金額)を引き継ぐこととなります。

(検 討)

1 新株予約権付社債の行使時の課税(代用払込みの場合)

　会社法上、新株予約権付社債に付された新株予約権の行使に際し、いわゆる代用払込みを行う場合は、その社債部分を現物出資(譲渡)するものと整理されています。

　この新株予約権付社債に係る社債部分の譲渡については、税務上も原則として有価証券(社債)の譲渡として取り扱われるものの、新株予約権の行使によりその取得の対価として当該取得をする法人の株式が交付される場合は、当該新株予約権の行使に伴う社債の譲渡はなかったものとみなされます(ただし、取得をする株式の価額が譲渡をした社債の価額とおおむね同額となっていないと認められる場合を除く)。

　この場合において、上記事由により取得をした株式の取得価額は、新株予約権付社債の取得価額(株式の取得に要した費用がある場合は、当該費用を加算した金額)を引き継ぎます。

なお、新株予約権の行使に際し取得をする株式の価額が、譲渡をした社債の価額とおおむね同額となっていないと認められる場合は、新株予約権の行使をした日に、交付を受けた株式の価額と社債の取得価額の差額が株式等に係る譲渡所得等として課税されることになります。

2 本件へのあてはめ

本件の代用払込みにより取得をするA社株式の価額が、譲渡をしたA社債の価額とおおむね同額となっている場合は、A新株予約権付社債の譲渡はなかったものとみなされ、取得をしたA社株式の取得価額は、A新株予約権付社債の取得価額（株式の取得に要した費用がある場合は、当該費用を加算した金額）を引き継ぐこととなります。

（参考）代用払込みでない新株予約権の行使の場合の取扱い

会社法においては、新株予約権の行使に際して、金銭の払込みを行うときは、新株予約権者は、新株予約権を行使する日に、株式会社が定めた銀行等の払込みの取扱い場所（金融機関払込取扱場所）において、その行使に係る新株予約権についての行使に際して出資される財産の価額（行使に際して払い込むべき金額）の全額を払い込まなければならないとされています（会社法281条1項）。また、金銭以外の財産を新株予約権の行使に際してする出資の目的とするときは、新株予約権者は、新株予約権を行使する日に、その行使に係る新株予約権についての金銭以外の財産を給付しなければならないこととされています（会社法281条2項）。

税務上は、新株予約権付社債に係る新株予約権の内容として定められている新株予約権の行使に際して出資される財産の価額が当該新株予約権付社債の発行時の発行法人の株式の価額を基礎として合理的に定められている場合には、当該新株予約権の行使により取得した株式1株当たりの取得価額は、以下に定める算式により計算した金額による、とされています。

$$\text{株式1株につき払い込むべき金額} + \frac{\text{払込みに係る新株予約権付社債の行使直前の取得価額が当該払込みに係る新株予約権付社債の額面金額を超える場合のその超える部分の金額}}{\text{当該行使により取得した株式の数}}$$

> **キーワード** 転換社債型新株予約権付社債（Convertible Bond）
>
> 　新株予約権とは、会社に対して一定期間、あらかじめ定めた一定の価格で新株の発行（又は自己株式の移転）を請求することができる権利をいい、当該新株予約権を付した社債を新株予約権付社債といいます。
>
> 　平成13年商法改正後の商法において、従来あった転換社債の規定は廃止されましたが、新株予約権の権利行使があったときに、代用払込み（その新株予約権の付された社債の全額の償還に代えて、新株予約権の行使時に社債を現物出資）することにより、従来の転換社債と同様の性質をもつ新株予約権付社債の設計ができます。これを転換社債型新株予約権付社債といいます。

参考（関連条文）

所法57条の4③四、所令167の7⑦六
措法37条の10
措基通37の10・37の11共－1(5)二、37の10・37の11共－12

Q58 上場株式等償還特約付社債(EB債)が株式に転換された場合の課税関係

Q 私(居住者たる個人)は、保有している上場株式等償還特約付社債(いわゆる EB 債)の償還により、上場会社Ａ社発行の株式を取得しました。償還時に課税は発生するのでしょうか。

EB 債の条件の概要は以下の通りです。
- 額面、円建発行
- 転換対象株式：上場会社Ａ社発行の株式
- 償　　還：一定時点での転換対象株式の価格が一定のストライク価格を超える場合、現金100％で償還。一定のストライク価格以下である場合は現物株式の交付による償還。

なお、この EB 債は、税務上の特定公社債として取り扱われます。また、私は EB 債の発行法人の同族関係者ではありません。

A EB 債の償還時(上場株式取得時)に課税関係が発生します。
取得した上場株式の取得時の時価が EB 債の取得価額を上回っていれば、その差額は上場株式等に係る譲渡所得等の金額として 20.315％(所得税及び復興特別所得税 15.315％、地方税 5％)の税率にて課税されます。

逆に、取得した上場株式の取得時の時価が EB 債の取得価額を下回っていれば、その差額は上場株式等に係る譲渡損失の金額として、申告分離課税を選択した配当所得等との損益通算及び損失の繰越控除の適用が受けられます。

（検討）

❶ EB債の償還時の課税

　特定公社債の元本の償還により交付を受ける金銭の額及び金銭以外の資産の価額（当該金銭又は金銭以外の資産とともに交付を受ける金銭又は金銭以外の資産で元本の価額の変動に基因するものの価額を含む）の合計額は、上場株式等に係る譲渡所得等に係る収入金額とみなされます。

　すなわち、社債の償還により上場株式等が交付される場合で、その交付される上場株式等の価額（時価）が社債の取得価額と異なる場合、償還時に課税関係が発生することになります。

　本件の場合、取得した上場株式の価額（時価）がEB債の取得価額を上回っていれば、その差額は上場株式等に係る譲渡所得等として、20.315％（所得税及び復興特別所得税15.315％、地方税5％）の申告分離課税が適用されます。

　逆に、下回っていれば、差額は上場株式等に係る譲渡損として、他の上場株式等の譲渡益との損益通算が可能です。なお、損失となる場合は、確定申告書の提出等の要件を満たすことを前提として、申告分離課税を選択した配当所得等との損益通算及び損失の繰越控除の適用が受けられます（詳細についてはQ8を参照してください）。

❷ 上場株式の取得価額

　租税特別措置法所得税関係通達において、上場株式等償還特約付社債の償還により取得した上場株式等の取得価額は、当該社債の償還日における上場株式等の価額（すなわち時価）とすることが明らかにされています。

　したがって、EB債の償還により取得した上場A社株式の取得価額は、当該社債の償還の日における当該上場株式の価額（時価）となります。

キーワード 上場株式等償還特約付社債（EB債）

　上場株式等償還特約付社債とは、社債にオプション等のデリバティブが組み込まれている金融商品をいい、EB債（エクスチェンジャブル・ボンド）とも呼ばれます。

　EB債は債券として組成されますが、償還日までの株価変動によって、満期日に金銭（償還金）が支払われる代わりに、当該債券の発行者とは異なる会社の株式（他社株）が交付される場合もあります。この場合、交付された株式の時価によっては、実質的な償還金額がEB債への投資元本を下回り（元本割れ）、損失が生じるおそれがあります。

　税法では、「上場株式等償還特約付社債」として、「社債であって、上場株式等に係る株価指数又は当該社債を発行する者以外の者の発行した上場株式等の価格があらかじめ定められた条件を満たした場合に当該社債の償還が当該社債の額面金額に相当する金銭又は当該上場株式等で行われる旨の特約が付されたものをいう」と定義されています（措令25の10の2第14項13号）。

Q58 上場株式等償還特約付社債（EB債）が株式に転換された場合の課税関係

参考（関連条文）
措法37条の10③八、37条の11③
措基通37の10・37の11共－9の2、37の10・37の11共－18

第 3 章

預貯金の税務

外貨建定期預金の利子及び満期時の課税関係

Q 私（居住者たる個人）は、資金を日本国内のA銀行の米ドル建定期預金で運用することを考えています。この定期預金の利子及び満期時の課税関係について教えてください。

A 利子については、利子所得として、20.315％（所得税及び復興特別所得税15.315％、地方税5％）の源泉分離課税が適用されるため、源泉徴収で課税関係が完結します。

満期時の為替差損益は、当該預金と同一の外国通貨での預金又は同一の通貨で保有し続ける場合は、その時点で認識する必要はありません。一方、当該預金を引き出し、別の通貨に交換又は預金以外の他の金融商品に投資を行う場合は、為替差損益が認識され、原則、雑所得として申告をする必要があります。

（検 討）

1 外貨預金の利子に対する課税

外貨預金の利子については、利子所得として、20.315％（所得税及び復興特別所得税15.315％、地方税5％）の源泉分離課税が適用されます。申告の必要はありません。

2 満期時の為替差損益の取扱い

個人が外貨預金を保有している場合において、預金の満期時に元本部分の為替の変動損益（為替差損益）を税務上認識する必要があるかどうかについては、個別の検討が必要です。

所得税法上、居住者が外貨建取引を行った場合には、その外貨建取引の金額の円換算額は、その外貨建取引を行った時における外国為替の売買相場により換算した金額として、その者の各年分の各種所得の金額を計算す

るものとされています。

「外貨建取引」とは、外国通貨で支払いが行われる資産の販売及び購入、役務の提供、金銭の貸付け及び借入れその他の取引をいいます。

どういったものが「外貨建取引」に該当するかについての説明として、所得税法施行令第167条の6第2項では以下のように記載されています。

> 外国通貨で表示された預貯金を受け入れる金融機関を相手方とする当該預貯金に関する契約に基づき預入が行われる当該預貯金の元本に係る金銭により引き続き同一の金融機関に同一の外国通貨で行われる預貯金の預入は、外貨建取引に該当しないものとする。

国税庁の質疑応答事例（「外貨建預貯金の預入及び払出に係る為替差損益の取扱い」）によれば、A銀行に米ドル建で預け入れていた定期預金を満期日に全額払い出し、同日、本件預金の元本部分をB銀行に預け入れた場合については、B銀行に預け入れた時点で本件預金の元本部分に係る為替差益は所得として認識する必要はない、とされています。

この理由として、以下の通り述べられています（下線筆者）。

> （省略）……外貨建預貯金として預け入れていた元本部分の金銭につき、①同一の金融機関に、②同一の外国通貨で、③継続して預け入れる場合の預貯金の預入については、外貨建取引に該当しないこととされていますので、その元本部分に係る為替差損益が認識されることはありません。
> 　この所得税法施行令第167条の6第2項の規定は、外貨建預貯金の預入及び払出が行われたとしても、その元本部分に関しては、同一の外国通貨で預入及び払出が行われる限り、その金額に増減はなく、実質的には外国通貨を保有し続けている場合と変わりはなく、このような外貨の保有状態に実質的な変化がない外貨建預貯金の預入及び払出については、その都度これらを外貨建取引とすることにより為替差損益が認識されることは実情に即さないものであると考えられることから、所得税法第57条の3第1項でいう外貨建取引からは除かれることを明らかにした例示規定であると解されます。
> 　このようなことを踏まえると、本件預金の預入及び払出は、他の金融機関へ預け入れる場合であるとしても、同一の外国通貨で行われる限り、その預入・払出は所得税法施行令第167条の6第2項でいう外国通貨で行われる預貯金の預入に類するものと解され、所得税法第57条の3第1項の外貨建取引に該当しない、すなわち、為替差損益を認識しないとすることが相当と考えられます。

Q59 外貨建定期預金の利子及び満期時の課税関係

上記から、外貨預金が満期に払出しが行われたとしても、以下のような要件を備えていれば、為替差損益を認識する必要はないと考えられます。
- 預金を引き出し、同一の外国通貨で現金で保有
- 預金を引き出し、同一の外国通貨で預入れ（同じ銀行又は他行に預入れ）

　一方、外貨預金を引き出し、他の金融商品に投資を行う場合は、為替差損益が実現したものとして取り扱われる可能性が高いと考えられます。
　その理由として、国税庁の質疑応答事例（「預け入れていた外貨建預貯金を払い出して外貨建MMFに投資した場合の為替差損益の取扱い」）によれば、「新たな経済的価値（その投資時点における評価額）を持った資産（株式）が外部から流入したことにより、それまでは評価差額にすぎなかった為替差損益に相当するものが所得税法第36条の収入すべき金額として実現したものと考えられる」ため、とされています。

❸ 本件へのあてはめ

　上記より、本件の場合、満期時に当該預金と同一の外国通貨での預金又は同一の通貨で保有し続ける場合は、その時点で為替差損益を認識する必要はありません。一方、米ドル建定期預金を引き出して他通貨に交換又は預金以外の他の金融資産に投資を行う場合は、その時点での外貨建の金額を円換算した金額と取得時の円換算の金額との差額が、為替差損益として取り扱われると考えられます。

　為替差益は雑所得として確定申告による総合課税の対象になります。一方、為替差損は、雑所得の範囲内で控除できますが、他の所得区分との損益通算はできません。

参考（関連条文）

所法23条、36条、57条の3
所令167条の6②
措法3条

外国金融機関の国外営業所に預け入れた預金の利子の取扱い

Q 私（居住者たる個人）は、外国銀行の国外支店に定期預金口座を保有していますが、その定期預金の契約期間の満了により利子を受け取りました。この場合、この定期預金の利子については、日本でどのように課税されますか。

A 受け取った利子の金額については、契約期間満了時に利子所得として総合課税の対象となり、原則として、申告を要します。

（検 討）

1 利子に対する課税

　所得税法上、預貯金の利子は利子所得に分類されます。利子所得の金額は、その年中の利子等の収入金額とされています。

　居住者が国内において支払いを受けるべき所得税法第23条第1項に規定する利子等については、他の所得と区分し、20.315％（所得税及び復興特別所得税15.315％、地方税5％）の税率にて源泉徴収が行われ、課税関係が完結します（源泉分離課税）。すなわち、国内の銀行等に預け入れられた預貯金の利子については、源泉徴収で課税関係が終了するような仕組みがとられており、申告を行う必要はありません。

　この源泉徴収の規定は、「国内において支払いを受けるべき利子」についてのみ適用されるため、「国外において支払いを受ける利子」については源泉徴収が行われません。

　したがって、本件のような外国銀行の国外支店の口座において受ける預金利子については、所得税法の原則に則り、その収入すべき日（**2**を参照）の属する年分の利子所得として総合課税の対象となります（原則として申告が必要です）。

この場合における利子所得として収入金額に計上すべき金額は、外貨建の利子の金額をその収入すべき日におけるTTMにより円換算した金額となります。

2 収入すべき日

定期預金の利子については、それぞれ次に掲げる事由に応じ、それぞれに記載する日に収入認識すべきこととされています。

① 契約により定められた預入期間（以下、「契約期間」）満了後に支払いを受ける利子
　(イ) 契約期間が満了するまでの期間に係るもの：契約期間満了の日
　(ロ) 契約期間が満了した後の期間に係るもの　：支払いを受けた日
② 契約期間の満了前に既経過期間に対応して支払い又は元本に繰り入れる旨の特約のある利子
　⇒その特約により支払いを受けることとなり又は元本に繰り入れられる日
③ 契約期間の満了前に解約された預金の利子
　⇒解約の日

3 外国税額の取扱い

支払われる利子について、外国において所得税が源泉徴収されている場合は、個人の申告上、外国税額控除の適用を受けることにより、二重課税を排除することが可能です。

外国税額控除の適用にあたっては、国外所得の計算を行い、その限度額の範囲内での控除が可能です。また、確定申告書に一定の書類の添付が必要となります（詳細についてはQ29を参照してください）。

参考(関連条文)
所法23条、57条の3、95条
措法3条
所基通36－2、57の3－2

Q61 預金の利子の損益通算

Q 私(居住者たる個人)は、日本国内及び海外の銀行にそれぞれ定期預金を保有しており、利子を獲得します。この利子所得について、確定申告を行うことにより、同年中に生じた上場株式の譲渡損失と損益通算することはできますか。

A 預金の利子については、預金が日本国内・国外の銀行に預けられているかを問わず、上場株式等の譲渡損との損益通算を行うことはできません。

(検討)

1 利子にかかる税金

日本国内の銀行に預けられた預金の利子については、利子所得として、20.315％(所得税及び復興特別所得税15.315％、地方税5％)の源泉分離課税が適用されます。源泉徴収のみで課税関係が完結するため、申告を行うことはできません。

日本国外の銀行に預けられた預金の利子については、利子所得として、総合課税の対象となります。日本において源泉徴収は行われず、原則として申告を行う必要があります。なお、外国において利子に源泉税が課されている場合は、外国税額控除の対象となります。

2 金融所得一体課税の適用の有無

金融所得一体課税により、利子所得の範疇に含まれる特定公社債(Q45参照)の利子や公募の公社債投資信託の収益分配金については、上場株式等の配当所得等として申告分離課税(20.315％(所得税及び復興特別所得税15.315％、地方税5％))を選択することができます。さらに、申告分離課

税を選択した場合は、一定の上場株式等（特定公社債等を含む）を譲渡することにより生じた譲渡損との損益通算が可能です。

預金の利子については、本稿執筆現在、金融所得一体課税の範囲に含まれていないため、上記の申告分離課税の適用はなく、上場株式等の譲渡に係る譲渡損と損益通算を行うことはできません。

❸ 本件へのあてはめ

上記の通り、預金の利子については、預金が日本国内・国外の銀行に預けられているかを問わず、上場株式等の譲渡損との損益通算を行うことはできません。

参考（関連条文）
所法23条、181条
措法3条

外貨建預金を払い出して外貨建株式に投資した場合の為替差益の取扱い

Q 私（居住者たる個人）は、日本国内の銀行に米ドル建で預け入れていた預金 10,000 ドルを米ドルで払い出し、その全額を外国株式（米ドル建）に投資することを考えています。この預金については、為替相場の変動に伴い為替の含み益が生じていますが、この為替差益を所得として認識する必要はありますか。

- 預金の預入時の為替レート：100 円／ドル
  　　　　　　　　　　　　（円からドルへの交換と預金の預入は同日）
- 株式投資時の為替レート：150 円／ドル

A 外国株式の投資時に、為替差益（(150 円－100 円) × 10,000 ドル ＝ 500,000 円）を認識する必要があります。為替差益は雑所得として総合課税の対象とされます。

（検討）

1 所得税法上の外貨建取引

　所得税法上、外貨建取引とは、「外国通貨で支払が行われる資産の販売及び購入、役務の提供、金銭の貸付け及び借入れその他の取引」をいい、居住者が外貨建取引を行った場合には、その外貨建取引の金額の円換算額は「その外貨建取引を行った時における外国為替の売買相場により換算した金額として、その者の各年分の各種所得の金額を計算するもの」とされています。

　また、所得税法施行令第 167 条の 6 第 2 項において、以下の通り記載されています（下線筆者）。

> 外国通貨で表示された預貯金を受け入れる銀行その他の金融機関(以下、「金融機関」)を相手方とする当該預貯金に関する契約に基づき預入が行われる当該預貯金の元本に係る金銭により引き続き同一の金融機関に同一の外国通貨で行われる預貯金の預入は、法第57条の3第1項に規定する<u>外貨建取引に該当しないもの</u>とする

　この外貨建取引の範囲から除外する規定の趣旨としては、同一の金融機関において、同一の外国通貨で預貯金の預入れと払出しが行われる限り、その金額に増減はなく、実質的には外国通貨を保有し続けていることと同じであるところ、このような外貨の保有状態に実質的に変化がない外貨建預貯金の預入れと払出しについては、その都度外貨建取引として為替差損益が認識されることは実情に即さないものであるから、とされています((Q59)参照)。

2 本件へのあてはめ

　本件のように、外貨建の預金をもって外貨建の株式に投資した場合に上記の施行令を適用することが相当かどうかですが、実質的には外国通貨を保有し続けていることと同じとはいい難いことから、為替差損益を認識する必要があると考えられます。

　国税庁の質疑応答事例(「預け入れていた外貨建預貯金を払い出して外貨建MMFに投資した場合の為替差損益の取扱い」)でも、「新たな経済的価値(その投資時点における評価額)を持った資産(株式)が外部から流入したことにより、それまでは評価差額にすぎなかった為替差損益に相当するものが所得税法第36条の収入すべき金額として実現したものと考えられるから、為替損益の認識が必要」とのコメントがなされています。

　したがって、おたずねのケースでは、当該外貨建株式の投資金額の円換算額とその投資に充てた外国通貨を取得した時の為替レートにより円換算した金額との差額(為替差益)が雑所得として認識され、総合課税の対象になると考えられます。

〔為替差益〕

（150円 − 100円）× 10,000 ドル ＝ 500,000 円

コラム

　　金融機関から借り入れた外貨建借入金を返済した取引について、国税不服審判所（平成28年8月8日裁決）の裁決事例が公表されています。
　　これによれば、外貨建借入金の元本の借り換えについて、借り換えの前後における外貨建借入金の内容に実質的な変化がない場合は、その際に計算される為替差損益は課税対象として認識しないとする一方で、借り換えの前後における外貨建借入金の内容が実質的に異なる場合については、借り換えの際に計算される為替差損益を課税対象となる収入として認識すべきという判断基準が示されました。
　　なお、当該事案について、国税不服審判所は、納税者は貸付与信枠に係るファシリティー契約による各条件に基づき同一支店から同一通貨、同一金額で行われており、実質的な変化が生じたとは認められないことから、借り換え時には為替差損益を認識せず、借入金の完済時に雑所得として認識すべき、と判断しています。

Q 62　外貨建預金を払い出して外貨建株式に投資した場合の為替差益の取扱い

参考（関連条文）

所法36条、57条の3、所基通57の3−2
所令167条の6
措法37条の10

Q63 上場外国株式を譲渡して外貨建てMMFを取得する場合の為替差損益

Q 私（居住者たる個人）は、保有していた米国企業のA株式（上場）を譲渡しました。譲渡代金はドル建てで受領しましたが、預貯金よりも利回りが高いため、ドル建てのMMFとして保有することにしました。ドル建てで計算すると、A株式からは譲渡益が生じませんが、どのように確定申告すればよいでしょうか。

なお、当該MMFは、税法上、公募の公社債等投資信託に該当するものとします。

- A株式の取得価額：10,000ドル
  （取得時の為替レート（TTS）120円／ドル）
- A株式の売却価額：9,000ドル
  （売却時の為替レート（TTB）150円／ドル）
- MMFの取得価額：9,000ドル
  （取得時の為替レート（TTS）152円／ドル）

A A株式に係る譲渡収入は売却時のTTB、取得価額は取得時のTTSを用いて円換算した金額をベースに譲渡損益を計算し、上場株式等に係る譲渡所得等として申告分離課税（所得税及び復興特別所得税15.315％、地方税5％）の対象となると考えられます。また、MMFの取得時に為替差益を認識する必要があり、雑所得として確定申告することになるものと考えられます。

（検 討）

1 上場外国株式を譲渡した場合の課税関係

　外国株式を譲渡し、譲渡対価の額が外貨で表示されている場合であっても、外貨で表示されている対価の額及び取得の対価の額を約定日の為替レートで換算した日本円の金額により譲渡損益を計算することとされています。

　この換算に使用する為替レートは、外国株式の譲渡の対価の額については、金融商品取引業者との間の外国証券取引口座約款において定められている約定日におけるその支払をする者の主要取引金融機関（その支払をする者がその外貨に係る対顧客直物電信売買相場を公表している場合には、当該支払をする者）の当該外貨に係る対顧客直物電信買相場（TTB）によることとされています。また、取得の対価の額については、対顧客直物電信売相場（TTS）によることとされています。

　したがって、外国株式の譲渡収入及び取得費は円ベースで計算されることになるため、為替差損益が含まれる場合であっても、それを区分することなく、譲渡損益を認識するものと考えられます。

2 金融資産の取得と為替差損益の認識

　外国通貨で表示された預貯金を受け入れる金融機関を相手方とする当該預貯金に関する契約に基づき預入が行われる当該預貯金の元本に係る金銭により引き続き同一の金融機関に同一の外国通貨で行われる預貯金の預入からは、為替差損益を認識しないこととされています。つまり、実質的に外貨を保有し続けている状態であれば、為替レートの変動により為替に係る含み益が生じたとしても、それを課税所得として認識して確定申告する必要はないものと考えられます。

　しかしながら、同じ外国通貨であっても、別の金融資産を取得する場合には、実質的に外貨を保有し続けている状態とはいい難いため、別の金融資産を取得した時点で為替差損益が実現したものとして取り扱うことになると考えられます。

3 本件へのあてはめ

おたずねの場合、A株式に係る譲渡損益の額の計算は下記のとおりと考えられます（購入手数料や売却手数料はないものとします）。

譲渡収入：9,000ドル × 150円 ＝ 1,350,000円
取得価額：10,000ドル × 120円 ＝ 1,200,000円
譲渡所得：1,350,000円 － 1,200,000円 ＝ 150,000円

A株式は上場株式等に該当するため、上記の譲渡所得の金額は上場株式等に係る譲渡所得等として申告分離課税（所得税及び復興特別所得税15.315％、地方税5％）の対象となると考えられます。

また、A株式の譲渡代金をドル建てで受領し、その後、ドル建てのMMFを取得したとのことですので、当該MMFの取得時に為替差益を認識する必要があるものと考えられます。この為替差益に係る所得は、雑所得として総合課税の対象となります。

為替差益：(152円 － 150円) × 9,000ドル ＝ 18,000円

なお、当該MMFは公募の公社債投資信託として上場株式等に該当するため、譲渡時には上場株式等に係る譲渡所得等として申告分離課税の対象になりますが、保有期間中の為替差損益は課税所得を構成せず、上記のA株式の譲渡損益と同様に、譲渡時に認識することになるものと考えられます。

参考（関連条文）
所令167条の6
措通37の10・37の11共－6
国税庁「預け入れていた外貨建預貯金を払い出して外貨建MMFに投資した場合の為替差損益の取扱い」

Q64 外貨預金と外貨MMFの課税関係の差異

Q 私（居住者たる個人）は、資金を国内証券会社が取り扱う米ドル建MMF又は国内銀行への米ドル建定期預金で運用することを考えています。それぞれ、定期的に利子が発生すること、換金時に為替リスクを負うこと等、商品性は似ているように思いますが、課税上の取扱いは同様でしょうか。課税上の有利不利はありますか。

なお、米ドル建MMFは、税法上、公募の公社債投資信託に該当するものとします。

A 米ドル建の定期預金は預貯金に該当する一方、米ドル建MMFは公社債投資信託に該当するため、換金時の為替差損益に係る課税の取扱いが異なります。その他いくつか課税上の相違点がありますが、どちらが有利かは個人の他の所得の有無や累進税率等の状況により異なります。

（検討）

外貨投資を始める際に、「外貨預金」と「外貨建MMF」（「キーワード」参照）を検討する方が多いのではないかと思われます。ここではこれらの課税関係の差異について説明します。

1 それぞれの利子に対する課税

「外貨預金」の利子については、利子所得として、20.315％（所得税及び復興特別所得税15.315％、地方税5％）の源泉分離課税が適用されます。

一方、外貨建MMFの収益分配金も利子所得となり、分配金の支払い又は再投資時に20.315％（所得税及び復興特別所得税15.315％、地方税5％）の源泉徴収がなされます。この源泉徴収で課税関係を終了することができます。

ここまでは基本的に同様の課税です。

差異としては、外貨建MMFは公募の公社債投資信託として上場株式等に該当するため、その収益分配金については上場株式等の配当所得等として申告により申告分離課税（20.315％（所得税及び復興特別所得税15.315％、地方税5％））を選択することができ、その場合は上場株式等に係る譲渡損との損益通算が可能となります。

一方、外貨預金の利子については、現行の税制では預貯金の利子が金融所得一体課税の範囲に含まれていないため、上場株式等に係る譲渡損との損益通算を行うことはできません。

❷ 換金時の取扱い

Q59で解説した通り、外貨預金の場合、預金の満期時に為替差損益が実現するかどうかについては、払出し後、どのような商品に投資するか等により異なり、個別の検討が必要です。

為替差損益が実現する場合、満期時の外貨建の金額を円換算した金額が取得時の円換算の金額を超える場合のその超える部分の金額は、為替差益として雑所得として取り扱われ、確定申告による総合課税の対象となります。為替差損は、他の黒字の雑所得から控除できますが、他の所得区分との損益通算はできません。

一方、外貨建MMFは税務上、公募公社債投資信託として取り扱われるため、譲渡又は解約により生じる損益（解約時の収益分配金部分を除く）は、上場株式等に係る譲渡所得等として取り扱われます。譲渡所得等の計算上、為替差損益についてもその計算に含まれ、為替差損益を含む損益について、20.315％（所得税及び復興特別所得税15.315％、地方税5％）の申告分離課税が適用されます。当該損益は他の上場株式等の譲渡に係る譲渡損との損益通算や、一定の要件のもとで申告分離課税を選択した上場株式等の配当所得等の損益通算が可能です。解約時の収益分配金は利子所得となり、❶で記載した通りに課税がなされます。

> **キーワード** 外貨建 MMF
>
> 　外貨建 MMF（マネー・マーケット・ファンド）とは、格付の高い外貨建（米ドル、カナダドル、豪ドル、ニュージーランドドル等）の短期証券に投資する投資信託です。分配金は運用実績によって毎日計算し、毎月末（最終取引日）に再投資する仕組みとなっています。
>
> 　日本では主に契約型外国投資信託の形式で売り出されており、税務上は一般に公社債投資信託として公社債と同様に取り扱われます。

参考（関連条文）

所法23条
措法3条、8条の5、37条の10、37条の11

第4章

投資信託、投資法人の税務

上場株式等の範囲に含まれる投資信託

Q 私は外国の投資信託の受益証券を有しています。この外国投資信託は契約型の投資信託で、国内外で公募しておらず、国内外の金融商品取引所に上場もしていません。

税務上、上場株式等に該当すると、個人が受ける配当や譲渡損益について優遇税制の適用があると聞いていますが、この受益証券は上場株式等に含まれるのでしょうか。

A 本件の投資信託の受益証券は、金融商品取引所への上場もされておらず、また国内外において「公募」もなされていないということですので、上場株式等には該当せず、一般株式等として取り扱われます。

（検 討）

1 上場株式等の範囲

Q1の通り、上場株式等には、以下のものが含まれます。
① 株式等（投資信託の受益権を含む）で金融商品取引所に上場されているもの（外国金融商品市場において売買されているものを含む）
② 投資信託でその設定に係る受益権の募集が公募により行われたものの受益権（特定株式投資信託を除く）
③ 特定投資法人の投資口
④ 公募の特定受益証券発行信託の受益権
⑤ 公募の特定目的信託の社債的受益権
⑥ 特定公社債

2 投資信託への適用

　上記1より、投資信託が上場株式等として取り扱われるためには、①その受益権が金融商品取引所（外国金融商品市場を含む）に上場、売買されているか、又は②受益権の募集が公募により行われる必要があります。

　②の「公募」の要件については、募集が国内で行われるか、国外で行われるかにより、以下のような差異があります。

○受益権の募集が国内において行われる場合
- 当該募集に係る取得勧誘が、金融商品取引法上のいわゆる「公募」に該当し、かつ、
- 委託者指図型投資信託約款又は委託者非指図型投資信託約款にその取得勧誘が「公募」である旨の記載がなされて行われるもの。

○受益権の募集が国外において行われる場合
- 当該募集に係る取得勧誘が、金融商品取引法上のいわゆる「公募」に相当するものであり、かつ、
- 目論見書その他これに類する書類にその取得勧誘が「公募」に相当するものである旨の記載がなされて行われるもの。

　上記の通り、「公募」（又は「公募」に相当する旨）は、投資信託の約款、目論見書その他これに類する書類で明示されている必要があります。

3 本件へのあてはめ

　本件の場合、金融商品取引所への上場もされておらず、また国内外において「公募」もなされていないということですので、上場株式等には該当せず、一般株式等（非上場株式等）として取り扱われます。

> **キーワード** **公募とは**
>
> 金融商品取引法上、いわゆる以下の場合が「公募」として定義されています（金商法2条3項）。
>
> 1. 金商法第2条第1項に掲げる有価証券（1項有価証券）について
>   ① 多数の者を相手方として行う場合として政令で定める場合
>   （すなわち、50名以上の者を相手方として有価証券の取得勧誘を行う場合）
>   ② 次に掲げる場合のいずれにも該当しない場合
>   (イ) 適格機関投資家のみを相手方として行う場合で、当該有価証券が適格機関投資家以外の者に譲渡されるおそれが少ないものとして政令で定める場合
>   (ロ) 特定投資家のみを相手方として行う場合で、一定の場合
>   (ハ) 上記以外で、当該有価証券が多数の者に所有されるおそれが少ないものとして政令で定める場合
> 2. 金商法2条2項に掲げる有価証券（2項有価証券）について
>   その取得勧誘に応じることにより相当程度多数の者が当該取得勧誘に係る有価証券を所有することとなる場合として政令で定める場合
>
> 公募に該当しない取得勧誘は、いわゆる「私募」として取り扱われます。

参考（関連条文）

措法37条の11②、8条の4、措令4条の2、25条の9

Q66 公募公社債投資信託の収益分配金の課税関係

Q 私（居住者たる個人）は、日本の公募発行の公社債投資信託を保有しています。収益分配金はどのように取り扱われますか。

A 公募公社債投資信託の収益分配金については、20.315％の源泉徴収がなされます。申告不要を選択することも可能ですが、上場株式等の配当所得等として申告分離課税を選択して上場株式等の譲渡損失と損益通算を行うことも可能です。

（検 討）

公社債投資信託が公募発行の場合、税務上は上場株式等として取り扱われます。

公社債投資信託の収益分配金については、利子所得として取り扱われ、支払いの際に20.315％（所得税及び復興特別所得税15.315％、地方税5％）の源泉徴収がなされます。

公募公社債投資信託の収益分配金は、その金額にかかわらず、源泉徴収で課税関係を完結することができますが、申告する場合は、上場株式等の配当所得等として申告分離課税20.315％（所得税及び復興特別所得税15.315％、地方税5％）が適用されます。申告をした場合、上場株式等（特定公社債を含む）に係る譲渡損との損益通算等が可能です。

キーワード　公社債投資信託

税法上、公社債投資信託とは、証券投資信託のうち、その信託財産を公社債に対する投資として運用することを目的とするもので、株式又は出資に対する投資として運用しないものをいいます（所法2条15号）。

参考（関連条文）

所法23条、措法3条、8条の4、8条の5

Q67 公募株式投資信託の収益分配金の課税関係

Q 私（居住者たる個人）は国内の公募発行の追加型株式投資信託の受益権（上場はしていない）を保有しています。収益分配金については源泉所得税が控除された後の金額を受け取っていますが、申告を行う必要はありますか。

なお、私は証券会社の特定口座の源泉徴収選択口座やNISA口座を利用していません。

A 公募株式投資信託の収益分配金（普通分配金）の金額について、個人投資家は申告により総合課税又は申告分離課税を選択するか、申告不要とすることができます。

（検 討）

公募株式投資信託は、税務上、上場株式等として取り扱われます（詳細はQ65）。

1 追加型株式投資信託の収益分配金

追加型の株式投資信託の収益分配金は、課税対象の分配金（普通分配金）と非課税の分配金（元本払戻金又は特別分配金）とに区分されます。

具体的には、個々の受益者ごとに、「個別元本」と決算日の「分配落ち後の基準価額」とを比較して、

① 落ち後の基準価額がその受益者の個別元本と同額又は上回る場合には全額が「普通分配金」となり、

② 下回る場合は、分配金の範囲内で下回る部分に相当する金額を「元本払戻金（特別分配金）」、残余の金額が「普通分配金」として区分されます。

　受益者が、期中の収益分配において「元本払戻金（特別分配金）」の支払いを受けた場合、当該元本払戻金（特別分配金）は元本の払戻しとして取り扱われるため課税されません。また、個別元本から元本払戻金（特別分配金）を控除した額が、その後の個別元本となります。

2 収益分配金の課税方法

　居住者たる個人が受け取る公募株式投資信託の収益分配金のうち普通分配金については、上場株式等の配当所得として取り扱われ、20.315％（所得税及び復興特別所得税15.315％、地方税5％）の税率にて、源泉所得税が課されます。

　普通分配金の金額について、個人投資家は以下のいずれかの課税方法を選択することができます。ただし、申告を行う場合、すべての上場株式等の配当について①又は②のどちらかを選択する必要があります。

① 総合課税
② 申告分離課税
③ 申告不要

①又は②は申告を要します。この場合、収入金額は、源泉所得税控除前のグロスの収益分配金の金額となります。課された源泉所得税は、申告納税額から全額控除することができます。

(1) 総合課税

　総合課税を選択する場合、配当所得として、総所得金額に含まれ、総合課税（所得税及び復興特別所得税最高税率約46％、地方税10％）の対象とな

ります。配当所得の計算上、投資信託などを取得するための借入金の利子を控除することができます。

配当控除の適用も可能で、投資信託の投資対象資産の内容及び課税総所得金額により、配当所得の金額の5％、2.5％、1.25％に相当する金額を申告納税額から控除できます。

〈所得税法上の配当控除〉

投資対象資産＼個人の所得	外貨建資産割合及び非株式割合のいずれもが50％以下	外貨建資産割合及び非株式割合のいずれもが75％以下（左記以外）（特定外貨建等証券投資信託以外の外貨建等証券投資信託）	外貨建資産割合又は非株式割合のいずれかが75％超(特定外貨建等証券投資信託)
課税総所得が1,000万円以下の場合	配当所得の金額×5％	配当所得の金額×2.5％	適用なし
配当所得を加えると課税総所得が1,000万円を超える場合	1,000万円以下の部分の配当所得の金額×5％＋1,000万円を超える部分の配当所得の金額×2.5％	1,000万円以下の部分の配当所得の金額×2.5％＋1,000万円を超える部分の配当所得の金額×1.25％	
配当所得以外の課税総所得が1,000万円を超える場合	配当所得の金額×2.5％	配当所得の金額×1.25％	

なお、地方住民税にも配当控除の適用があります。

他の所得（たとえば事業所得）に赤字があり総所得金額の範囲内で損益通算が可能な場合や、配当所得以外に所得がなく、基礎控除等の所得控除の適用により課税所得金額を抑えることができる場合は、総合課税を選択するのが有利となります。

(2) **申告分離課税**

　上場株式等の配当所得として、申告により、分離課税を適用することができます。配当所得の計算上、投資信託などを取得するための借入金の利子を控除することができます。適用税率は20.315％（所得税及び復興特別所得税15.315％、地方税5％）です。

　当年中の上場株式等の譲渡損失や過去から繰り越された上場株式等の譲渡損失の金額との損益通算を行う場合は、上場株式等の配当所得について申告分離課税を選択する必要があります。

　申告分離課税を選択した上場株式等の配当所得については、配当控除の適用はありません。

(3) **申告不要**

　申告は要しません（源泉徴収のみで課税関係は完結します）。

　配当控除の適用や損益通算の適用はできません。

　扶養親族等の合計所得金額への影響や地方住民税の取扱い等については、Q2を参照してください。

〈公募株式投資信託の収益分配金の課税関係〉

	総合課税	申告分離課税	申告不要
申告の有無	必要	必要	不要
適用税率	累進税率 （住民税と合わせて最高約56％）	20.315％ （所得税及び復興特別所得税15.315％、地方税5％）	― （源泉徴収のみ）
損益通算	総所得金額の範囲内で可能 株式の譲渡損との損益通算は不可	上場株式等の譲渡損との損益通算可	不可
配当控除	適用あり	適用なし	適用なし

> **キーワード** **元本払戻金**（特別分配金）
>
> 　証券投資信託の信託財産の源泉は、投下元本とその運用による実現収益から形成されています。追加型（オープン型）の投資信託について追加信託が行われた場合には、追加信託金を、その追加信託の行われる直前の信託財産の源泉である投下元本に対応する部分と実現収益に対応する部分とに区分経理することになっており、この実現収益に対応する部分の追加信託金が「収益調整金」として経理されます。この収益調整金から支払われる分配金が元本払戻金（特別分配金）と呼ばれるもので、実質的に元本の払戻しであるため、所得税法上非課税とされています。

> **キーワード** **個別元本**
>
> 　個々の受益者がファンド（投資信託）に信託した額の単位口当たりの額をいいます。同一受益者が同一ファンドを複数回取得した場合における当該受益者の個別元本の額は移動平均法を使用して計算されます。基本的には、ファンドの購入金額と一致することになります（付随費用を除く）。

> **参考（関連条文）**
>
> 所法9条十一、24条、92条、所令27条
> 措法8条の4、8条の5、9条の3

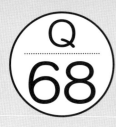

Q68 公募株式投資信託の解約請求と買取請求の差異

Q 私（居住者たる個人）は公募発行の国内株式投資信託を保有しています。値上がり益を確定させたいため、途中換金しようと思いますが、換金方法に解約請求と買取請求の2種類があると聞きました。税務上の取扱いはどのようになりますか。また、換金方法により税務上の有利不利はありますか。

A 公募株式投資信託の場合、「解約請求」、「買取請求」のいずれのケースも、利益が出た場合は税法上の「上場株式等に係る譲渡所得」となります。損失が生じた場合は、他の上場株式等（公募株式投資信託を含む）の譲渡益及び申告分離課税を選択した上場株式等の配当所得等と通算することができます。

（検討）

株式投資信託の換金方法としては、①ファンドへの解約請求による場合と、②販売会社等への買取請求による場合があります。「解約請求」は、証券会社などの販売会社を通じて、信託財産の一部の解約を請求することにより信託財産を取り崩して換金する手法です。一方、「買取請求」は、投資家が保有している投資信託の受益権を証券会社などの販売会社に対し買い取ってもらうという換金方法です。

買取請求の場合は、法的には証券会社などの販売会社への譲渡として取り扱われるため、換金による収入額は株式等の譲渡に係る譲渡収入の金額とされます。

一方、解約請求の場合は、ファンドに対する解約のため、所得税法上は、原則として、交付を受ける金銭等の額のうち、当該株式投資信託について信託された金額を超える部分の金額については配当所得に係る収入金額と

されます。ただし、公募株式投資信託（「**キーワード**」参照）について解約請求する場合には、交付を受ける金銭等についてはすべて株式等に係る譲渡所得等に係る収入金額として取り扱われます。

結果として、公募の株式投資信託については、解約請求であっても、買取請求の場合と同様、払い出された金額は上場株式等の譲渡に係る譲渡収入の金額とされます。

〈株式投資信託の解約時の所得分類〉

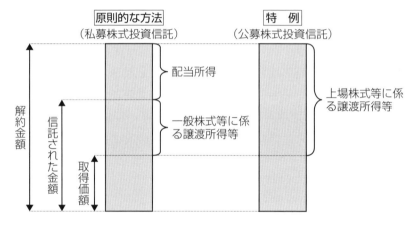

キーワード　公募株式投資信託

株式投資信託とは、公社債投資信託以外の証券投資信託をいいます。公募株式投資信託とは、その設定時の受益権の募集が金融商品取引法2条3項に規定する取得勧誘のうち、同項1号に掲げる場合に該当し、かつ、投資信託及び投資法人に関する法律第4条第1項に規定する委託者指図型投資信託約款又は同法第49条第1項に規定する委託者非指図型投資信託約款にその取得勧誘が同号に掲げる場合に該当するものである旨の記載がなされて行われる株式投資信託をいいます。

参考（関連条文）
所令58条①
措法37条の10、37条の11④一、措令4条の2

Q69 私募外国株式投資信託の収益分配金の取扱い

Q 私（居住者たる個人）は国内の証券会社を通じて外国投資信託（株式投資信託）に投資をすることを考えています。収益分配金はどのように課税されますか。

なお、この投資信託は私募の形態で発行されており、金融商品取引所（外国市場を含む）への上場等はなされていません。収益分配金につき、外国源泉税は課されません。

A 国外発行の私募株式投資信託の収益分配金を日本における支払の取扱者を通じて支払いを受ける場合は、支払いを受けるべき金額（外国税額が課されている場合は控除後の金額）に対して20.42％（所得税及び復興特別所得税）の税率にて源泉所得税が課されます。

私募株式投資信託の収益分配金は一般株式等の配当所得等に該当するため、原則として申告が必要となり、配当所得として総合課税の対象となります。

（検　討）

税法上、公募でなく、かつ、金融商品取引所等に上場等もされていない株式投資信託は、租税特別措置法37条の10第1項に規定する「一般株式等」に分類されます。これは、株式投資信託が外国投資信託（「キーワード」参照）の場合も同様です。

1 源泉所得税

国外で発行された私募かつ非上場の株式投資信託の収益分配金の支払いを日本における支払の取扱者（Q12）の「キーワード」参照）を通じて受ける場合は、支払いを受けるべき金額（外国税額が課されている場合は控除後の

金額）に対して20.42％（所得税及び復興特別所得税）の税率にて源泉所得税が課されます（これを「水際源泉徴収」といいます）。この源泉所得税は、下記❷の申告所得税から控除することができます。

❷ 申告の要否

　私募かつ非上場の株式投資信託の収益分配金については、一般株式等の配当所得に該当するため、原則として申告が必要であり、配当所得として、総合課税の対象となります。上場株式等の配当所得等に係る申告分離課税の適用はありません。

　なお、特例として、国内における支払の取扱者から1回に交付を受けるべき金額が次の金額以下の場合は、所得税の確定申告を要しません。

$$10万円 \times \frac{配当計算期間の月数}{12}$$

　外国投資信託の収益分配金については、配当控除の適用はありません。

❸ 他の所得との損益通算

　一般株式等の配当所得に該当するため、株式等（一般・上場共に）の譲渡所得等との損益通算はできません。

キーワード　外国投資信託

　外国投資信託とは、外国において外国の法令に基づいて設定された信託で投資信託に類するものをいいます（投資信託及び投資法人に関する法律2条24項）。この投信法2条24項に規定された外国投資信託は、税法上も外国投資信託として定義され、税務上、投資信託として取り扱われます（所法2条1項11号、12号の2）。

参考（関連条文）

所法24条、92条
措法8条の3、8条の5

Q70 私募外国株式投資信託の償還時の取扱い

Q 私(居住者たる個人)は外国投資信託(株式投資信託)を保有しています。このたび、この外国投資信託が償還されることになり、償還金を受け取ることとなりました。税務上の取扱いはどのようになりますか。

なお、この株式投資信託は私募の形態で発行されており、金融商品取引所(外国市場を含む)への上場等はなされていません。

A おたずねの外国投資信託(株式投資信託)は、私募かつ非上場のため、一般株式等に該当します。

投資信託の終了により交付を受ける金銭の額のうち、当該投資信託について信託された金額を超える部分の金額については配当所得に係る収入金額とされ、総合課税の対象とされます。

一方、投資信託について信託されている金額に達するまでの金額は、譲渡による収入金額とみなされ、当該収入金額と投資信託の取得価額との差額が一般株式等に係る譲渡所得等として、申告分離課税の対象とされます。

(検討)

1 所得分類

所得税法上、公募でなく、かつ、金融商品取引所等に上場等もされていない株式投資信託は、租税特別措置法37条の10第1項に規定する「一般株式等」に分類されます。この取扱いは、株式投資信託が外国投資信託の場合も同様です。

所得税法上、一般株式等に分類される投資信託の終了又は一部解約により交付を受ける金銭の額及び金銭以外の資産の価額の合計額(以下、「金銭等の合計額」のうち、当該投資信託について信託された金額を超える部分の金額については、配当所得に係る収入金額とされます。

さらに、私募株式投資信託の終了又は一部解約により交付を受ける金銭等の合計額のうち株式投資信託について信託されている金額に達するまでの金額は、私募投資信託の受益権の譲渡による収入金額とみなされます。したがって、当該収入金額とその私募投資信託の取得価額との差額が一般株式等に係る譲渡所得等とされます。

　図解すると、以下のようになります。

〈私募投資信託の償還時の所得分類〉

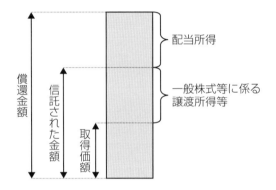

2 課税方法

(1) 配当所得

　配当所得として取り扱われる部分については、一般株式等の配当所得に該当するため、原則として、申告が必要です。総合課税の対象となります。上場株式等の配当所得等に係る申告分離課税の適用はありません。

　本件の償還金額を日本における支払の取扱者（Q12の**「キーワード」**参照）を通じて支払いを受ける場合は、配当所得とされる金額について20.42％（所得税及び復興特別所得税）の税率にて源泉所得税が課されます。この源泉所得税は、申告所得税額から控除することができます。

(2) 株式等の譲渡所得

本件は私募かつ非上場の株式投資信託の受益権であり、一般株式等に該当します。一般株式等の譲渡所得等の金額とされる金額については、他の所得と区分し、申告分離課税（所得税及び復興特別所得税15.315％、地方税5％）が適用されます。譲渡損が生じた場合、一般株式等に係る譲渡所得等の範囲内で損益通算が可能です^(注)。

（注）　本件は私募かつ非上場である株式投資信託の受益権の譲渡であり、上場株式等に係る譲渡損失について認められている特例（上場株式等に係る配当所得等との損益通算及び翌年以降3年間の繰越し）の適用はありません。

(3) まとめ

上記の通り、償還金額のうち一定の金額が配当所得、残りが一般株式等の譲渡所得等として取り扱われ、所得区分が異なることから、個々人の取得価額、投資信託に信託された金額及び償還金額によっては、プラスの配当所得及びマイナスの譲渡所得（譲渡損失）が発生する可能性があります。その場合、両者を相殺（損益通算）することができません。

参考（関連条文）

所法24条
所令58条①
措法37条の10④二

Q71 外国籍ユニットトラストからの収益分配金の取扱い

Q 私（居住者たる個人）は海外に所在する証券会社の口座で外国籍のユニットトラスト（unit trust）の受益権を保有しています。本年、このユニットトラストから収益分配金（Profit Distribution）が支払われ、海外の証券会社の口座で受け取りましたが、私はこの収益分配金について日本で申告を行う必要はありますか。

なお、このユニットトラストの受益権は多数の投資家により保有されており、海外の金融商品取引所で上場され売買されています。また、収益分配金につき、外国源泉税は課されていません。

A 外国籍ユニットトラストが日本の税務上、外国投資信託に該当する場合、当該ユニットトラストの受益権は上場株式等として取り扱われると考えられます。

収益分配金の金額について、原則として申告が必要となり、配当所得として総合課税又は上場株式等の配当所得として申告分離課税を適用することになります。

（検 討）

1 外国籍ユニットトラストの税務上の取扱い

日本の税務上、外国籍のユニットトラストを含む外国の事業体がどのように取り扱われるかについて、明示的な規定はありません。

外国において外国の法令に基づいて設定された信託のうち、日本の投資信託に類するものについては、日本の法律上、外国投資信託として分類されます（投資信託及び投資法人に関する法律（以下「投信法」）第2条第24項）。投信法第2条第24項に規定される外国投資信託は、所得税法上も外国投資信託として取り扱われます。

外国籍のユニットトラストが日本の投信法上の外国投資信託として取り扱われるかについては、個々のトラストごとに法的な観点からの分析が必要となり一概にはいえませんが、たとえばケイマン籍やアイルランド籍のユニットトラスト等で多くの受益者（投資家）がいるものについては、実務上、外国投資信託として取り扱われているケースが一般的には多いように思われます。

　所得税法上、外国投資信託の受益権は「株式等」として取り扱われますので、外国金融商品市場に上場され売買されている外国投資信託の受益権は、租税特別措置法第37条の11第2項に規定する「上場株式等」に分類されます。

　以下では、本件の外国籍ユニットトラストが税務上「外国投資信託」として取り扱われる場合の課税関係を記載します。

2 収益分配金に係る源泉徴収

　日本国外で発行された投資信託の受益権の収益分配金については、居住者たる個人が日本国内における支払の取扱者を通じてその交付を受ける場合、交付の際に支払いを受けるべき金額（外国所得税が課されている場合は控除後の金額）に対し当該支払の取扱者により日本で源泉徴収がなされます。

　一方、投資信託の受益権の収益分配金を国内における支払の取扱者を通じないで受け取る場合（すなわち日本国外で直接受け取る場合）、当該分配金の金額に対して日本の源泉所得税は課されません。

3 収益分配金の申告の有無

　居住者たる個人が受け取る国外で発行された株式／投資信託の配当等で、国内における支払の取扱者を通じて交付を受けるもの以外のものについては、原則として申告を行う必要があります（少額配当又は上場株式等の配当の申告不要制度の適用はありません）。

　個人は以下のいずれかの課税方法を選択することができますが、自身が保有するその他の上場株式等の配当を含むすべての上場株式等の配当について、以下のどちらかを選択する必要があります。

(1) 総合課税

上場株式等の配当について総合課税を選択する場合、配当所得として総所得金額に含まれ、総合課税（所得税及び復興特別所得税最高税率約46％、地方税10％）の対象となります。配当所得の計算上、株式、投資信託などを取得するための借入金の利子を控除することができます。

投資信託のうち、株式投資信託で一定の約款記載要件（非株式割合や外貨建資産割合）を満たすものについては配当控除の適用が可能ですが、外国投資信託については約款記載要件を満たさないと考えられることから、配当控除の適用はないと考えられます。

(2) 申告分離課税

上場株式等の配当所得として、申告により分離課税が適用されます。配当所得の計算上、株式、投資信託などを取得するための借入金の利子を控除することができます。適用税率は20.315％（所得税及び復興特別所得税15.315％、地方税5％）です。

当年中の上場株式等の譲渡損失や過去から繰り越された上場株式等の譲渡損失の金額との損益通算を行う場合は、上場株式等の配当所得について申告分離課税を選択する必要があります。

申告分離課税を選択した上場株式等の配当所得については、配当控除の適用はありません。

上記は所得税の取扱いですが、地方住民税も上記(1)又は(2)のいずれかを適用することができますが、2024年分以後は所得税の課税方法と一致させることになっています。

4 本件へのあてはめ

本件の外国籍ユニットトラストが日本の税務上、外国投資信託に該当する場合、本件のユニットトラストの受益権は外国金融商品市場に上場され売買されていることから、上場株式等として取り扱われると考えられます。

外国籍ユニットトラストの受益権の収益分配金の金額については、個人が

直接海外の口座で受け取るため、日本の源泉所得税は課されません。収益分配金については原則として申告が必要となり、配当所得として総合課税又は上場株式等の配当所得として申告分離課税を適用することになります。

Q71 外国籍ユニットトラストからの収益分配金の取扱い

参考(関連条文)
所法2条①十二の二
措法8条の3、8条の4、37条の10②、37条の11
地法32条⑬、313条⑬
地法附33条の2②、⑥

Q72 REITからの分配金
（利益超過分配金を含む）

Q 私（居住者たる個人）は東京証券取引所に上場するJ-REIT（不動産投資法人）の投資口を保有していますが、このたび当該J-REITから分配金（利益超過分配金を含む）を受け取りました。この分配金については税務上どのように取り扱われますか。

なお、私はこの投資口を国内証券会社の国内口座（特定口座以外）で保管しており、分配金は当該証券会社経由で受け取ります。また、受領した分配金については、利益超過分配金に係る部分を含め、その全額に対して源泉所得税が課されています。

A 個人投資主が投資法人から受け取る分配金のうち、投資法人の利益及び一時差異等調整引当額の増加額からなる金額は、税務上、配当所得として取り扱われます。上場株式等の配当と同様の課税関係となります。

（検 討）

1 投資法人の税務上の取扱い

投資法人とは、投資信託及び投資法人に関する法律（以下、「投信法」）に基づき、資産を主として特定資産に対する投資として運用することを目的として設立された社団をいいます（投信法2条12項）。投資法人は、法人とすると定められており（投信法61条）、税務上も内国法人として取り扱われます。ただし、実質的には運用資産の集合体であるという点を考慮し、一定の要件を満たす投資法人については、支払配当を損金に算入できるといった特別の税制上の措置が認められています。

投資法人の投資口とは、均等の割合的単位に細分化された投資法人の社員の地位をいいます（投信法2条14項）。投資法人の投資口は、税法上「株式」に含まれます。

現在、金融商品取引所に上場されているいわゆる不動産投資信託(J-REIT)は大多数が投資法人の形態で設立されており、その場合、投資家は投資法人の投資口を保有していることになります。

❷ 利益超過分配金の取扱い

　投資法人は、投信法上の利益からの金銭の分配に加え、利益を超えて金銭の分配をすることが認められています（投信法137条）。これを一般的に「利益超過分配金」といいます。

　利益超過分配金は、その内容により、税務上の取扱いが以下の通り異なります。

(1) 一時差異等調整引当額の増加額からなる金額からの分配

　投資法人の法人税の課税所得の計算上、税務と会計の取扱いの不一致により課税所得が発生する事象に対応するため、税会不一致相当額を一時差異等調整引当額（下記「**キーワード**」参照）として利益処分に充当し、投資家に分配した場合、税務上配当と同様に取り扱う（すなわち投資法人において損金算入が可能）、という措置がとられています。この措置により、投資法人の課税所得の計算上、税務と会計の不一致が生じたことにより、課税所得が会計上の利益を上回る場合であっても、その事由が一定のものであれば、配当として損金算入できるため、投資法人での法人税課税を避けることができます。

　具体的には、個人投資主が投資法人から金銭の分配を受け取る場合、投資法人の利益及び一時差異等調整引当額の増加額からなる金額は、税務上、配当所得として取り扱われます。投資法人の投資口が上場されている場合は、上場株式等の配当所得としての課税と同様の課税関係となります（Q2参照）。ただし、投資法人は支払う配当等について損金算入ができるということとの対応上、一般の株式会社等の支払う配当と異なり、受け取った投資主の側で配当控除の適用を受けることはできません。

　すなわち、投資法人の金銭の分配のうち、投資法人の利益を超える分配（出資からの分配）であっても、一時差異等調整引当額の増加額からなる部

分の金額は、税務上は配当等として取り扱われ、投資法人側では損金に算入できる一方、投資家側では配当として収益認識をする必要があります。したがって、一時差異等調整引当額の増加額からなる部分の金額についても、源泉所得税が課されることとなります。

(2) 一時差異等調整引当額の増加額以外の出資金額からの分配

上記（1）とは別に、会計上の費用であり、かつ税法上も損金の額に算入される減価償却費の一部を資本の払戻しとして投資家に分配するため、利益を超過した分配を行うことがあります。

利益超過分配金のうち、一時差異等調整引当額の増加額からなる金額以外の金額は、出資等減少分配として、税務上、「資本の払戻し」として取り扱われます。この場合は、投資家にみなし配当や譲渡損益が出る可能性があります。

(a) みなし配当の計算

みなし配当は、資本の払戻しにより交付を受ける金銭及び金銭以外の資産の価額の合計額のうち、資本の払戻しを行った法人（以下、「払戻法人」）の当該払戻し直前の対応資本金等の額を超える部分の金額、とされています。

投資法人におけるみなし配当の金額は、簡易な式にすると以下のようになります。

$$みなし配当 = 出資等減少分配額 - \begin{array}{l}資本金等の額のうち各投資主の\\投資口に対応する部分の金額^{(※1)}\end{array}$$

$$\begin{array}{l}(※1)資本金等の\\額のうち各\\投資主の投\\資口に対応\\する部分の\\金額\end{array} = \left(\begin{array}{l}法人の出資等減\\少分配直前の税\\務上の資本金等\\の金額^{(※2)}\end{array} \times 一定割合^{(※3)}\right) \times \dfrac{各投資家の出資等減少^{(※4)}}{投資法人の発行済投資}$$

（※2）当該直前の資本金等の金額が0以下である場合には、0とする。

(※3) 一定割合＝ $\dfrac{投資法人の出資等減少分配による出資総額の減少額（出資総額等減少額）}{投資法人の税務上の前々期末純資産価額^{(注)}}$

（小数点3位未満切上）

(注) 前々期末から当該出資等減少分配の直前の時までの間に税務上の資本金等の額の増減がある場合にはその金額を加減算した金額

(※4) 出資総額等減少額を超える場合にはその超過額を控除した金額

なお、出資等減少分配を行う投資法人は、投資家に対して上記割合を通知する義務を負います。また、みなし配当とされる部分の金額については、源泉所得税の対象とされます。

(b) みなし譲渡損益の計算

出資等減少分配の金額のうち、みなし配当とされる金額以外は、株式に係る譲渡収入として取り扱われ、譲渡損益については、上場株式等又は一般株式等の区分に応じ、譲渡所得等の課税の対象となります。この場合の譲渡原価は以下の通り計算されます。

譲渡原価の額＝出資等減少分配直前の投資口の取得価額×上記一定割合(※3)

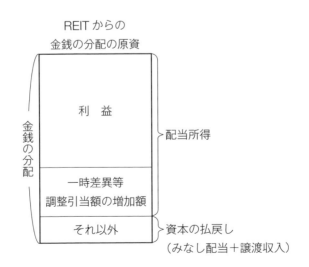

3 本件へのあてはめ

　受領した分配金については、利益超過分配金に係る部分を含め、その全額に対して源泉所得税が課されているとのことですので、本件上場J-REITからの利益超過分配金は、その全額が一時差異等調整引当額の増加額からなる金額からの分配と考えられます。

　この場合、利益超過分配金についても、税務上は配当等として取り扱われ、投資家側では上場株式等の配当として所得を認識をする必要があると考えられます。

> **キーワード　一時差異等調整引当額**
>
> 　一時差異等調整引当額とは、投資法人の計算に関する規則において、投信法137条1項本文の規定により、利益を超えて投資主に分配された金額(以下「利益超過分配金額」)のうち、次に掲げる額の合計額の範囲内において、利益処分に充当するものをいう、とされています(詳細はQ73参照)。
>
> 　イ　所得超過税会不一致(益金の額から損金の額を控除して得た額が、収益等の合計額から費用等の合計額を控除して得た額を超える場合における税会不一致をいう)
>
> 　ロ　純資産控除項目(投資法人計算規則39条1項2号及び3号並びに同条2項2号及び4号に掲げる額の合計額が負となる場合における当該合計額をいう)

参考(関連条文)
所法24条、25条、所令61条②五、所令114条、所規18条
措法9、37条の10③四、37条の11③、67条の15、措令39条の32の3
措基通37の10・37の11共－19

Q73 REITからの利益超過分配に関する課税関係

Q 私（居住者たる個人）は上場するJ-REIT（不動産投資法人）の投資口を保有しています。このJ-REITから、金銭の分配金について、下記の通知がありました。

今回の分配金には、利益剰余金を原資とするものと出資総額を原資とするものがあるとのことですが、確定申告に際して、どのように取り扱えばよろしいでしょうか。

なお、投資口の取得価額は300,000（1口当たり）円、J-REITから通知された払戻し等割合は0.1％です。

〔1口当たりの金銭の分配金の内訳〕
- 利益剰余金を原資とするもの（利益分配金）：5,000円
- 出資総額等を原資とするもの（利益超過分配金）：1,000円
  （全額が出資等減少分配に該当し、みなし配当となる金額はありません）

A 投資法人からの金銭の分配については、「利益剰余金を原資とするもの」と「出資総額等を原資とするもの」とで、税務上の取扱いが異なります。

利益剰余金を原資とするものは配当所得に該当しますが、出資総額等（出資総額及び出資剰余金）を原資とするもの（利益超過分配金）は、一時差異等調整引当額の増加額に係る部分は配当所得として取り扱い、それ以外の部分（出資等減少分配）は資本の払戻しとして取り扱います。

本件における出資総額等を原資とする分配金は、その全額が出資等減少分配に該当し、みなし配当となる金額はないということですので、資本の払戻しとして取り扱い、みなし譲渡損益の計算をする必要があります。

（検 討）

1 利益超過分配と出資等減少分配

　投資法人では、会計上の利益を超えて投資主に金銭を分配することがあります。この利益を超えた分配（利益超過分配）は、投資法人の出資総額等を原資とするものです。

　利益超過分配が行われる代表的なケースとして、減価償却費の一部を分配することが挙げられます。これは、会計上の費用に該当する減価償却費は、金銭の流出を伴うものではないため、減価償却費相当額の金銭は投資法人内に留保されることになり、その留保される金銭の一部を投資主に分配する、というものです。

　この出資総額等を原資とする利益超過分配金のうちには、一時差異等調整引当額からの分配が含まれることがあります。「一時差異等調整引当額」とは、以下①②に掲げる額の合計額の範囲内において、利益処分に充当するものとされています。そして、出資総額等を原資とする金銭の分配額から、この一時差異等調整引当額の増加額を除いた金額を、「出資等減少分配」といいます。

① 所得超過税会不一致

　⇒益金の額から損金の額を控除して得た額が、損益計算書に計上した収益及び利益（以下「収益等」）の合計額から一定の費用(※1)及び損失（以下「費用等」）の合計額を控除して得た額を超える場合における税会不一致(※2)

（※1）　一定の費用には、法人税法等の規定により、交際費等、寄附金又は法人税等として計上されたものであって、各営業期間の法人税法上の所得の金額の計算上、損金の額に算入しないものを含みません。

（※2）　税会不一致とは、各営業期間において損益計算書に計上した会計上の収益等の合計額から費用等の合計額を控除して得た額と、当該各営業期間における法人税法上の益金の額から損金（金銭の分配又は繰越欠損金に係る損金を除く）の額を控除して得た額との差額をいいます。

② 純資産控除項目
⇒評価・換算差額等、新投資口予約権、新投資口申込証拠金及び自己投資口の合計額が負となる場合における当該合計額

2 投資法人からの金銭の分配の区分と税務上の取扱い

投資法人からの金銭の分配は、所得税法上、原則として配当所得として取り扱われますが、出資等減少分配を除くこととされています。つまり、利益剰余金を原資とするものと、出資総額等を原資とするもののうち一時差異等調整引当額の増加額に係る部分を配当所得、出資総額等を原資とするもののうち出資等減少分配は、資本の払戻しとして取り扱われます。

- 利益剰余金を原資とするもの……………………………… 配当所得
- 出資総額等を原資とするもののうち
  - 一時差異等調整引当額の増加額に係る金額…… 配当所得
  - 出資等減少分配に係る金額………………………… 資本の払戻し

3 本件へのあてはめ

(1) 利益剰余金を原資とするもの

配当所得に該当するため、総合課税（配当控除の適用はありません）の対象となり、原則として、確定申告する必要がありますが、本件 J-REIT の投資口が上場株式等に該当するため、申告分離課税（20.315％（所得税及び復興特別所得税 15.315％、地方税 5 ％））又は申告不要制度を適用することも可能です。また、他の上場株式等に係る譲渡損失との損益通算も認められます。

(2) 出資総額等を原資とするもの

本件では、全額が出資等減少分配に該当するため、資本の払戻し（みなし配当なし）として取り扱い、みなし譲渡損益の計算をする必要があります。みなし譲渡損益は、「上場株式等に係る譲渡所得等」として取り扱われ、20.315％（所得税及び復興特別所得税 15.315％、地方税 5 ％）の税率が適用されます。

本件 J-REIT の投資口を、源泉徴収を選択した特定口座で保有する場合は、原則として確定申告を要しませんが、それ以外は、確定申告する必要があります。

〈計算例〉
① 収入金額
　　1,000 円
② みなし譲渡に係る取得価額（譲渡原価）
　　300,000 円 × 0.1%（払戻し等割合）＝ 300 円
③ みなし譲渡損益
　　①－②＝ 700 円

参考（関連条文）

所法24条、25条
所規18条
措法8条の5、9条、37条の11、37条の12の2
投資法人の計算に関する規則2条二十九・三十

ETFを譲渡した場合の課税の取扱い

Q 私（居住者たる個人）は、保有している内国ETFについて国内証券会社への売委託により譲渡しました。譲渡益についてどのように課税されますか。

このETFは国内株式投資信託の受益証券の形態をとっており、国内の金融商品取引所において上場されています。

なお、ETFは国内証券会社の一般口座に預け入れられているものであり、特定口座や非課税口座（NISA口座）には入っていません。

 上場ETFの譲渡により生じた損益は、上場株式等に係る譲渡所得等として申告分離課税20.315％の対象となります。

（検討）

ETFとは、上場投資信託（Exchange Traded Funds）の総称であり、証券取引所に上場しているため、一般の上場株式のように自由に売買を行うことができます。内国ETFの場合、一般的には国内証券投資信託の受益証券として組成されています。その場合、税務上は、上場している証券投資信託の受益証券として取り扱われます。

税法上、「特定株式投資信託」という分類があります。特定株式投資信託とは、「信託財産を株式のみに対する投資として運用することを目的とする証券投資信託のうち、その受益権が金融商品取引法第2条第16項に規定する金融商品取引所に上場されていることその他の政令で定める要件に該当するもの」をいいます。政令では、「信託契約期間中に信託契約の一部解約を請求することができないこと」「信託財産は特定の株価指数に採用されている銘柄の株式に投資を行い当該株価指数の変動率に一致させる運用を行うこと」「受益権と信託財産の株式との交換を請求できること」

等が規定されており、ETFのうち、株価指数連動型等一定のもののみがこの範疇に入ります。

　ただし、上場されている証券投資信託の受益証券である限り、いずれも上場株式等の範疇に入るため、個人の投資家に対する収益分配金及び譲渡時の課税関係は基本的に同様となります（配当控除の取扱いに差異あり）。

　ETFの譲渡益は、上場株式等に係る譲渡所得等として申告分離課税20.315％（所得税及び復興特別所得税15.315％、地方税5％）の対象となります。

参考（関連条文）

措法3条の2、37条の10、37条の11
措令2条

外国籍会社型投資法人が公募発行する非上場の投資証券の課税関係

Q 私(居住者たる個人)は、アイルランド籍の会社型投資法人が発行する投資証券(株式の形態に該当)を保有しています。この投資法人の投資証券は、公募の形態で募集がなされ、多数の投資家により保有されています(私の保有割合は1％未満です)。なお、この投資証券は、日本国内外を含む金融商品取引所には上場されていません。

このたび、この投資法人から配当が支払われ、国外の証券会社を通じて受け取りましたが、課税上どのように取り扱われますか。なお、配当について外国で源泉所得税は課されないとのことです。

A 本件の会社型投資法人の投資証券(株式)は、上場されていないことから、日本の税務上、一般株式等として取り扱われます。

したがって、本投資法人から支払われる配当については、原則として個人において申告が必要となり、配当所得として総合課税の対象となります。

(検討)

1 「上場株式等」vs「一般株式等」

日本の税務上、株式等が「上場株式等」に該当するか「一般株式等」に該当するかで、株主に対する課税上の取扱いが異なります。

「上場株式等」とは、租税特別措置法第37条の11に列挙されているものをいいます。株式等(株式・出資、投資信託を含む)に関しては、主に以下のものが上場株式等として取り扱われます。

① 株式等(投資口を含む)で日本国内の金融商品取引所に上場されているもの(外国金融商品市場において売買されている株式等を含む)
② 公募投資信託の受益権(特定株式投資信託を除く)

③ 租税特別措置法第8条の4第1項第3号に規定する特定投資法人の投資口

①は、日本の金融商品取引所に上場されている株式等又は海外の金融商品取引所において売買されている株式等となります。

②は、投資信託及び投資法人に関する法律（以下「投信法」）第2条第3項に規定する投資信託（いわゆる日本の投資信託）及び投信法第2条第24項に規定する外国投資信託のうち、公募発行のものをいいます。

③の「特定投資法人」とは、その規約に投信法第2条第16項に規定する投資主の請求により投資口の払戻しをする旨が定められており、かつ、その設立の際の投資口の募集が公募により行われた投資法人をいいます。すなわち、日本の投信法に基づき設立された投資法人の投資口のうちオープンエンド型のものをいいます。

2 本件へのあてはめ

本件の外国籍の投資法人の投資証券（株式）は、国内外の金融商品取引所において上場されていないことから、上記①には該当しません。また、本件の投資法人は法人格のある投資法人であり、投信法第2条第24項に規定する外国投資信託には該当しません。したがって、公募発行されているものの、②には該当しません。さらに、国外で設立された外国籍の投資法人であり、③の特定投資法人には該当しません。

したがって、本件の投資法人の投資口は、「上場株式等」としては取り扱われず、「一般株式等」として取り扱われることになります。

本件の配当は、居住者たる個人が国外の証券会社経由で、国外で直接受け取るということですので、水際源泉の適用はなく、日本の源泉所得税は課されません。

一般株式等の配当所得については、原則として申告が必要であり、総合課税の対象となります。上場株式等の配当所得等に係る申告分離課税の適用はありません。

外国籍の投資法人株式の配当については、外国法人から受けるものであ

るため、配当控除の適用はありません。
　また、一般株式等の配当所得に該当するため、株式等（一般、上場とも）の譲渡所得等との損益通算はできません。

Q75 外国籍会社型投資法人が公募発行する非上場の投資証券の課税関係

参考（関連条文）
所法2条①十二の二
措法37条の11②
措令25条の9

外国籍会社型投資法人の投資口について資本の払戻しがあった場合の取扱い

Q 私（居住者たる個人）は外国証券取引所に上場する外国籍会社型ファンド（外国投資法人）の投資口を保有していますが、このたび当該ファンドから資本の払戻しを伴う分配金（return of capital）を受け取りました。この return of capital については税務上どのように取り扱われますか。

なお、私はこの投資口を国内証券会社の国内口座（特定口座以外）で保管しており、分配金は当該証券会社経由で受け取ります。

A 資本の払戻しを伴う分配金（return of capital）により、投資主である個人にみなし配当及び譲渡損益が発生する可能性があります。

（検 討）

1 資本の払戻しの取扱い

株主が法人から金銭の分配を受け取る場合、それがどういった事象によるものなのか、原資は何か等により、課税関係が異なります。

税務上、資本剰余金の減少を伴う剰余金の配当は「資本の払戻し」として取り扱われます（配当を行う法人が内国法人か外国法人かを問いません）。その場合、一部がみなし配当として取り扱われる可能性があります。

本件の資本の払戻しを伴う分配金（return of capital）が、発行会社の資本剰余金の減少を伴う場合、以下の通りみなし配当及びみなし譲渡損益が発生する可能性があります。

2 みなし配当の計算

みなし配当は、資本の払戻しにより交付を受ける金銭及び金銭以外の資産の価額の合計額のうち、資本の払戻しを行った法人（以下、「払戻法人」）の当該払戻し直前の対応資本金等の額を超える部分の金額、とされています。

すなわち、みなし配当の金額は、簡易な式にすると以下のように計算されます。

みなし配当 ＝ 資本の払戻しにより交付を受ける金銭及び金銭以外の資産の価額の合計額 － 資本金等の額のうちその交付の基因となった当該法人の株式に対応する部分の金額[※1]

(※1) 資本金等の額のうちその交付の基因となった当該法人の株式に対応する部分の金額 ＝ (法人の資本の払戻し直前の税務上の資本金等の金額[※2] × 払戻し割合[※3]) × [※4]各投資家の資本の払戻し直前の所有株式数 / 法人の資本の払戻し直前の当該払戻しに係る株式総数

(※2) 当該直前の資本金等の金額が0以下である場合には、0とする。

(※3) 払戻し割合 ＝ 払戻しにより減少した資本剰余金の額（当該金額が分母の金額を超える場合には分母の金額） / 払戻しの日の属する事業年度の前事業年度末の資産の帳簿価額から負債の帳簿価額を控除した金額(注)
（小数点以下3位未満切上）

(注) 前期末から当該資本の払戻しの直前の時までの間に税務上の資本金等の額又は利益積立金額の増減がある場合にはその金額を加減算した金額

(※4) 払戻し等により減少した資本剰余金の額を超えるときはその超過額を控除した金額

❸ みなし譲渡損益の計算

資本の払戻し金額のうち、みなし配当とされる金額以外は、株式の譲渡に係る譲渡収入として取り扱われます。

投資家は、譲渡損益を計算するために譲渡原価を計算しなければなりません。資本の払戻しの際の譲渡原価は以下の通り計算されます。

譲渡原価の額 ＝ 資本の払戻し直前の株式の帳簿価額 × 払戻し割合[※3]

4 みなし配当及びみなし譲渡損益の課税関係

　本件の投資口は上場投資法人の投資口であり、上場株式等に該当すると考えられます。

(1) みなし配当

　みなし配当については配当所得として取り扱われます。国外発行の上場株式の配当を国内における支払の取扱者経由で受け取る場合、配当について支払の取扱者による源泉徴収がなされます。税率は、配当の20.315％（所得税及び復興特別所得税15.315％、地方税5％）です。配当の金額にかかわらず、源泉徴収で課税関係を完結することができます。その場合、上場株式等に係る一定の譲渡損との損益通算の適用を行うことはできません。

　また、申告をすることも可能です。申告する場合は、選択により、上場株式等の配当所得等として申告分離課税20.315％（所得税及び復興特別所得税15.315％、地方税5％）、又は総合課税が適用されます。申告分離課税を選択した場合、上場株式等に係る一定の譲渡損との損益通算等が可能です。

(2) 譲渡損益

　上場株式等の譲渡所得等の金額とされる金額については、他の所得と区分し、申告分離課税（所得税及び復興特別所得税15.315％、地方税5％）が適用されます。上場株式等の配当所得との損益通算や3年間の損失繰越の適用も可能です。

参考（関連条文）

所法24条、25条
所令61条②四、114条①
措法8条の4、8条の5、9条の2、9条の3、9条の4、37条の10③四、37条の11③、37条の12の2
措基通37の10−3(1)

Q77 外国籍会社型投資法人の投資口を保有する場合の外国子会社合算税制（CFC税制）の適用

Q 私（居住者たる個人）は外国投資法人が発行する投資口を取得することを検討しています。外国法人の株式等持分を一定程度以上取得した場合、日本の外国子会社合算税制が適用される可能性があるという話を聞きました。詳細について教えていただけますか。

なお、この投資口は私募の形態で発行されており、金融商品取引所（外国証券取引市場を含む）への上場等はなされていません。

A 外国籍の会社型投資法人について、当該投資法人が法人格を有していること等により日本の税法上外国法人として取り扱われる場合は、外国子会社合算税制の適用対象となります。

会社型投資法人全体に占める日本人投資家の割合が50％超であり、かつ、個々の投資家が保有する投資口の割合が発行済株式総数等の10％以上となる場合、外国子会社合算税制の適用がありえます。

適用対象となる場合、投資法人の所得（適用対象金額）のうち、個々の投資家が保有する投資口に対応する部分の金額（課税対象金額）は、投資法人の各事業年度終了の日の翌日から2か月を経過する日の属する年の個人の雑所得に合算して、日本において総合課税の対象とされます。

（検 討）

1 外国子会社合算税制の概要

外国子会社合算税制（タックスヘイブン税制又はCFC税制）は、外国子会社を通じて行われる租税回避に対処するため、一定の条件の下で、軽課税国に所在する外国子会社の所得をその株主である内国法人又は居住者の所得に合算して課税するものです。

具体的には、その発行済株式又は出資の総数又は総額（発行済株式総数等）

の50％を超える数又は金額の株式又は出資（株式等）を、居住者及び内国法人並びにこれらの特殊関係非居住者によって直接に又は他の外国法人を通じて間接に保有(直接及び間接に保有)されている外国法人（外国関係会社）のうち、特定外国関係会社又は対象外国関係会社に該当するものが、当該特定外国関係会社又は対象外国関係会社の各事業年度の決算に基づく所得の金額に一定の調整を加えた金額（適用対象金額）を有する場合には、当該外国法人の発行済株式総数等の10％以上を直接及び間接に保有する居住者（同族株主グループを含む）の当該保有する株式等に対応する部分の金額(課税対象金額)は、特定外国関係会社又は対象外国関係会社の各事業年度終了の日の翌日から2か月を経過する日の属する年分のその居住者の雑所得に合算して、日本において課税されます。なお、議決権の数が1個でない株式等や請求権の内容が異なる株式等を発行している場合には、保有株式数割合だけでなく、議決権割合や配当請求権割合のうちいずれか高い割合により判定します。詳細については Q31 を参照してください。

2 本件へのあてはめ

　外国籍の会社型投資法人についても、当該投資法人が法人格を有していること等により日本の税法上外国法人として取り扱われる場合は、外国子会社合算税制の適用対象となりえます。

　まず、投資法人全体に占める日本人投資家の割合を計算する必要があります。日本人投資家（特殊関係非居住者を含む）の割合が50％超の場合、投資法人は外国関係会社に該当します。

　投資法人は経済実体がないと判定されれば特定外国関係会社に区分され、実体がある場合でも、通常は株式債券の保有等が主たる事業であることから、基本的には経済活動基準は満たさず対象外国関係会社に該当すると考えられます。

　特定外国関係会社については租税負担割合が30％未満（2024年4月1日以後に開始する事業年度は27％）、対象外国関係会社については租税負担割合が20％未満の場合、合算課税の対象となります。

さらに、個々の居住者（特殊関係非居住者を含む）が保有する投資口の割合が発行済株式総数等の10％以上の場合、外国子会社合算税制の適用があります。

　適用対象となる場合、投資法人の所得に一定の調整を加えた金額（適用対象金額）のうち居住者の保有する株式等に対応する部分の金額（課税対象金額）は、投資法人の各事業年度終了の日の翌日から2か月を経過する日の属する年の個人の雑所得に合算して日本において総合課税の対象とされます。

参考（関連条文）

措法40条の4

 外国籍契約型投資信託の受益権を保有する場合の外国子会社合算税制（CFC税制）の適用

Q 私（居住者たる個人）は、世界各国の上場株式等に投資をする契約型外国投資信託の受益権を取得することを検討しています。会社型の外国投資法人の持分を一定程度以上取得した場合、外国子会社合算税制が適用される可能性があるという話を聞きましたが、契約型外国投資信託にも同税制の適用がありますか。

なお、この外国投資信託は、投資信託及び投資法人に関する法律（以下、「投信法」）2条24項に規定する外国投資信託です。また、投信法2条4項に規定する証券投資信託に類しています。

 外国投資信託が証券投資信託に類するとされる場合は、外国子会社合算税制の適用対象外となります。

（検 討）

1 外国子会社合算税制の概要

外国子会社合算税制は、外国子会社を通じて行われる租税回避に対処するため、一定の条件の下で、軽課税国に所在する外国子会社の所得をその株主である内国法人又は居住者の所得に合算して課税するものです。

外国子会社合算税制は、原則として特定外国関係会社等（外国法人）に対して適用があります。ただし、外国信託についても一定の場合、適用があります。

外国子会社合算税制の適用対象となる外国信託は、外国投資信託のうち租税特別措置法第68条の3の3第1項に規定する特定投資信託に類するもの、とされています。すなわち、外国投資信託のうち、①証券投資信託に類するもの、または②募集が公募かつ主として国内で行われる投資信託に類するもの、以外の投資信託について、外国子会社合算税制の適用対象

とされ、会社型の外国投資法人と同様の判定が必要となります（詳細については Q31 Q77 を参照してください）。

2 本件へのあてはめ

　おたずねの外国投資信託が、証券投資信託に類するとされる場合は、外国子会社合算税制の適用対象外とされます。

　証券投資信託の定義自体は投信法の規定を参照していますので、証券投資信託に類するかどうかについては、投信法の規定等に照らして判断する必要があると考えられます。

参考（関連条文）

措法40条の4⑫、68条の3の3①

Q79 証券投資信託の収益の分配金に係る確定申告と分配時調整外国税相当額控除

Q 外国の株式に投資している日本の公募証券投資信託を保有していますが、外国の所得税と日本の所得税の二重課税が生じないように調整されると聞きました。

この調整に関して、確定申告をする際に、個人投資家側ではどのような手続が必要となるのでしょうか。

A 日本の証券投資信託の信託財産である外国株式につき配当が支払われ、これに対して外国で課された所得税がある場合には、受益者たる投資家にとって日本における所得税との二重課税が生じないように、収益の分配金を支払う証券会社等が調整計算し、その調整後の分配金を投資家に対して支払います。

その証券投資信託の収益の分配金について個人投資家が確定申告する場合には、証券会社等が調整を行った外国所得税相当額を、その年分の所得税の額から控除することになります（分配時調整外国税相当額控除）。

（検 討）

1 制度の概要と対象となる金融商品

(1) 制度の概要

日本の証券投資信託の信託財産に外国株式が含まれ、当該外国株式に係る配当等から外国所得税が源泉徴収されている場合、受益者に対して証券投資信託に係る収益の分配金を支払う証券会社等は、受益者に対して支払う収益の分配の額から源泉徴収した所得税の額を税務署に納付する際に、当該証券投資信託に係る運用会社からの通知に基づき計算した当該外国所得税相当額を控除します。なお、地方住民税はこの措置の対象外です。

(2) 対象となる金融商品

証券会社等による二重課税調整の措置の対象となるのは、下記の金融商品です。

- ◆ 公募投資信託
- ◆ ETF(※1)、上場REIT、上場JDR(株式数比例配分方式(※2)を選択する場合)
  - (※1) 東京証券取引所「投資信託等の二重課税調整制度の対象となる可能性の高いETF・REIT」参照
  - (※2) 株式数比例配分方式とは、発行会社(信託銀行)が各証券会社に対して、その顧客口座で保有する残高に応じて分配金等を支払う方法で、証券会社が源泉徴収義務者となります。配当の支払方法としては、株式数比例配分方式の他に、投資家が指定する口座に発行会社から直接入金する方法もあります。

なお、私募投資信託や株式数比例配分方式以外の方法を選択したETF等は、発行会社(信託銀行)が源泉徴収義務者であるため、発行会社等により二重課税調整が行われます。

2 二重課税調整の仕組みと源泉徴収税額の通知

(1) 収益の分配金を支払う際に行われる二重課税調整

国内株式と外国株式の両方に投資をする証券投資信託を例にとると、具体的には、下記の調整計算がなされます(これは説明のために簡略化したもので、実際は受益者ごとに計算されます)。

〈計算例〉
〔国内株式と外国株式の両方に投資をする証券投資信託〕

	国内株式	外国株式	合　計
信託財産期末簿価	2,000,000	8,000,000	10,000,000
期中における配当の額	200,000	900,000	1,100,000
上記に係る外国源泉徴収税額	-	90,000	90,000
計算期間中の収益の額			1,010,000
収益の分配の額			1,010,000

・外貨建資産割合：80%
・収益分配割合　：100%
① 課税標準（外国所得税の額についてグロスアップ）
　（ⅰ）　収益の分配の額：1,010,000
　（ⅱ）　グロスアップする外国所得税の額
　　　　　90,000×100%（収益分配割合）＝90,000
　（ⅲ）　（ⅰ）＋（ⅱ）＝1,100,000
② 証券投資信託の収益の分配につき源泉徴収すべき税額
　（ⅰ）　所得税及び復興特別所得税
　　　　　1,100,000×15.315%－90,000[※]＝78,465
　（※）　外国所得税控除前の所得税の額に外貨建資産割合を乗じて計算した金額が限度となります。
　　　　　1,100,000×15.315%×80%（外貨建資産割合）＞90,000
　　　　　⇒したがって、控除額は90,000
　（ⅱ）　地方税
　　　　　1,100,000×5%＝55,000
　（ⅲ）　（ⅰ）＋（ⅱ）＝133,465
③ 受益者の手取額
　1,010,000－133,465＝876,535
　（※）　この例では、外国所得税控除前の収益に、日本の税率（所得税及び復興特別所得税、地方税）で課税された場合の手取額と一致します（1,100,000×（1－20.315%）＝876,535）（二重課税が完全に排除されているため）。

(2)　証券会社等からの通知

　上記(1)の二重課税調整を行った証券会社等は、受益者たる個人投資家に対して、証券投資信託に係る収益の分配の額のほか、源泉徴収される所得税の額、控除外国所得税相当額、外貨建資産割合等を書面にて通知することとされています。

❸ 個人投資家の確定申告における分配時調整外国税相当額控除

　証券投資信託の収益の分配の支払いを受ける個人投資家が確定申告する場合、上記❶の二重課税調整の対象となった外国所得税の額については、下記の算式により算出される金額を、一般の外国税額控除と区別して、その年分の所得税の額から控除することとされています（分配時調整外国税相当額控除）。なお、源泉徴収ありの特定口座やNISA口座にて保有する証券投資信託については、確定申告を要しません。

$$分配時調整外国税相当額 = \frac{証券投資信託内の}{外国所得税の総額} \times \begin{array}{c} 各受益者が支払いを \\ 受ける分配の額の割合 \\ （収益分配割合） \end{array}$$

（※1）　証券投資信託の収益の分配に係る外国所得税控除前の所得税の額に外貨建資産割合を乗じて計算した金額が限度となります。
（※2）　証券会社等から通知される控除外国所得税相当額と一致します。

参考（関連条文）
所法93
所令220の2
措法9条の3の2③
措令4条の6の2
措規5の2

Q80 証券投資信託の収益の分配金に外国税相当額が含まれている場合の確定申告手続

Q 私(居住者たる個人)は、特定口座と一般口座の両方で日本の証券投資信託を保有していますが、2024年の取引について、証券会社から下記の書類を受領しました。当該証券投資信託からの分配金には、外国株式に係る配当が含まれますが、確定申告の際に、外国の所得税について税額控除の適用ができると聞きました。具体的にはどのような手続が必要になるのでしょうか。

【特定口座年間取引報告書】

※特定上場株式等の配当等(投資信託又は特定受益証券発行信託に関する部分を抜粋)

種類	配当等の額	源泉徴収税額	配当割額	特別分配金の額	上場株式配当等控除額	外国所得税の額
投資信託	500,000円	56,575円	25,000円	円	20,000円	

【支払通知書】

※国内投信(ABCオープン)に関する部分を抜粋

銘柄	分配金額	収益の分配金	特別分配金	課税対象金額	通知外国税相当額	通知所得税相当額	源泉徴収税額	支払確定日
ABCオープン	300,000円	300,000円	円	300,000円	10,000円	円	50,945円	2024年10月31日

なお、上記以外に2024年中に受領した配当等はありません。

A 分配時調整外国税相当額控除の適用のための手続が必要となります。

日本の証券投資信託の信託財産に外国株式が含まれ、当該外国株式に係る配当等から外国所得税が源泉徴収されている場合、証券会社等が、収益の分配金を支払う際に二重課税調整を行います。その二重課税調整された外国所得税相当額は、証券会社等から交付される「特定口座年間取引報告書」や「支払通知書」に記載されるため、納税者は、その情報に基づき、「分

配時調整外国税相当額控除に関する明細書」を作成し、確定申告の際、所得税の額から控除することになります。

（検討）

1 証券会社等が発行する特定口座年間取引報告書と支払通知書

(1) 特定口座年間取引報告書

　日本の証券投資信託の信託財産に外国株式が含まれ、当該外国株式に係る配当等から外国所得税が源泉徴収されている場合、受益者に対して当該証券投資信託に係る収益の分配金を支払う証券会社等は、その支払いの際に二重課税調整を行うこととされています（制度の概要等はQ79参照）。

　特定口座を開設している場合には、当該特定口座を開設する証券会社等から、当該特定口座内で保有する証券投資信託に関して、年間の収益分配金の受領額や譲渡の対価の支払状況、源泉徴収税額等を記載した「特定口座年間取引報告書」が交付されますが、上記の二重課税調整された控除外国所得税相当額は、「上場株式配当等控除額」の欄に記載されます（その他、控除所得税相当額が含まれることもあります）。

(2) 分配金に関する支払通知書

　一般口座を開設し、証券投資信託を保有している場合には、当該一般口座を開設する証券会社等又は受託会社等から、当該証券投資信託に係る収益の分配金について、「支払通知書」が交付されます。

　一般口座で保有する証券投資信託についても、上記(1)と同様に、外国株式に係る配当等について二重課税調整が行われますが、控除外国所得税相当額は、支払通知書の「通知外国税相当額」の欄に記載されます。

2 分配時調整外国税相当額控除の適用のための手続

　証券投資信託の分配金に係る二重課税調整された控除対象外国所得税相当額は、確定申告の際、所得税の額から控除することとされています（分配時調整外国税相当額控除）。具体的には、確定申告書の「外国税額控除等」の欄に記載することとなりますが、この記載金額は、「分配時調整外国税

相当額控除に関する明細書」(以下、「控除明細書」といいます)を作成することで計算することが可能です。この控除明細書は、申告書に添付して提出することが求められています。

控除明細書は、基本的に、証券会社等から交付される特定口座年間取引報告書と支払通知書に記載されている情報を転記すれば足ります。つまり、「1　特定口座の配当等(源泉徴収選択口座内配当等)及び未成年者口座の配当等に係る事項」欄は、特定口座年間取引報告書に記載された情報を転記し、「2　上記1以外の配当等に係る事項」欄は、支払通知書に記載された情報を転記します。

なお、証券投資信託は、特定口座、一般口座のいずれに保管された場合も分配時調整外国税相当額控除の対象となりますが、NISA口座に保管される場合や収益の分配金について申告不要を選択した場合は、対象となりません。

3 本件へのあてはめ

証券会社から特定口座年間取引報告書と支払通知書が交付されていますので、それらに記載された情報を控除明細書に転記し、「3　控除額等の計算」欄で分配時調整外国税相当額控除額を計算します。

- 「1　特定口座の配当等(源泉徴収選択口座内配当等)及び未成年者口座の配当等に係る事項」(B)欄:
    ⇒ 20,000円(特定口座年間取引報告書「上場株式配当等控除額」欄より)
- 「2　上記1以外の配当等に係る事項」(E)欄:
    ⇒ 10,000円(支払通知書「通知外国税相当額」欄より)
- 「3　控除額等の計算」(3)欄:
    ⇒ 30,000円(上記の合計額)

当該投資信託に係る収益の分配金以外の所得の状況に応じて、(4)欄以降を記載し、(10)欄の分配時調整外国税相当額控除可能額を計算したら、確定申告書の「外国税額控除等」欄に転記します。

なお、参考までに本件における控除明細書の記載例を以下に示します。

分配時調整外国税相当額控除に関する明細書

（令和6年分）　　　　　　　　　　　氏　名＿＿＿＿＿＿＿＿

提出用

○ この明細書は、申告書と一緒に提出してください。

1 特定口座の配当等（源泉徴収選択口座内配当等）及び未成年者口座の配当等に係る事項

金融商品取引業者等の名称、所在地	種類	配当等の額	源泉徴収税額（納付税額）[①]	上場株式配当等控除額[②]	控除所得税相当額[③]	控除外国所得税相当額等[②-③]	源泉徴収税額相当額[①+③]
	特定 未成年者	500,000円	56,575円	20,000円	円	20,000円	56,575円
	特定 未成年者						
	特定 未成年者						
	特定 未成年者						
合計額		(A) 500,000				(B) 20,000	(C) 56,575

2 上記1以外の配当等に係る事項

支払者又は支払の取扱者の名称、所在地	種別等	配当等の額	源泉徴収税額[④]	通知外国税相当額[⑤]	通知所得税相当額[⑥]	支払確定又は支払年月日	源泉徴収税額相当額[④+⑥]
		300,000円	50,945円	10,000円	円	R6・10・31	50,945円
						・　・	
						・　・	
						・　・	
合計額		(D) 300,000		(E) 10,000			(F) 50,945

3 控除額等の計算

対象となる配当等の額（収入金額）（1の(A)＋2の(D)）	800,000	円
源泉徴収税額相当額（1の(C)＋2の(F)）	107,520	
分配時調整外国税相当額控除額（1の(B)＋2の(E)）	30,000	
再差引所得税額（基準所得税額）（申告書Aは㊳欄、申告書Bは㊸欄の金額）		
復興特別所得税額（申告書Aは㊴欄、申告書Bは㊹欄の金額）		
所法第93条第1項の規定による控除額（　と　のうち、いずれか少ない方の金額）		
分配時調整外国税相当額控除後の所得税額（　－　）		
復興財確法第13条の2の規定による控除額（　が⑥より大きい場合に（　-⑥）と　のいずれか少ない方の金額）		
分配時調整外国税相当額控除後の復興特別所得税額（　－　）		
分配時調整外国税相当額控除可能額（　及び　の合計額）		

・ 申告書第二表「○所得の内訳（所得税及び復興特別所得税の源泉徴収税額）」欄の「収入金額」欄に　の金額を、「源泉徴収税額」欄に　の金額を転記します。

・ 「給与などの支払者の氏名、名称・所在地等」欄には、「分配時調整外国税相当額控除に関する明細書のとおり」と記入します。

・ 外国税額控除の適用を受ける場合には、、及びの金額を、「**外国税額控除に関する明細書**」欄の5の③欄、⑩欄及び⑲欄にそれぞれ転記します。

・ 外国税額控除の適用を受けない場合には、の金額を、申告書第一表「税金の計算」欄の「外国税額控除等」欄（申告書Aは㊶〜㊷欄、申告書Bは㊻〜㊼欄）に転記します。このとき、(8)の金額がある場合は、「外国税額控除等」欄の区分の□に「2」を記入します。

参考（関連条文）

所法93条、225条、措法9条の3の2③、措令4条の6の2、措規5の2

Q81 外国籍投資信託の併合があった場合の取扱い

Q 私（居住者たる個人）は外国籍の契約型外国投資信託（上場株式等に該当する）に投資をしています。このたび、この投資信託（Aファンド）が他の投資信託（Bファンド）と合併し、新しくCファンドが設立されるとの案内があり、私が保有するAファンドの受益権がCファンドの受益権に交換されることとなりました。

この取引により、Cファンド受益権を新たに取得する場合、私は所得を認識する必要がありますか。なお、この交換によりCファンド受益権以外に取得した資産はありません。

なお、私はこのCファンド受益権を国内証券会社（一般口座）を通じて受け取ります。

A 投資信託の併合に際し、投資家はCファンドの受益権以外の資産を受け取りませんので、投資家たる個人に所得は発生しないと考えられます。

（検 討）

1 信託の併合の税務上の取扱い

信託法上、信託の併合は信託の終了事由として定められています（信託法163条5号）。

税務上は、投資信託の併合により受益者に新たな信託の受益権が交付された場合は、併合により新たな信託受益権以外の資産が交付されるかどうかにより、以下の通り課税されます。

(1) 信託の併合により新しい信託受益権及び当該信託受益権以外の資産が交付される場合

投資信託の信託の併合により、居住者たる受益者に新しい信託受益権及び当該信託受益権以外の資産が交付された場合（信託の併合に反対する受益者に対する買取請求に基づく対価として交付される金銭その他の資産を除く）は、投資信託の終了と同様の課税関係とされ、信託の併合により交付を受ける金銭の額及び金銭以外の資産の価額の合計額が、株式等に係る譲渡所得等の収入金額とみなされます。

したがって、信託の併合により交付を受けた新たな信託受益権及びそれ以外の資産の価額（時価）の合計額が収入金額とみなされ、旧信託受益権の取得価額との差額が株式等に係る譲渡所得として認識されることになります。

新しい受益権の取得価額は、取得のために通常要する価額（時価）とされます。

(2) 信託の併合により新しい信託受益権のみが交付される場合

投資信託の信託の併合により、受益者に新しい信託受益権以外の資産が交付されない場合は、受益者は譲渡所得を認識しないこととなります。

この場合において、新しい受益権の取得価額は、従前の信託受益権の取得価額を引き継ぐこととなります。すなわち、信託の併合により取得した新受益権の1口当たりの取得価額は、次の算式によって計算した金額となります。

$$\text{取得した新受益権1口当たりの取得価額} = \frac{\text{旧受益権1口の従前の取得価額} + \text{旧受益権1口当たりの新受益権の取得費用}}{\text{旧受益権1口について取得した新受益権の口数}}$$

2 外国投資信託へのあてはめ

　外国の投資信託の併合について、税法上の規定をどのようにあてはめるかという問題があります。

　この点、税法では、「信託の併合」とのみ言及しており、日本の信託法に限定しているものではないことから、外国の信託法に基づき行われる日本の信託法上の信託の併合に類する取引については、税法上の「信託の併合」に係る規定を適用することができるものと考えられます。

3 本件へのあてはめ

　本件の場合、この信託の併合により、受益者たる個人はＣファンド受益権以外に資産を取得しないということですので、上記1(2)のケースに該当し、譲渡所得を認識する必要はないと思われます。新しいＣファンドの受益権の取得価額は、Ａファンドの従前の取得価額を引き継ぐこととなります。

> **キーワード　信託の併合**
>
> 　日本の信託法上、信託の併合とは、「受託者を同一とする二以上の信託の信託財産の全部を一の新たな信託の信託財産とすることをいう」とされています（信託法2条10項）。信託の併合により、従前の各信託はいずれも終了します（同法163条5号）。日本の会社法における、会社の合併における新設合併に相当するものとされています。

参考（関連条文）
所令112条③
措法37の10④一、二、37条の11④
措基通37の11−12

第5章

組合・パートナーシップの税務

Q82 個人が匿名組合契約により利益の分配を受ける場合の課税関係

Q 私（居住者たる個人）は不動産賃貸業を行う内国法人Ａ社（営業者）との間で匿名組合契約を締結し、当該契約に基づき匿名組合員としてＡ社に対し出資を行っています。毎年Ａ社から匿名組合契約に基づく利益の分配がありますが、この所得はどのように取り扱われますか。

A 匿名組合契約上、その年中に組合員が受けるべき匿名組合利益分配を雑所得として所得認識する必要があります。

（検討）

1 匿名組合とは

　匿名組合契約とは、当事者の一方が相手方の営業のために出資を行い、その営業から生ずる利益の分配を約する契約をいいます（商法535条）。匿名組合契約は、匿名組合員と営業者との間の双務契約によって成り立っており、匿名組合員は、営業者の営業から生じる利益の分配を受ける権利（利益配当請求権）を有しています。

　匿名組合契約が終了した場合、営業者は匿名組合員にその出資の額を返還する必要があります（商法542条）。

2 匿名組合の税務上の取扱い概要

　日本の税務上、人格のない社団等は法人とみなされ、法人税法の規定が適用されますが、商法535条に規定される匿名組合は、人格のない社団等には含まれないとされており、匿名組合自体に法人税が課されることはありません。匿名組合の損益は、匿名組合の営業者及び匿名組合員の損益として法人税又は所得税の課税対象となります。

　匿名組合事業は一義的には営業者が行う事業であるため、組合事業に係

る所得はいったん営業者に帰属しますが、営業者が匿名組合契約により匿名組合員に分配すべき利益の額又は負担させるべき損失の額については、営業者の損金の額又は益金の額に算入されます。

3 匿名組合員の所得税課税

匿名組合員たる個人（居住者）が匿名組合契約に基づき営業者から受ける利益の分配は、20.42％（所得税及び復興特別所得税）の源泉所得税が課された上で、総合課税の対象となります。所得分類は、原則として雑所得とされます。

ただし、匿名組合員が匿名組合契約に基づいて営業者の営む事業（組合事業）に係る重要な業務執行の決定を行っているなど組合事業を営業者と共に経営していると認められる場合には、営業者から受ける利益の分配は、当該営業者の事業の内容に従って事業所得又はその他の各種所得に分類されます。

雑所得として取り扱われる匿名組合に基づく利益の分配は、所得税法上、総合課税の対象とされます。匿名組合に基づく利益の分配に源泉所得税が課される場合における当該源泉所得税額は、確定申告の際、所得税額から控除することができます。

なお、国税庁が公表している個人課税課情報「平成17年度税制改正及び有限責任事業組合契約に関する法律の施行に伴う任意組合等の組合事業に係る利益等の課税の取扱いについて（情報）」によれば、匿名組合事業の損益計算上利益が生じた場合、現実に利益の分配がなされておらず、当該組合に留保することとされている場合であっても、匿名組合員は利益配当請求権による利益の分配を請求することができ、「収入すべき金額」は確定していることから、当該金額は匿名組合員たる個人の収入金額に算入されます。

また、上記情報によれば、匿名組合事業に損失が生じた場合は、各計算期間に損失の負担を求めず、匿名組合契約の終了時に損失分担義務を負うこととしている場合、当該損失は各計算期間において未だ確定していない

ことから、当該計算期間の各種所得の計算上匿名組合員たる個人の必要経費に算入することはできません。

したがって、翌営業年度以降に当該匿名組合事業に利益が生じた場合については、出資の欠損額を填補した後に分配を受ける利益が、各種所得の金額の計算上総収入金額に算入されることになります。

4 本件へのあてはめ

匿名組合員たる個人が匿名組合契約に基づき営業者から受けるべき利益の分配は、原則として雑所得として総合課税の対象となります。確定申告により、利益の分配に課された源泉所得税を控除することができます。

〈匿名組合イメージ図〉

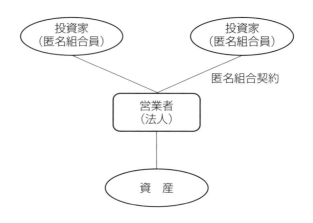

参考（関連条文）

所法210条、211条
所基通2－5、36・37共－21
法基通1－1－1
国税庁「平成17年度税制改正及び有限責任事業組合契約に関する法律の施行に伴う任意組合等の組合事業に係る利益等の課税の取扱いについて（情報）」（個人課税課情報第2号　平成18年1月27日）

Q83 個人が任意組合契約により利益の分配を受ける場合の所得認識の時期

Q 私（居住者たる個人）は不動産賃貸業を行う任意組合の組合員として出資を行っています。毎年一定の時期に任意組合の決算書が送付され、その後組合利益相当額の分配金を現金で受け取りますが、この利益はいつの所得として認識すべきでしょうか。
- 任意組合の計算期間　　　　　　　　　：4月1日から3月31日
- 組合の決算確定日（決算書の送付日）　：5月31日
- 組合の決算に基づく利益の現金分配日　：6月10日

A 組合事業の計算期間が4月1日から3月31日とのことですので、当該計算期間の組合利益は、計算期間の終了する日（すなわち3月31日）の属する年分の組合員の所得の計算上、総収入金額に算入する必要があります。

（検　討）

1 任意組合とは

　任意組合とは、民法667条に定める、各当事者が出資をなして共同の事業を営むことを約する合意によって成立する団体です。任意組合には、法人格はなく、各組合員の出資その他の組合財産は総組合員の共有に属します。

2 任意組合の税務上の取扱い

　日本の税務上、任意組合自体に法人税が課税されることはありません。法人税法上、「人格のない社団等」は法人とみなされ、法人税法の規定が適用されますが、民法667条に規定される任意組合は、人格のない社団等には含まれないとされています。

　所得税基本通達及び法人税基本通達では、任意組合等（任意組合、投資

事業有限責任組合、有限責任事業組合をいいます。以下同様）において営まれる事業に係る利益や損失については、分配割合に応じて、各組合員に直接帰属することが規定され、任意組合等については構成員課税（パススルー課税）が適用されることが明らかにされています（ただし、分配割合が組合員の出資の状況、組合事業への寄与の状況などからみて経済的合理性を有していないと認められる場合にはこの限りではないとされています）。

3 任意組合員の所得認識の時期

　所得税基本通達によれば、任意組合の組合員（個人）の組合事業に係る利益又は損失は、その年分の各種所得の金額の計算上、総収入金額又は必要経費として算入する、とされています。ただし、組合事業に係る損益を毎年1回以上一定の時期に計算し、かつ、組合員への個々の損益の帰属が当該損益発生後1年以内である場合は、任意組合の計算期間を基として計算し、当該計算期間終了の日の属する年分の各種所得の金額の計算上総収入金額又は必要経費として算入することとされています。

　すなわち、暦年による所得計算を行うことが原則とされているものの、一定の要件（組合事業に係る損益を毎年1回以上一定の時期に計算し、かつ、各組合員への個々の損益の帰属が損益発生後1年以内である場合）を満たす場合は、任意組合の計算期間に合わせて組合事業に係る利益の額又は損失の額の計算を行い、各計算期間の終了する日の属する年分の組合員の各種所得の金額として認識することになります。

　なお、具体的な利益等の額の計算及び所得分類については Q84 において解説しています。

4 本件へのあてはめ

　本件の任意組合の計算期間は4月1日から3月31日で、組合は組合事業に係る損益を毎年1回以上一定の時期において計算しています。また、本任意組合は直接不動産に投資しており、個々の組合員への損益の帰属も損益発生後1年以内となると認められることから、任意組合の計算期間終了の日である3月31日の属する年の組合員の所得として、組合からの利益を所得認識する必要があるものと考えられます。

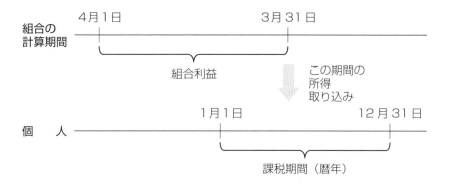

参考（関連条文）
所基通2－5、36・37共－19、36・37共－19の2
法基通1－1－1

Q84 個人が任意組合契約により利益の分配を受ける場合の所得計算

Q 私（居住者たる個人）は不動産賃貸業を行う任意組合の組合員として出資を行っています。毎年当該任意組合から利益の分配がありますが、この利益は私の申告上、どの所得区分で申告すべきでしょうか。

なお、この組合は余資を有価証券等で運用しており、組合の収入は不動産賃貸収入のほか、有価証券の利子、配当、譲渡益等があります。

A 個人がどのような所得計算を採用するかにより、所得分類が異なります。

原則的な方法である総額方式を採用する場合、組合の収入の属性に応じて所得税法に規定する各種所得に区分することが必要となります。

（検 討）

1 任意組合の税務上の取扱い

Q83の通り、日本の税務上、任意組合等において営まれる事業から生ずる利益や損失については、原則として分配割合に応じて、各組合員に直接帰属します。

2 任意組合員の所得計算及び所得分類

所得税基本通達上、組合員の各種所得の金額の計算上総収入金額又は必要経費に算入する利益の額又は損失の額は、次の①の総額方式により計算することとされています。ただし、①の方法により計算することが困難と認められる場合で、かつ、継続して②又は③の方法により計算している場合は、その計算が認められます。

① 総額方式（収入、支出、資産、負債を分配割合に応じて認識）
② 中間方式（収入、支出を分配割合に応じて認識）

③　純額方式（利益又は損失のみ分配割合に応じて認識）

①（総額方式）、②（中間方式）の場合は、原則として、任意組合の損益計算書の分配割合分を認識することになると考えられますので、組合が受け取る収入金額は、組合員が分配割合に応じて収入したとみることになります。すなわち、個人組合員における所得の金額の計算上、任意組合において発生する所得をその属性に応じて所得税法に規定する各種所得に区分することが必要となります。

一方、③（純額方式）の場合は、各組合員に按分される利益又は損失は、当該組合事業の主たる事業の内容に従い、不動産所得、事業所得、山林所得又は雑所得のいずれか一の所得に係る収入金額又は必要経費とする、とされています。

なお、各計算方法によって、各種所得の計算上、適用が受けられる税法上の規定とそうでないものがあります（たとえば、配当控除、確定申告による源泉徴収税額の控除等は①②については適用が可能ですが、③については適用はありません）。したがって、原則的な方法である①を採用することが、基本的には望ましいと考えられます。

3 本件へのあてはめ

本件の任意組合事業からは、不動産賃貸収入のほか、利子、配当、有価証券の譲渡益等があるとのことですので、個人組合員が①の総額方式又は②の中間方式で認識しているのであれば、組合から生じる利益をそれぞれの収入の内容に応じ、不動産所得、利子所得、配当所得、株式等に係る譲渡所得等として区分します。

一方、個人組合員が③の純額方式で認識している場合、組合利益については、組合の主たる事業が不動産賃貸業といえるのであれば不動産所得として、主たる事業が不動産賃貸業といえないのであれば雑所得として総合課税の対象になります。

参考（関連条文）

所基通36・37共－19、36・37共－20

Q85 任意組合契約を通じて不動産に投資をする場合の損失の認識

Q 私（居住者たる個人）は不動産賃貸業を行う任意組合の組合員として出資を行っています。今年度多額の修繕費等が発生したことから組合決算が損失となり、損失の分配がありますが、この損失は私の他の所得（給与所得等）と損益通算することができますか。

なお、組合の業務執行は組合員であるＡ社が行っており、私を含め個人の組合員は組合の業務執行には関与せず、Ａ社に業務執行の全部を委任しています。

A 本件は不動産所得から生じる損失であり、また個人組合員は特定組合員に該当すると考えられますので、組合損失規制の対象となり、本件の損失の分配を個人組合員の他の所得と損益通算することはできません。また、他の黒字の不動産所得と損益通算することもできません。

（検 討）

1 組合損失の損益通算等の特例

Q83の通り、日本の税務上、任意組合等において営まれる事業から生ずる利益や損失については、原則として分配割合に応じて、各組合員に直接帰属します。したがって、税務上は原則として、損失も各組合員に分配されることとなります。

しかしながら、任意組合の組合員で特定組合員に該当する個人が、組合事業から生ずる不動産所得を有する場合において、その年分の不動産所得の金額の計算上、損失の金額があるときは、当該損失金額は、生じなかったものとみなされます。

「特定組合員」とは、組合契約に係る組合員のうち組合事業に係る重要な財産の処分もしくは譲受け又は組合事業に係る多額の借財に関する業務

の執行の決定に関与し、かつ、当該重要業務のうち契約を締結するための交渉その他の重要な部分を自ら執行する組合員以外の者をいいます。ただし、組合事業の業務を執行する組合員である個人が、他の業務執行組合員又はそれ以外の者に当該組合事業の業務の執行の全部を委任している場合には、これにかかわらず、特定組合員に該当します。

　組合事業による不動産所得の損失金額は、各組合契約の組合事業ごとに計算されます。個人が特定組合員に該当する場合、組合事業による不動産所得の損失金額は、他の所得との損益通算の規定の適用を受けられないのみならず、他の組合事業による不動産所得の金額（黒字額）から控除（不動産所得内の通算）することもできません。

　その年において組合事業から生ずる不動産所得を有する個人が確定申告書を提出する場合には、一定の明細書を確定申告書に添付しなければなりません。具体的には、組合事業ごとに「青色申告決算書（不動産所得用）」又は「収支内訳書」を作成することになります。

2 本件へのあてはめ

　本件は主たる事業が不動産賃貸業ということですので、本件の組合事業から生じる所得は不動産所得となります。また、個人組合員は組合の業務執行に関与しないということですので、特定組合員に該当すると考えられ、本件の組合事業から生じる損失は、不動産所得から生じる損失として上記の損益通算等の特例の対象となります。

　したがって、組合損失を個人の他の所得と損益通算することはできず、また、他の黒字の不動産所得と損益通算することもできません。

> **コラム**
>
> 　上記の組合損失の損益通算等の特例は、任意組合事業として不動産賃貸業や航空機リース業を行い、多額の減価償却費や借入金利子を計上することにより創出した損失を組合員に帰属させ、組合員の他の所得と損益通算させることにより税負担を軽減させていたスキームを防止するため、平成17年度税制改正により設けられました。任意組合だけでなく、投資事業有限責任組合及び外国におけるこれらに類する契約についても同様に取り扱われます。
>
> 　なお、所得税については、不動産所得から生じる組合損失はないものとみなされますが、法人税については一定の調整出資等金額（組合への出資額）を超える分の金額が損金不算入とされ、また損失の繰越し等も認められているなど、組合員が個人か法人かにより制度に差異があります。

参考（関連条文）

措法41条の4の2
措令26条の6の2
措規18条の24

外国のパートナーシップからの分配金の取扱い

Q 私（居住者たる個人）は、外国籍のパートナーシップに投資を行っています。当該パートナーシップからの利益分配金を受け取りましたが、この分配金は課税上どのように取り扱われますか。

A 外国籍のパートナーシップが日本の税務上、任意組合等に類する組合として取り扱われるのか、外国法人として取り扱われるのかにより、税務上の取扱いが異なります。

（検 討）

1 外国パートナーシップの税務上の位置づけ

外国においては、複数の出資者による投資ビークルとして、各国の法律に基づき設立されたパートナーシップが多く活用されています。パートナーシップは設立国ごとの法律及び諸規則に基づき、様々な性格を有しています。

日本の税務上、外国のパートナーシップがどのように取り扱われるかについて、明示的な規定はありません。税務上、パススルー課税が適用される事業体として、「任意組合、投資事業有限責任組合、有限責任事業組合並びに外国におけるこれらに類するもの」が挙げられています。

ここでいう「外国におけるこれらに類するもの」に関しては、所得税基本通達逐条解説において以下の説明がなされています。

> 例えば、米国におけるゼネラル・パートナーシップ（構成員であるすべてのパートナーが経営を担い、事業から生じた損失について、それぞれが無限責任を負うゼネラル・パートナーから成るパートナーシップ）契約やリミテッド・パートナーシップ（事業の経営を担い、無限責任を負う１人以上のゼネラル・パートナーと事業の経営には参加しないで、出資の範囲内で有限責任を負う１人以上のリミテッド・パートナーから成るパートナーシップ）契約等で共同事業性及び財産の共同所有性を有すると想定されるものが該当する。ただし、パートナーシップ契約であっても、その事業体の個々の実態等により外国法人と認定される場合は除かれる。

　すなわち、外国のパートナーシップについては、共同事業性及び財産の共同所有性を有すると想定されるものは任意組合等に類するものとして一般的にはパススルー課税が適用されるものの、個々の実態等により外国法人と認定される場合は除く、ともされていることから、一概には言えず、設立国における法的取扱い、経済的実態等を検討し、日本の法律上、どの形態にもっとも類似しているのかを個別に判断する必要があると考えられます。

　外国のパートナーシップの税務上の取扱いについては、判例等がいくつか出されていますが、個々の事案により任意組合等に類するものとして取り扱われるものもあれば、外国法人として取り扱われるものもあり、一律的な取扱いとはなっていません。

2 税務上の取扱い

　日本の税法上、パートナーシップ等が任意組合等に類するものとして取り扱われるのか、法人として取り扱われるかにより、税務上の取扱いについては以下の通り差異があります。

(1)　任意組合等であると判定される場合

　任意組合等は構成員課税が適用されるため、パートナーシップ等の投資対象について投資家が直接投資している場合と基本的には同様の取扱いとなります。

　投資家の課税関係は、（毎年１回以上、一定時期においてパートナーシップ

損益が計算される等の条件下で）パートナーシップ等の計算期間の末日が属する年分の総収入金額又は必要経費として認識されます。利益の分配だけでなく、損失の分配もあるものとして取り扱われます（なお、一定の組合損失額については、投資家において損失として認識できません）。

詳細については Q83 〜 Q85 を参照してください。

(2) **外国法人と判定される場合**

投資家は外国法人（パートナーシップ等）の発行する株式等に対して投資しているものとして取り扱われます。

パートナーシップ等からの利益の分配は外国法人からの配当として取り扱われ、原則として配当確定日の属する年分の配当所得として認識されます。パートナーシップ等において損失が認識されていたとしても、損失は投資家には分配できません。

なお、パートナーシップ等が外国法人とされる場合、投資家が主として日本法人や居住者たる個人であれば、パートナーシップ等そのものに外国子会社合算税制の適用の可能性があります（ Q31 参照）。

キーワード パートナーシップ

　パートナーシップとは、一般的に、2名以上の者（パートナー）が金銭・労務などを出資して共同して事業を営む関係をいいます。

　パートナーシップは、設立国における法律に基づき組成され、各国の法律により様々な形態があり得ますが、主に、ゼネラル・パートナーシップ（2名以上のゼネラル・パートナーの合意により成立するパートナーシップ）と、リミテッド・パートナーシップ（業務を執行し無限責任を負う1名以上のゼネラル・パートナーと業務執行に携わらない1名以上のリミテッド・パートナーから構成されるパートナーシップ）があります。

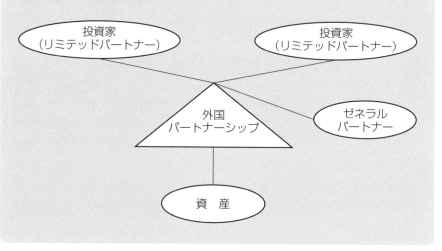

参考（関連条文）

所基通36・37共－19、36・37共－19の2

Q87 米国デラウェア・リミテッド・パートナーシップの法人該当性

Q 私（居住者たる個人）は、米国デラウェア州のリミテッド・パートナーシップに投資を行っています。米国デラウェア・リミテッド・パートナーシップは外国法人として取り扱われるとの最高裁判決が出されたとのことですが、その判決の詳細を教えてください。

A 個人投資家による不動産投資に関し米国デラウェア・リミテッド・パートナーシップの法人該当性が争われた事案について、2015年7月17日、最高裁判所は下級審（名古屋高等裁判所）の判断を覆して、日本の租税法上の外国法人に該当するとの判示を行いました。

米国デラウェア・リミテッド・パートナーシップの租税法上の取扱いをめぐっては、類似の事案について東京、名古屋、大阪の下級審で判断が分かれていましたが、最終的には、最高裁において、外国法人に該当するとの結論付けがなされました。

（検討）

1 事案の概要

米国デラウェア州のリミテッド・パートナーシップ事案（以下「本件LPS事案」）では、日本の個人である納税者が、受託銀行との信託契約を介して投資した米国所在の各建物の貸付けに関する所得を不動産所得として、その減価償却費等による損益通算をして所得税の申告を行ったところ、当該所得は不動産所得に該当せず減価償却費等の損益通算は認められないとして、課税庁により処分が行われたというものです。

課税庁の処分に対して納税者は不服申立てを行いましたが、名古屋国税不服審判所は本件のLPSから請求人に配分された損益は不動産所得に該当せず、雑所得であるとの裁決を行い、納税者は当該裁決を不服として原

処分の取消訴訟に及んだものです。

　なお、本件LPS事案で争点となった組合事業から生じた不動産投資損失については、平成17年度税制改正により、2006年以後の個人の所得申告上、生じなかったものとみなされる措置が講じられ、組合事業による中古不動産等投資の節税スキームは実質的に封じられることとなりました（(Q85)コラム参照）。本件LPS事案は平成17年度税制改正前の不動産所得の申告に係るものです。

2 下級審判決の概要

　本件LPS事案の裁判においては、LPSの不動産所得の損益通算をめぐって、主に3点（①本件各LPSの租税法上の法人該当性、②本件各LPSの租税法上の人格のない社団該当性、③本件各建物の貸付けから生じた損益の不動産所得該当性）が争点とされました。

　①の法人該当性判断の基準について、納税者勝訴となった判決（東京地裁（平成23年7月19日）、名古屋地裁（平成23年12月14日）、名古屋高裁（平成25年1月24日））では、設立準拠法における法人格付与の有無に加えて、損益帰属主体としての設立目的をも判断基準とすべきであるとの原告の主張を認めました。

　一方、納税者敗訴となった東京高裁（平成25年3月13日）及び大阪地裁（平成22年12月17日）、大阪高裁（平成25年4月25日）の判決では、LPSに付与される権利、パートナーシップ持分の性格、州LPS法及び本件LPS契約による本件各LPSの管理・運営の規定等から、州LPS法に基づいて設立された本件各LPSは、構成員から独立した法的主体として存在し、権利義務の帰属主体となるというべきであり、州LPS法に基づき設立されたLPSが「separate legal entity」となると規定する州LPS法201条(b)の規定は、州LPS法に基づいて設立されるLPSを法人とする旨を規定しているものと解すべきであるとの判示を行っています。

3 最高裁判決の概要

　最高裁判決では、日本の租税法に定める外国法人に該当するか否かを判断するにあたっては、まず、①当該組織体に係る設立根拠法令の規定の文言や法制の仕組みから、当該組織体が当該外国の法令において日本法上の法人に相当する法的地位を付与されているか否かを検討することとなり、これができない場合には、次に、②当該組織体の設立根拠法令の規定の内容や趣旨等から、当該組織体が権利義務の帰属主体であると認められるか否かを検討して判断すべき、としました。

　ここで、米国デラウェア・リミテッド・パートナーシップについては、まず①について、州LPS法の規定その他関連法令の文言等を参照しても、本件LPSがデラウェア州法において日本法上の法人に相当する法的地位を付与されていること又は付与されていないことが疑義のない程度に明白であるとはいい難いこと、次に②については、LPSに付与される権利、パートナーシップ持分の性格、州LPS法及び本件LPS契約による本件LPSの管理・運営の規定等から、本件LPSは、自ら法律行為の当事者となることができ、かつ、その法律効果が本件LPSに帰属するものということができるから、権利義務の帰属主体であると認められる、として、外国法人に該当するとの結論に至っています。

4 本件LPS最高裁判決の実務上の影響

　本件LPSの事案で争われた、個人組合員における組合事業から生じた不動産投資損失の所得通算については、平成17年度税制改正により損失の所得通算が認められないこととなったため、本件最高裁判決により、組合を通じた不動産等投資の損失を利用したスキーム自体に大きな影響はないと考えられます。

　しかしながら、デラウェアLPSは米国投資に際しての一般的なビークルであるため、外国税額控除の取扱い等、その他の税務実務上の取扱いについては検討が必要です。

Q88 外国のパートナーシップを通じて有価証券投資を行う場合の所得区分

Q 私（居住者たる個人）は、主に世界各国の上場株式に投資を行う外国籍のファンド（形態はリミテッド・パートナーシップ）に投資を行っています。当該パートナーシップからの利益分配金を受け取りましたが、この分配金の所得分類はどのようになりますか。

なお、パートナーシップからの決算報告書によれば、利益分配金の原資は、上場株式からの配当のほか、上場株式の譲渡から生じた損益となっています。

また、このパートナーシップは日本の任意組合等に類似しており、日本の税務上は任意組合等に類するものとして取り扱われることを前提とします。

A 本件のパートナーシップからの利益の分配については、個人投資家がどのような計算方法をとるかにより所得分類が異なります。

投資家の計算方法が「総額方式」又は「中間方式」による場合、原則としてそれぞれの所得の内容に応じた所得分類に区分されて課税されるものと考えます。一方、「純額方式」による場合、利益の全額が雑所得として総合課税の対象とされます。

（検 討）

1 パートナーシップからの所得

Q86の通り、外国籍のパートナーシップが日本の税務上、任意組合等に類するものとして取り扱われるのか、外国法人として取り扱われるのかにより、税務上の取扱いが異なります。

ここでは、本件のパートナーシップは日本の税務上、任意組合等に類するものとして取り扱われるとのことですので、構成員課税が適用され、基本的にはパートナーシップ等の投資対象について投資家が直接投資してい

る場合と同様の税務取扱いとなります。

　投資家は、投資家の各年の期間に対応するパートナーシップの損益を認識する、又は（毎年1回以上、一定時期においてパートナーシップ損益が計算される等の条件下で）パートナーシップの計算期間の末日が属する年の総収入金額としてパートナーシップの損益を認識することになります。

2 利益等の額の計算

　Q84の通り、組合員の各種所得の金額の計算上総収入金額又は必要経費に算入する利益の額又は損失の額は、以下の①（総額方式）の方法により計算されます。ただし、①の方法により計算することが困難と認められる場合で、かつ継続して②又は③の方法により計算している場合は、その計算が認められます。

　①　総額方式（収入、支出、資産、負債を分配割合に応じて認識）
　②　中間方式（収入、支出を分配割合に応じて認識）
　③　純額方式（利益又は損失のみ分配割合に応じて認識）

　①（総額方式）、②（中間方式）の場合は、投資家における所得の金額の計算上、投資組合において発生する所得をその属性に応じて所得税法に規定する各種所得に区分することが必要となります。

　一方、③（純額方式）の場合は、当該組合事業の主たる事業の内容に従い、不動産所得、事業所得、山林所得又は雑所得のいずれか一の所得に係る収入金額又は必要経費とされます。

3 本件へのあてはめ

　本件のパートナーシップからの利益の分配については、個人投資家が上記①から③のいずれかの方法により計算するかにより、所得分類が異なります。

　上記①又は②の方法による場合、原則としては個々の所得に応じた所得区分を用いるものと考えます。したがって、配当であれば配当所得、上場株式の譲渡損益であれば上場株式等の譲渡に係る事業所得、譲渡所得及び

雑所得(以下、「上場株式等に係る譲渡所得等」)に分類されると考えられます。

　配当所得は原則として総合課税の対象となりますが、本件の対象株式は上場株式とのことですので、上場株式等の配当所得の特例(申告分離課税)が適用できるものと考えられます。上場株式等に係る譲渡所得等については申告分離課税の対象となります。

　一方、個人が③の経理方法をとる場合は、本件のパートナーシップからの利益は、上場株式への投資を行うことにより稼得するものであり、原則として雑所得として取り扱われ、総合課税の対象になると考えられます。したがって、分配金額が上場株式等に係る配当又は譲渡益から構成されている場合であっても、分離課税の対象とはされないと考えられます。

参考(関連条文)

所基通36・37共－19、36・37共－19の2、36・37共－20

Q89 外国のパートナーシップを通じて有価証券投資を行う場合の必要経費

Q 私（居住者たる個人）は、主に世界各国の上場株式に投資を行う外国籍のファンド（形態はリミテッドパートナーシップ）に投資を行っています。このパートナーシップは主に上場会社の株式等に対して投資し、これらを売却することによるキャピタルゲインの獲得を目的として組成されており、パートナーシップの存続期間にわたって、複数の企業等に対して投資及びその回収を行っています。

パートナーシップからの所得が上場株式の譲渡損益のみである場合、パートナーシップで発生する運営経費を個人の所得計算上、必要経費として控除することはできますか。

なお、このパートナーシップは日本の任意組合等に類似しており、日本の税務上は組合に類するものとして取り扱われることを前提とします。

A パートナーシップからの所得のうち、株式等の譲渡により生じる所得が「株式等の譲渡に係る雑所得」又は「株式等の譲渡に係る事業所得」に該当する場合、パートナーシップで発生する運営経費を必要経費として控除することができると考えます。

（検討）

1 パートナーシップからの所得区分

Q88の通り、個人投資家が税務上、構成員課税が適用されるパートナーシップを通じて得る所得には、株式等の譲渡に係る所得をはじめとして利子所得や配当所得等の様々な所得が考えられます。このうち、株式等の譲渡に係る所得については、それらが「株式等の譲渡に係る譲渡所得（株譲渡所得）」、「株式等の譲渡に係る雑所得（株雑所得）」又は「株式等の譲渡に係る事業所得（株事業所得）」のいずれに該当するのか、という問題があります。

その点について、租税特別措置法取扱通達37の10・37の11共－2（株式等の譲渡に係る所得区分）では、当該株式等の譲渡が営利を目的として継続的に行われているかどうかにより判定することとされています（Q5参照）。

国税庁事前照会事例において、ベンチャー投資等を行う投資組合についての所得区分の考え方が以下の通り記載されています。

> （前略）
> 　ベンチャー投資等を行う投資組合は、株式公開をめざすベンチャー企業等の株式等に対して投資し、これを売却することによるキャピタルゲインの獲得を目的として組成される共同事業体であり、組合存続期間にわたって、複数のベンチャー企業等に対して投資及びその回収を行っており、営利を目的として継続的に株式等の譲渡を行っているものと考えられます。
> 　従って、下記の全ての要件が充足され、かつ、投資組合契約書等に記載されている場合においては、出資者が共同で営利を目的として継続的に行う株式等の譲渡を行うものと位置づけられ、個人投資家が当該投資組合を通じて得た株式等の譲渡に係る所得は、株雑所得又は株事業所得（以下「株雑所得等」という。）に該当するものと考えられます。
> 　① 株式等への投資を主たる目的事業としていること
> 　② 各組合員において収益の区分把握が可能であること
> 　③ 民法上の任意組合が前提とする共同事業性が担保されていること
> 　④ 投資組合が営利目的で組成されていること
> 　⑤ 投資対象が単一銘柄に限定されないこと
> 　⑥ 投資組合の存続期間が概ね5年以上であること

❷ 個人投資家における投資組合の運営経費等の税務上の取扱い

照会事例では、上記の①から⑥の要件を満たし、当該組合から発生した株式等の譲渡に係る所得が株雑所得等に該当する場合における組合で発生する経費について、以下の通り規定しています。

（1） 無限責任組合員等に対する管理報酬及びこれに準ずる費用

無限責任組合員等に対する管理報酬は、投資組合の主たる目的事業（例えば、投資先企業の育成と株式公開によるキャピタルゲインの獲得等）を行うために組

成された投資組合の運営費用として毎期徴収されるものであり、その金額の計算は投資組合の純資産額又は出資約束金総額の一定率とすることが一般的です。
　このように管理報酬は投資組合の規模に応じて発生する義務的経費であり、その目的もキャピタルゲインの獲得等の投資組合が主たる目的とする複数の事業から生じる収入に間接的に貢献していることから、投資組合が主たる目的とする複数の事業へ投下した財産の合計額に対するそれぞれの事業へ投下した財産額の比率によって管理報酬の総額を按分することにより、各種所得の金額の計算上、控除する必要経費を算定することが合理的と思われます。
（中略）
　同様に、投資組合の運営における義務的経費である監査報酬等の費用についても、（略）各種所得に対応する必要経費を算定することが相当と考えられます。
（中略）
　なお、（略）各種所得に経費が按分されることにより、例えば、投資組合において株式等の譲渡収入がない事業年度においても、株式等の譲渡に係る所得に経費が按分されることが考えられますが、当該按分された経費は、株式等の譲渡収入を得るための必要経費であるため、各個人投資家の株式等の譲渡に係る他の所得との通算が可能であるものと考えます。

(2) 無限責任組合員等に対する成功報酬
　株式等への投資を主たる事業とする投資組合においては、無限責任組合員等に対する成功報酬は、無限責任組合員等が投資組合の投資先企業を適切に指導・育成した結果、投資先企業が株式公開を達成することにより得られた利益に対する報酬として、投資組合契約書に定める計算式に従って算出した額が支払われるものです。
（中略）
　① 成功報酬の計算が投資組合の目的とする事業単位で行われる場合
　　投資組合契約書において成功報酬の計算が投資組合の目的とする事業単位で行われることとされている場合には、成功報酬と事業との対応関係が明確であるため、成功報酬はその計算対象となった事業に係る経費として取り扱うことが相当と考えます。
　　従って、例えば、株式等のキャピタルゲインを対象に成功報酬を算出することとしている場合には、当該算出額を株雑所得等の金額の計算上、必要経費として控除することとなります。
　② 成功報酬の計算が投資組合活動から生じた収入全体を対象として算出することとしている場合
　　投資組合契約書において成功報酬の計算が投資組合全体を計算単位として規

> 定されている場合には、当該成功報酬は投資組合の主たる事業からの収入の獲得に間接的に貢献しているものであり、管理報酬と同等の性質を有すると考えられます。
> 　従って、この場合には、管理報酬に準じた方法（投資組合の主たる目的事業資産の比率によって按分する方法）によって、投資組合が主たる目的とする各事業に係る成功報酬の金額をそれぞれ計算し、各種所得の金額の計算上、必要経費として控除することが相当と考えます。
> （以下略）

このように、投資組合において発生することが想定される管理報酬や監査費用等、及び成功報酬については、投資組合の事業から生じる収入に直接又は間接に貢献しているものであるため、当該経費が発生した都度、合理的に各所得に按分した上で、株雑所得をはじめとする各種所得の必要経費として取り扱うことができるとされています。

3 本件へのあてはめ

上記の照会事例は投資事業有限責任組合及び民法上の任意組合を通じた株式投資についてのものですが、任意組合等に類似する外国パートナーシップに対しても適用して差し支えないものと考えられます。

したがって、外国パートナーシップが上記 1 ①から⑥の要件を満たす場合には、株式等の譲渡により生じる所得は株雑所得又は株事業所得に該当し、同年度にパートナーシップで発生する運営経費を必要経費として株雑所得又は株事業所得の所得計算上控除することができると考えます。

なお、これにより計算された株雑所得等の適用税率は、20.315％（所得税及び復興特別所得税15.315％、地方税5％）となります。

参考（関連条文）
措法37条の10、37条の11
措基通37の10・37の11共－2
国税庁(文書回答事例)「投資事業有限責任組合及び民法上の任意組合を通じた株式等への投資に係る所得税の取扱いについて」

Q90 ベンチャーキャピタルファンドへの投資と株式譲渡に係る損益の通算

Q 私（居住者たる個人）は、ベンチャー企業の支援をしようとファンド（投資事業有限責任組合）に投資をしています。この度、ファンドから収益が分配されましたが、これはファンドが保有していた未公開企業の株式を他の企業に売却したことに伴って収益が生じたためとのことでした。

　この収益の分配は、株式等の譲渡による雑所得として確定申告する必要があると聞きましたが、その際、ファンド投資とは別に保有している上場株式の譲渡損失と損益通算することはできますか。

A ファンドから分配された収益は、当該ファンドが保有していた未公開企業の株式を他の企業に売却したことに伴うものとのことですので、株式等の譲渡による雑所得（株雑所得）として申告分離課税の対象となり、確定申告をすることとなります。

　この株雑所得の金額は、今回ファンドで売却された株式が上場株式ではないことから、ファンドと別に保有している上場株式の譲渡に係る損失が生じていたとしても、その譲渡損失と損益通算することは認められません。

（検　討）

1 ベンチャーキャピタルファンドから得る株式の譲渡益に係る課税の取扱い

(1)　ベンチャーキャピタルファンドから得る株式の譲渡益に係る所得区分

　個人投資家が投資するベンチャーキャピタルファンドは、一般に、投資事業有限責任組合として組成されます。ベンチャーキャピタルファンドは事業を立ち上げて間もない未公開企業の株式等に投資をすることが多く、その収益源は主に投資先企業の株式等の譲渡益です。

このようなファンド（投資事業有限責任組合）を通じて稼得する株式の譲渡による収益の所得税法上の所得区分について、国税庁が公表している文書回答事例「投資事業有限責任組合及び民法上の任意組合を通じた株式等への投資に係る所得税の取扱いについて」では、下記のすべての要件が充足され、かつ、投資組合契約書等に記載されている場合には、株式等の譲渡に係る雑所得（事業として行う場合は株式等の譲渡による事業所得）に該当することが明らかにされています（Q89参照）。

① 株式等への投資を主たる目的事業としていること
② 各組合員において収益の区分把握が可能であること
③ 民法上の任意組合が前提とする共同事業性が担保されていること
④ 投資組合が営利目的で組成されていること
⑤ 投資対象が単一銘柄に限定されないこと
⑥ 投資組合の存続期間が概ね5年以上であること

(2) ファンド決算書に記載された必要経費の取扱い

個人投資家は、ファンドから交付される決算書に基づいて確定申告することになりますが、上記(1)①から⑥の要件を充足して、ファンド内で生じる株式の譲渡益を株式等の譲渡に係る雑所得（株雑所得）として取り扱うことになる場合には、当該決算書に掲載されているファンド運営上の必要経費を、株雑所得の金額の計算上必要経費として控除するものと考えられます。

ファンド運営上の必要経費にファンドの無限責任組合員（GP）に対する管理報酬が含まれる場合は、ファンドから生じる所得の種類ごとに配賦する必要がありますが、前述の文書回答事例では、ファンドが投資する事業に対して投下した財産の額の比率によって当該管理報酬の総額を按分することが合理的な方法として示されています。つまり、株雑所得に配賦される金額は、管理報酬をファンドが投下する事業資産の合計額のうちに株式のキャピタルゲインを得ることを主たる目的とする事業に投下する資産

の占める割合で按分するものと考えられます。

　そして、未公開企業の株式等への投資というファンドの事業目的に鑑みると、ファンド内で毎事業年度に株式の譲渡収入が生じるとは限りませんが、株式の譲渡収入がない事業年度において生じる必要経費についても、株式等の譲渡収入を得るための必要経費であることには変わりがないことから、個人投資家の他の一般株式等に係る株雑所得から控除することも可能であると考えられます。

2 未公開企業の株式等の譲渡による譲渡所得等の損益通算

　未公開企業の株式等の譲渡による譲渡益は、「一般株式等の譲渡に係る事業所得、雑所得及び譲渡所得」として申告分離課税の対象となり、20.315％（所得税及び復興特別所得税15.315％、地方税5％）の税率で課税されることになります。ファンド投資に係る株雑所得はこれに該当し、確定申告が必要です。

　一般株式等の譲渡に係る譲渡損失は、他の一般株式等の譲渡益との損益通算は認められていますが、上場株式等の譲渡に係る譲渡益との通算は認められていません。

3 本件へのあてはめ

　ファンドから分配された収益は、当該ファンドが保有していた未公開企業の株式を他の企業に売却したことに伴うものとのことです。したがって、そのファンドが上記1 (1)①から⑥の要件を充足することを前提とすると、当該収益は株雑所得に該当するものと考えられます。この場合、当該未公開企業の株式の譲渡に係る収入金額から、ファンド決算書におけるファンド運営に係る必要経費を控除して、所得の金額を計算することになります。

　この株雑所得の金額は、他に一般株式等の譲渡に係る損失が生じている場合、例えば、他のベンチャーキャピタルファンド投資において未公開企業の株式に係る譲渡損失が生じた場合などには、その譲渡損失と損益通算

することが可能ですが、同一年に上場株式の譲渡に係る損失が生じていたとしても、当該上場株式に係る譲渡損失と損益通算することは認められませんので注意が必要です。

参考（関連条文）

措法第37条の10、第37条の11、第37条の12の2
措通37の10・37の11共－2
国税庁（文書回答事例）「投資事業有限責任組合及び民法上の任意組合を通じた株式等への投資に係る所得税の取扱いについて」

個人が匿名組合契約に基づき太陽光発電事業に投資を行い利益の分配を受ける場合の課税関係

Q 私（居住者たる個人）は太陽光発電事業を行う内国法人Ａ社（営業者）との間で匿名組合契約を締結し、当該契約に基づき匿名組合員としてＡ社に対し出資を行っています。毎年Ａ社から匿名組合契約に基づく利益の分配又は損失の分配がありますが、この所得はどのように取り扱われますか。

A 匿名組合契約上、その年中に組合員が受けるべき匿名組合利益分配を雑所得として所得認識する必要があります。
　損失の分配は、他の所得との損益通算はできません。

（検 討）

1 太陽光発電事業

　太陽光発電事業は、一般的に、特別目的会社（SPC）が太陽光パネルを取得し、当該太陽光パネルを使用して売電収入を得ることにより、収益を獲得するスキームです。太陽光パネルの購入には多額の資金を必要とするため、金融機関等から借入れを行うほか、出資者から出資を募ります。一般的な出資形態の一つとして、商法上の匿名組合契約に基づく匿名組合型があります。

　匿名組合型の場合、営業者は一般的に、匿名組合事業に係る利益の計算上、太陽光パネルについて税務上の限度額まで減価償却を行い、減価償却費計上後の損益を匿名組合員に分配します。

2 匿名組合員の所得税課税

　匿名組合の損益は、匿名組合の営業者及び匿名組合員の損益として法人税又は所得税の課税対象となります。匿名組合の税務上の取扱い概要については Q82 のとおりです。

　匿名組合員たる個人（居住者）が匿名組合契約に基づき営業者から受ける利益の分配は、20.42％の源泉所得税が課された上で、総合課税の対象となります。所得分類は、原則として雑所得とされます（ただし、匿名組合員が匿名組合契約に基づいて営業者の営む組合事業に係る重要な業務執行の決定を行っているなど組合事業を営業者と共に経営していると認められる場合には、営業者から受ける利益の分配は、当該営業者の事業の内容に従って事業所得又はその他の各種所得に分類されます）。

　雑所得として取り扱われる匿名組合に基づく利益の分配は、所得税法上、総合課税の対象とされます。匿名組合に基づく利益の分配に源泉所得税が課される場合における当該源泉所得税額は、確定申告の際、所得税額から控除することができます。

　損失の分配については、雑所得のマイナスとして取り扱われるため、雑所得以外の他の所得との損益通算はできません。また、匿名組合契約において、投資家に対し、各計算期間に損失の負担を求めず、匿名組合契約の終了時に損失分担義務を負うこととしている場合は、当該損失は各計算期間において未だ確定していないことから、当該計算期間の各種所得の計算上匿名組合員たる個人の雑所得の必要経費に算入することはできないとされています（翌営業年度以降に当該匿名組合事業に利益が生じた場合については、出資の欠損額を填補した後に分配を受ける利益が、各種所得の金額の計算上総収入金額に算入されることになります）（ Q82 参照）。

3 本件へのあてはめ

　匿名組合員たる個人が匿名組合契約に基づき営業者から受けるべき利益の分配は、原則として雑所得として総合課税の対象となります。確定申告により、利益の分配に課された源泉所得税を控除することができます。

〈匿名組合イメージ図〉

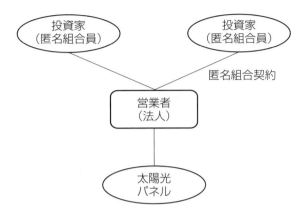

Q91 個人が匿名組合契約に基づき太陽光発電事業に投資を行い利益の分配を受ける場合の課税関係

参考(関連条文)

所基通2-5、36・37共-21

第6章

その他の金融・投資商品の税務

合同運用信託の課税関係

Q 私（居住者たる個人）は、信託銀行が組成した合同運用信託に投資を行っています。収益分配金や売却に係る損益はどのように取り扱われますか。上場株式の譲渡損益や配当との損益通算なども可能になるのでしょうか。

A 合同運用信託の収益分配金は、利子所得として取り扱われ、支払いの際に20.315％（所得税及び復興特別所得税15.315％、地方税5％）の源泉徴収がなされます。源泉徴収で課税関係が完結します。

合同運用信託の受益権の譲渡については、一般の譲渡所得として、総合課税（最高税率56％）が適用されます。

（検 討）

所得税法上、合同運用信託とは、「信託会社が引き受けた金銭信託で、共同しない多数の委託者の信託財産を合同して運用するもの（投資信託及び投資法人に関する法律第2条第2項（定義）に規定する委託者非指図型投資信託及びこれに類する外国投資信託並びに委託者が実質的に多数でない信託を除く。）をいう」、とされています。

ここで、合同運用信託の範囲から除かれる「委託者が実質的に多数でない信託」とは、信託の効力発生時において、信託の委託者の全部が委託者の一人及び当該委託者の親族等である場合における当該信託、とされます。

❶ 収益分配金に係る税金

合同運用信託の収益分配金は、利子所得として取り扱われ、支払いの際に20.315％（所得税及び復興特別所得税15.315％、地方税5％）の源泉徴収がなされます。源泉徴収で課税関係が完結します。

2 売却時の取扱い

　公社債の譲渡益及び償還益は、株式等に係る譲渡所得等として、上場株式等又は一般株式等の区分に応じ、それぞれ申告分離課税の対象として取り扱われます。

　しかし、合同運用信託の受益権は税務上、分離課税の対象となる株式等の範疇に含まれていません。したがって、合同運用信託を譲渡したことにより生じる譲渡益については、その所有期間に応じて長期譲渡所得又は短期譲渡所得として、総合課税（最高税率約56％）の対象とされることになります。上場株式の譲渡損益や配当との損益通算などはできません。

参考（関連条文）
所法2条十一、23条、所令2条の2
措法3条、

海外に所在する不動産を売却した場合の譲渡所得計算

Q 私（居住者たる個人）は保有している海外所在の不動産（別荘用、貸付は行っていない）を譲渡しました。取得価額及び売却価額は以下の通りですが、譲渡益はどのように計算されますか。

- 取得価額：1百万ドル
- 取得時の為替レート（TTS）：100円／ドル

（円からドルへの交換と不動産の取得は同日）

- 売却価額：0.9百万ドル
- 売却時の為替レート（TTB）：150円／ドル

（不動産の売却とドルから円への交換は同日）

なお、私は所得税法上の日本の居住者であり、日本に10年以上居住していることから永住者に該当します。

A 海外不動産の譲渡により生じた損益は、日本円に引き直して計算を行い、土地建物の譲渡所得等として申告分離課税の対象となります。

1 課税方法

　日本の居住者（永住者に限る）は、国内で生じた所得及び国外で生じた所得のいずれについても、日本で課税されます（全世界所得課税）。

　したがって、日本の居住者が海外の不動産を売却したことにより得た譲渡益に対しては、国内にある不動産を売却した場合と同様に課税されることとなります。

　この場合、外国通貨で行われた不動産の譲渡収入の金額及び不動産を取得した際の取得価額の金額は、原則として、その取引日における対顧客直物電信売相場（TTS）と対顧客直物電信買相場（TTB）の仲値（TTM）に

より換算されます。

　ただし、特例として、不動産を売却して外国通貨を直ちに本邦通貨とした場合にはTTBで、本邦通貨を外国通貨として直ちに海外不動産を取得した場合にはTTSで譲渡所得を計算することができます。

2 具体的な計算例

　おたずねの場合、原則として取引日のTTMを使用して土地建物等に係る譲渡所得の金額を計算することとなりますが、円からドルへの交換と不動産の取得は同日であり、また、不動産の売却とドルから円への交換は同日とのことですので、1のただし書き以降に記載の特例を適用し、以下の金額を土地建物等に係る譲渡所得の金額として取り扱うことができます。

〈計算例〉　（※）購入手数料や売却手数料、減価償却による取得価額の調整はないものとします。
- 取得価額：1百万ドル×100円／ドル（取得時のTTS）＝100百万円
- 譲渡収入：0.9百万ドル×150円／ドル（売却時のTTB）＝135百万円
- 譲渡所得：135－100＝35百万円

　本件では、ドル建ベースでは譲渡損失が発生していますが、日本円に引き直すと譲渡益が発生するため、申告が必要となります。

3 外国税額控除の適用

　本件の不動産の譲渡について、不動産の所在地国において所得税に相当する税が課される場合、日本の申告上、外国税額控除の適用を受けることが可能です。

　外国税額控除を受けるためには、不動産を売却した年分の確定申告の際に一定の書類を添付する必要があります（具体的な計算はQ29参照）。

参考（関連条文）
所法7条、33条、57条の3、95条
措法31条、32条
所基通57の3－2

Q94 海外に所在する中古建物に係る不動産所得の計算

Q 私（居住者たる個人）は、海外の不動産に投資をしています。2つの物件を所有しており、家賃収入、必要経費は下記のとおりです。このうち、中古の居住用建物については損失が生じていますが、この損失は損益通算の対象になりますか。

（1） 新築マンション（鉄筋コンクリート）
① 業務（貸付）供用日：2024年10月1日
② 家賃収入：月8,000USドル（1USドル＝150円で計算する）
③ 必要経費
- 減価償却費：建物取得費2,000,000USドル（1USドル＝140円で計算する）、法定耐用年数47年
- その他の必要経費：月120USドル（1USドル＝150円で計算する）

（2） 中古居住用建物（木造）
① 業務（貸付）供用日：2024年2月1日
② 家賃収入：月5,000USドル（1USドル＝150円で計算する）
③ 必要経費
- 減価償却費：建物取得費700,000USドル（1USドル＝132円で計算する）、法定耐用年数22年（築18年）、なお、使用可能期間の見積りが困難なことから、簡便法を使用する予定
- その他の必要経費：月100USドル（1USドル＝150円で計算する）

※上記の為替換算レートは便宜上のもので、実際には発生時のレートで為替換算する必要があります。

A 国外に所在する賃貸用の中古建物を取得し、減価償却費の計算に簡便法を用いる場合には、不動産所得に係る損失額のうち償却費の額に相当する部分の金額は他の所得との損益通算が認められません。

本件の中古居住用建物に係る不動産所得の金額には損失が生じているため、償却費の計算が簡便法により行われる場合、本件新築マンションに係る不動産所得の金額を合算して計算した国外不動産所得の損失の額のうち本件中古居住用建物に係る償却費の額に相当する部分の金額は、損益通算の対象にはなりません。

（検 討）

１ 国外に所在する建物に係る不動産所得の金額の計算（本件新築マンション）

　建物の賃貸に係る不動産所得の金額は、その年中の不動産所得に係る総収入金額から必要経費を控除した金額とされています。この必要経費には減価償却費が含まれ、原則として、法定耐用年数に応じて定額法で償却費の計算をすることとされています。本件の新築マンションに係る不動産所得の金額は、下記のとおりです。

① 収入金額

　8,000USドル×3か月（10月から12月）×150円＝3,600,000円

② 必要経費

〔減価償却費〕

　2,000,000USドル×140円×0.022（47年の定額法償却率）× $\dfrac{3か月}{12か月}$

　＝1,540,000円

〔その他〕

　120USドル×3か月×150円＝54,000円

〔計〕

　1,540,000円＋54,000円＝1,594,000円

③ 所得金額

　①－②＝2,006,000円

2 国外中古建物の不動産所得の金額の計算(本件中古居住用建物)

中古建物であっても、不動産所得の金額の計算は上記1と同様ですが、減価償却費の計算については、法定耐用年数ではなく、使用可能期間として見積もられる年数か、その見積りが困難である場合には、以下の簡便的な方法(簡便法)により算定した年数(1年未満の端数があるときはその端数を切り捨て、2年に満たない場合には2年とすることとされています)を用いることが認められています。

(a) **法定耐用年数の全部を経過した資産**

法定耐用年数×20%

(b) **法定耐用年数の一部を経過した資産**

(法定耐用年数－経過年数)＋経過年数×20%

この簡便法を適用して計算した、本件中古居住用建物に係る不動産所得の金額は、下記のとおりです。

① 収入金額

5,000USドル×11か月(2月から12月)×150円＝8,250,000円

② 必要経費

〔減価償却費〕

700,000USドル×132円×0.143(7年(※)の定額法償却率)×$\dfrac{11か月}{12か月}$
＝12,112,100円

(※)(22年－18年)＋18年×20%＝7.6年➡7年

〔その他〕

100USドル×11か月×150円＝165,000円

〔計〕

12,112,100円＋165,000円＝12,277,100円

③ 所得金額(損失)

①－②＝△4,027,100円

❸ 国外不動産所得の損失に係る損益通算制限

　不動産所得の金額の計算上、国外不動産所得の損失の金額があるときは、当該国外不動産所得の損失の金額に相当する金額は、生じなかったものとみなすこととされています。国外不動産所得の損失の金額とは、国外中古建物の貸付けによる損失の金額のうち、当該国外中古建物の償却費の額に相当する部分の金額とされ、また、国外中古建物とは、不動産所得を生ずべき業務の用に供した国外にある中古の建物で、見積使用可能期間又は簡便法により算定した年数を用いて償却計算するものをいいます（ただし、見積使用可能期間を用いている場合で、当該期間が適当であることの確認ができるものを除きます）。

　つまり、国外に所在する賃貸用の中古建物を取得し、減価償却費の計算に簡便法等を用いる場合にこの措置の対象となり、不動産所得に係る損失額のうち国外中古建物に係る償却費の額に相当する部分の金額は他の所得との損益通算が認められません。

　本件中古居住用建物に係る不動産所得は損失が生じていますので、その損失の額は損益通算制限の対象となります。損益通算ができない国外不動産所得の損失の金額の具体的な計算は、下記のとおりです。

① 国外中古建物（所得が赤字になる場合）以外の国外不動産所得
　⇒ 2,006,000 円
② 国外中古建物の損失金額のうち償却費以外の金額
　⇒ 0 円（損失の全額が償却費から生じている）
③ 国外不動産の所得金額
　⇒ 2,006,000 円（①－②）
④ 国外中古建物の損失金額のうち償却費
　⇒ 4,027,100 円
⑤ 損益通算ができない国外不動産所得の損失の金額
　⇒ 2,021,100 円（④－③）

　すなわち、本件では不動産所得の金額は0（③国外不動産の所得金額よりも④国外中古建物の損失金額のうち償却費のほうが大きいため）、不動産所得

の金額の計算上生じた損失の額がないことになるため他の所得と損益通算できる金額はなし、となります。

　なお、確定申告をする際には、下記の付表を添付することとされています。

❹ 外国税額控除の適用

　本件の国外不動産の賃貸に関して、不動産の所在地国において所得税に相当する税が課される場合、日本での確定申告に際して、外国税額控除を適用できる可能性があります。外国税額控除の適用を受けるためには、確定申告書に一定の書類を添付する必要があります（具体的な計算は、Q29参照）。

年分　青色申告決算書又は収支内訳書（不動産所得用）付表
《国外中古建物の不動産所得に係る損益通算等の特例》

氏名＿＿＿＿＿＿＿＿

1　国外中古建物（所得金額が赤字になる場合）の損失金額等

資産の名称	A 収入金額	B 必要経費	C 損失金額 (B−A)	D Bの必要経費のうち減価償却費の金額	E 国外中古建物の損失金額のうち償却費の金額（CとDのうちいずれか少ない方の金額）	F 国外中古建物の損失金額のうち償却費以外の金額 (C−E)
	円	円	円	円	円	円
合計					(Mに転記)	(Kに転記)

2　上記1に記載した国外中古建物以外の国外不動産等の所得金額（所得金額が黒字になる場合）

資産の名称	G 収入金額	H 必要経費	I 所得金額 (G−H)
	円	円	円
合計			(Jに転記)

3　国外不動産所得の損失の金額の計算

J 国外中古建物（所得が赤字になる場合）以外の国外不動産の所得金額の合計額【Iの合計を転記】	円
K 国外中古建物の損失金額のうち償却費以外の金額の合計額【Fの合計を転記】	
L 国外不動産等の所得金額（国外中古建物の損失金額のうち償却費以外の金額控除後）の合計額【J−K】（赤字の場合は0）	
M 国外中古建物の損失金額のうち償却費の金額の合計額【Eの合計を転記】	
N 損益通算ができない国外不動産所得の損失の金額【M−L】（赤字の場合は0）	

出典：国税庁ホームページ
　　　https://www.nta.go.jp/taxes/tetsuzuki/shinsei/annai/shinkoku/annai/pdf/0021012-103_02.pdf

Q94 海外に所在する中古建物に係る不動産所得の計算

> **参考(関連条文)**
>
> 所法26条、49条、69条、95条
> 所令120条の2①
> 減価償却資産の耐用年数等に関する省令3条
> 措法41条の4の3
> 措令26条の6の3
> 措規18条の24の2
> 【参考】 国税庁ホームページ
> 「青色申告決算書又は収支内訳書(不動産所得用)付表《国外中古建物の不動産所得に係る損益通算等の特例》」

Q95 信託契約を通じて不動産に投資をする場合の受益者の所得

Q 私（居住者たる個人）は日本国内の不動産を保有し賃貸事業を行う信託の受益権を保有しています。この信託から毎年利益又は損失の分配がありますが、この利益（損失）は税務上どのように取り扱われますか。

なお、この信託は日本の信託法に基づき設定されています。また、この信託は、税務上の、集団投資信託、退職年金等信託又は法人課税信託といった信託には該当しないものとします。

A 信託は税務上、導管（パススルー）として取り扱われるため、信託の受益者は、信託が稼得した収入の属性に応じて所得を認識する必要があります。

本件の信託において損失が生じた場合は、損失を個人受益者の他の所得と損益通算することはできません。また、他の黒字の不動産所得から控除することもできません。

（検 討）

1 信託の税務上の取扱い

所得税法第13条第1項において、「信託の受益者（受益者としての権利を現に有するものに限る）は当該信託の信託財産に属する資産及び負債を有するものとみなし、かつ、当該信託財産に帰せられる収益及び費用は当該受益者の収益及び費用とみなして、この法律を適用する。ただし、集団投資信託、退職年金等信託又は法人課税信託の信託財産に属する資産及び負債並びに当該信託財産に帰せられる収益及び費用についてはこの限りではない」とされています。

すなわち、集団投資信託、退職年金等信託又は法人課税信託といった但

書信託以外の信託は、税法上、導管（パススルー）として取り扱われ、信託財産に係る資産・負債、収益・費用は受益者に帰属するものとして取り扱われることになります。したがって、受益者は信託から現実に現金等の分配がなされなくても、信託に収益が生じた時点で収益認識をする必要があります（受益者等課税信託）。

信託財産を有するものとされる受益者の範囲については、所得税法上、「受益者としての権利を現に有するものに限る」とされています。また、①信託の変更をする権限（軽微な変更をする権限として政令で定めるものを除く）を現に有し、かつ、②当該信託の信託財産の給付を受けることとされている場合には、受益者以外の者も受益者とみなされ、信託財産を有するものとして取り扱われます。

所得税基本通達では、委託者と受益者がそれぞれ単一であり、かつ、同一の者である場合、信託行為に基づき信託した資産の委託者から受託者への移転、信託の終了に伴う残余財産の給付としての資産の受託者から受益者への移転は、資産の譲渡や取得に該当しないことが明記されています。

なお、信託の受託者から、個々の受益者ごとに、受託者の事業年度終了後1月以内に信託の計算書が所轄税務署に提出されます。

2 信託受益者の税務上の取扱い

(1) 所得認識の時期

受益者等課税信託の受益者たる個人は、その信託の計算期間にかかわらず、受益者のその年分の各種所得の金額の計算上総収入金額又は必要経費に算入する、とされています。

(2) 利益等の額の計算

受益者等課税信託の受益者たる個人については、信託財産たる資産及び負債並びに当該信託財産に帰せられる収益及び費用を、受益者たる個人に直接帰属するものとして計算する必要があります。

任意組合等への投資については、組合計算期間に合わせた組合損益の取込みや、純額方式での損益取込みが投資家の選択により認められています

が、受益者等課税信託を通じた投資については、このような簡便的な処理は認められず、より厳密な総額方式に基づくパススルー処理を行う必要があります。

(3) 信託損失が生じた場合

信託を通じて個人が不動産に投資をする場合、任意組合等を通じた場合と同様、損失の利用に関し制限規定があります。

具体的には、特定受益者に該当する個人が、各年において、信託から生ずる不動産所得を有する場合において、その年分の不動産所得の金額の計算上、損失の金額があるときは、当該損失の金額は、生じなかったものとみなされます。

この不動産所得の損失の金額は、各信託契約の事業ごとに計算されます。組合事業から生じる不動産所得の損失と同様、他の所得との損益通算の規定の適用を受けられないのみならず、他の信託／組合事業による不動産所得の金額（黒字額）から控除（不動産所得内の通算）することもできません。

ここで、特定受益者とは所得税法第13条第1項に規定する受益者（同条第2項の規定により受益者とみなされる者を含む）をいう、とされており、受益者等課税信託の受益者であればすべて本信託の損益通算等の特例の対象とされます。

その年において信託から生ずる不動産所得を有する個人が確定申告書を提出する場合には、財務省令で定めるところにより、当該信託から生ずる不動産所得の金額の計算に関する明細書を当該申告書に添付しなければなりません。

(4) 信託受益権の譲渡

受益者等課税信託の受益者がその有する受益権を譲渡した場合は、その信託財産に属する資産及び負債の譲渡が行われたものとして取り扱われます。

信 託 の 計 算 書
(自　　年　月　日　至　　年　月　日)

信託財産に帰せられる収益及び費用の受益者等	住所(居所)又は所在地			
	氏名又は名称		番号	
元本たる信託財産の受益者等	住所(居所)又は所在地			
	氏名又は名称		番号	
委託者	住所(居所)又は所在地			
	氏名又は名称		番号	
受託者	住所(居所)又は所在地			
	氏名又は名称	（電話）		
	計算書の作成年月日	年　月　日	番号	

信託の期間	自　　年　月　日 至　　年　月　日	受益者等の異動	原因	
			時期	
信託の目的				

受益者等に交付した利益の内容	種類		受託者の受けるべき報酬の額等	報酬の額又はその計算方法	
	数量			支払義務者	
	時期			支払時期	
	損益分配割合			補てん又は補足の割合	

○「番号」欄に個人番号（12桁）を記載する場合には、右詰で記載します。

収益及び費用の明細

収益の内訳	収益の額	費用の内訳	費用の額
	千　　　　円		千　　　　円
収益		費用	
合計		合計	

資産及び負債の明細

資産及び負債の内訳	資産の額及び負債の額	所在地	数量	備考
	千　　円			
資産				
合計				
負債		(摘要)		
合計				
資産の合計－負債の合計				

整理欄	①	②	

357

出典：国税庁ホームページ
https://www.nta.go.jp/taxes/tetsuzuki/shinsei/annai/hotei/pdf/h28/23100054-01.pdf

3 本件へのあてはめ

　税務上、導管（パススルー）として取り扱われる本件信託の受益者たる個人は、自身が信託財産たる不動産を保有しているものとして、当該信託が稼得した収入（たとえば不動産賃貸収入）の属性に応じて所得を認識する必要があります。

　信託において損失が生じた場合は、不動産所得の損益通算等の特例の適用により、損失を個人受益者の他の所得と損益通算することはできません。また、他の黒字の不動産所得から控除することもできません。

〈一般的な信託のイメージ図〉

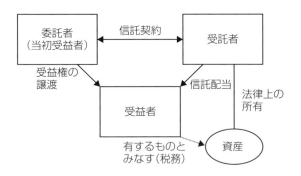

参考（関連条文）

措法41条の4の2、措令26条の6の2、措規18の24
所法13条、227条、所基通13－2、13－3、13－5、13－6

航空機リース事業に係る投資損失の取扱い

Q 私（居住者たる個人）は航空機リース事業に投資を行っていますが、旅客ビジネスが不調となり、当初見込んでいた賃貸料収入が得られなくなる見込です。

航空機リース事業で損失が生じた場合、どのような課税関係になるのでしょうか。

なお投資の形態には、機体を直接保有して賃貸しているものと、任意組合を通じて投資しているものがありますが、当該任意組合の業務執行には関与していません。

- 直接航空機を保有して賃貸するもの
  ① 賃貸料収入：10,000,000 円
  ② 必要経費（減価償却費、支払利子など）：12,000,000 円
- 任意組合を通じて投資するもの
  ① 賃貸料収入： 5,000,000 円
  ② 必要経費（減価償却費、支払利子など）： 8,000,000 円

A 直接航空機を保有して賃貸する場合も、任意組合を通じて投資する場合も、航空機リースの賃貸に係る所得は、所得税法上、不動産所得として取り扱われますが、任意組合を通じて投資する場合には、当該任意組合の業務執行に関与しない特定組合員について当該任意組合の事業から生じる損失の額は、不動産所得の金額の計算上、生じなかったものとみなされます。

（検討）

❶ 航空機をリースした場合の所得区分

航空機の貸付けによる所得は、事業所得に該当する場合を除き、不動産所得に区分されます。

不動産所得の金額は、その年中の不動産所得に係る総収入金額から必要経費を控除した金額とされ、具体的には、航空機のリースに係る賃貸料収入等の収入金額から、当該航空機に係る減価償却費や、これを取得する際の借入金の利子、損害保険料等の必要経費を控除して計算されます。

賃貸料収入等が減少し、不動産所得の金額の計算上損失の額が生じた場合には、事業所得、給与所得等の他の所得の金額から控除し（損益通算）、なお控除しきれない部分の金額（純損失の金額）は翌年以降3年間の繰越控除が認められています。

❷ 任意組合を通じて投資した場合の課税関係

任意組合を通じて航空機をリースする場合、税務上は当該任意組合の各組合員が直接航空機を保有し、これをリースするものとして取り扱われますので、当該各組合員が分配を受ける組合損益は、原則として、不動産所得として取り扱うこととなります。

ただし、任意組合を通じて稼得する所得が不動産所得であり、かつ、当該任意組合の事業から損失が生じた場合には、特例的な取扱いがあるため注意が必要です。つまり、任意組合の組合員が特定組合員に該当する場合、当該任意組合に係る事業から生じた不動産所得の損失の金額は、生じなかったものとみなされます。したがって、上記❶の取扱いと異なり、損益通算の対象とはなりません。また、他の黒字の不動産所得から控除することもできません。

ここで、特定組合員とは、組合事業に係る重要な財産の処分若しくは譲受け又は組合事業に係る多額の借財に関する業務の執行の決定に関与し、かつ、当該業務のうち契約を締結するための交渉その他の重要な部分を自

ら執行する組合員以外のものをいうこととされています。一般に、航空機リース事業を目的として組成される任意組合に出資する組合員は、これに該当するものと考えられます。

3 本件へのあてはめ

　直接航空機を保有して賃貸する場合も、任意組合を通じて投資する場合も、航空機リースの賃貸に係る所得は、所得税法上、不動産所得として取り扱われる点については同様ですが、航空機リース事業から損失が生じた場合の取扱いには差異があります。

　つまり、直接航空機を保有して賃貸する場合には損益通算や純損失の繰越控除の適用があるのに対して、任意組合を通じて投資する場合には、特定組合員に該当すると、損失は生じなかったものとみなされます。

　任意組合を通じた投資は、出資金を拠出することで投資を小口化することを目的として組成されますが、組合員の組合事業に対する関与方法によっては、課税所得計算における損失の計上に制約がありますので、注意が必要です。

〈計算例〉
- 直接航空機を保有して賃貸するもの
① 賃貸料収入：10,000,000 円
② 必要経費（減価償却費、支払利子など）：12,000,000 円
③ 不動産所得の金額（①−②）：△2,000,000 円⇒<u>他の所得との損益通算可能</u>
- 任意組合を通じて投資するもの
① 賃貸料収入：5,000,000 円
② 必要経費（減価償却費、支払利子など）：8,000,000 円
③ 不動産所得の金額（①−②）：△3,000,000 円⇒<u>生じなかったものとみなす</u>
　（注）　なお、直接航空機を保有して賃貸する場合に所得が生じていたとしても、任意組合に係る投資損失との通算はできません。

参考(関連条文)
所法26条、69条、70条
措法41条の4の2

金取引を行った場合の課税関係

Q 私（居住者たる個人）は、数年前に購入し保有していた金（現物）を国内で譲渡したところ、譲渡益が発生しました。この譲渡益についてどのように課税されますか。

なお、私は営利を目的として継続的に金地金の売買をしているものではありません。

A 金（現物）の譲渡により生じた益は、事業目的や営利目的で継続的に金の売買を行っているものでない限り、一般の譲渡所得等として総合課税の対象となります。所有期間が5年以内か5年超かにより、譲渡所得の金額の計算方法が異なります。

（検 討）

1 所得税の取扱い

給与所得者などの個人が保有している金地金を売却した場合の所得は、営利を目的として継続的に金地金の売買をしているものでない限り、原則、一般の譲渡所得として課税され、給与など他の所得と合わせて総合課税の対象になります。原則として、確定申告が必要となります。

譲渡益の額は、以下のように計算されます。

譲渡益＝売却価額－（取得価額＋売却費用）

その年の譲渡益（他の総合課税の譲渡益も含む）から、譲渡所得の特別控除（限度額50万円）を控除した金額が一般の譲渡所得として総合課税の対象となり、累進税率にて課税されます。

なお、所有期間が5年超の場合、長期の譲渡所得として、特別控除後の譲渡所得の金額の2分の1が課税標準として総合課税の対象となります。

また、長期の譲渡益と短期の譲渡益の両方の譲渡益がある場合には、特別控除額は両方合わせて50万円が限度となり、短期の譲渡益から先に控除します。
　なお、国内において金地金等の売買を業として行う者に対し金地金等の譲渡を行う場合は、金地金等の譲渡の対価の支払調書が当該者から税務署に提出されます。

2 消費税の取扱い

　金地金の売買を国内において行う場合には、消費税10%が課されます。
　金の売却をした個人が消費税法上の課税事業者（当該個人の2年前の課税売上高が1,000万円以上や課税事業者選択届を提出している場合等一定の場合）に該当しない限り、個人に消費税の納税義務は発生しません。
　個人が消費税法上の課税事業者に該当しない場合、上記の所得税法上の譲渡益の計算は、消費税込の売却金額で計算することになります。

参考（関連条文）
所法22条、33条、225条
消法4条

株価指数先物取引を行った場合の課税関係

Q 私（居住者たる個人）は、日経225miniへの投資を検討しています。日経225miniは株価指数先物取引として、取引最終日までに反対売買するか、満期日に自動的に決済されることで、損益が確定すると聞きました。この損益は、課税上どのように取り扱われるのでしょうか。

A 日経225miniに係る先物取引を決済したことによる所得は、先物取引に係る雑所得等の金額として申告分離課税の対象となり、20.315％（所得税及び復興特別所得税15.315％、地方税5％）の税率にて課税されることとなります。

また、損失が生じた場合に、先物取引に係る雑所得等のなかで損益通算が認められるのみで、他の種類の所得と損益通算することはできませんが、先物取引に係る雑所得等の金額の範囲内で、3年間にわたって繰越控除することが認められます。

（検討）

1 株価指数先物取引の課税上の取扱い

(1) 申告分離課税の対象となる先物取引

一定の先物取引について決済したこと（差金等決済）による所得は、他の所得と区分し、先物取引による事業所得の金額、譲渡所得の金額及び雑所得の金額（以下、「先物取引に係る雑所得等の金額」）として、20.315％（所得税及び復興特別所得税15.315％、地方税5％）の税率にて課税されます。

この申告分離課税の対象となる先物取引とは、商品先物取引等、金融商品先物取引等及びカバードワラント取引をいいます。株価指数などの有価証券指数を利用した先物取引であるTOPIX先物や日経225先物は、有価証券株価等先物取引(※)として、金融商品先物取引等に含まれます。

(※) 有価証券市場において、有価証券市場を開設する者の定める基準及び方法に従い、当事者があらかじめ有価証券指数（株券その他一定の有価証券について、その種類に応じて多数の銘柄の価格の水準を総合的に表した株価指数その他の指数で有価証券市場を開設する者の指定するもの）として約定する数値（約定指数）又は有価証券（株券その他一定の有価証券のうち有価証券市場を開設する者の指定するもの）の価格として約定する数値（約定数値）と将来の一定の時期における現実の当該有価証券指数の数値（現実指数）又は現実の当該有価証券の価格の数値（現実数値）の差に基づいて算出される金銭の授受を約する取引をいいます。

また、先物取引に係る雑所得等の金額について確定申告書を提出する場合には、その金額に関する計算明細書（先物取引に係る雑所得等の金額の計算明細書）を添付することとされています。

(2) 他の所得との損益通算不可

先物取引に係る雑所得等に該当する投資について損失が生じた場合、先物取引に係る雑所得等の金額の範囲内で損益通算することができます。ただし、その損益通算後に、なお損失の金額が生じる場合には、原則として、当該損失の金額は生じなかったものとみなされますので、他の種類の所得との損益通算は認められません。

(3) 損失の繰越控除

先物取引に係る雑所得等の金額の計算上、損失の金額が生じる場合には、他の所得との損益通算は認められませんが、確定申告書の提出を要件として、その年の前年以前3年内の各年において生じた先物取引の差金等決済に係る損失の金額を、当該年分の先物取引に係る雑所得等の金額の計算上控除する特例が認められています（損失の繰越控除）。

この特例を適用するためには、損失の金額が生じた年分について、損失の金額の計算に関する明細書（〇年分の所得税及び復興特別所得税の申告書付表（先物取引に係る繰越損失用））を添付した確定申告書を提出し、その後において、連続して確定申告書を提出し、さらに、この特例を受ける年分の確定申告書に、この繰越控除を受ける金額の計算に関する明細書（様式は上記と同じ）を添付することが必要です。

2 本件へのあてはめ

　日経225miniに係る先物取引は、有価証券株価等先物取引に該当するため、その先物取引の決済から生じた所得は、先物取引に係る雑所得等の金額として申告分離課税の対象となります。したがって、他の所得と区分して、20.315％（所得税及び復興特別所得税15.315％、地方税5％）の税率にて課税されることとなります。

　また、損失が生じた場合には、先物取引に係る雑所得等のなかで損益通算が認められるのみで、他の種類の所得と通算することはできませんが、先物取引に係る雑所得等の金額の範囲内で3年間にわたって繰越控除することが認められます。繰越控除の適用を受けるためには、損失の金額の計算に関する明細書を添付してその損失が生じた年分の確定申告書を提出し、その後も連続して確定申告書を提出し、さらに、繰越控除を受ける年分の確定申告書に、繰越控除を受ける金額の計算に関する明細書を添付する必要があります。

> **キーワード　日経225mini先物取引**
>
> 　日経225mini先物取引は、日経平均株価を対象とした株価指数先物取引である日経225先物取引の商品性をそのままに、個人投資家の利便性を考慮し、取引単位や証拠金を10分の1に縮小した投資商品です。証拠金を預けることによるレバレッジ効果で、少額の資金で大きな取引が可能となる一方、大きな損失を被る場合もあります。

参考（関連条文）

措法41条の14、41条の15
措令26条の23、26条の26
措規19条の9

先物取引に係る雑所得等の金額の計算明細書

（記載例については、裏面を参照してください。）

この明細書は、先物取引に係る事業所得や譲渡所得、雑所得について確定申告をする場合に使用します。なお、これらのうち2以上の所得があるときは、所得の区分ごとにこの明細書を作成します。詳しくは、『先物取引に係る雑所得等の説明書』を参照してください。

いずれか当てはまるものを○で囲んでください。 → 事業所得用／譲渡所得用／雑所得用

（　　年分）　　氏名＿＿＿＿＿＿＿＿＿＿＿＿＿＿＿

○この明細書は、申告書と一緒に提出してください。

			Ⓐ	Ⓑ	Ⓒ	合計（ⒶからⒸまでの計）
取引の内容	種類					
	決済年月日		・・	・・	・・	
	数量		枚	枚	枚	
	決済の方法					
総収入金額	差金等決済に係る利益又は損失の額	①	円	円	円	円
	譲渡による収入金額（※）	②				
	その他の収入	③				
	計 (①+③)又は(②+③)	④				
必要経費等	手数料等	⑤				
	②に係る取得費	⑥				
	その他の経費	⑦				
		⑧				
		⑨				
	小計 (⑦から⑨までの計)	⑩				
	計 (⑤+⑩)又は(⑤+⑥+⑩)	⑪				
所得金額		⑫				
	(④−⑪)					

→ 申告書第三表（分離課税用）は「収入金額」欄の㋣（申告書第四表（損失申告用）は「1 損失額又は所得金額」欄のFのⒶ収入金額」に転記してください。

→ 黒字の場合は、申告書第三表（分離課税用）の「所得金額」欄の㋵（申告書第四表（損失申告用）は「1 損失額又は所得金額」欄のFの㋵）にそのまま転記し、赤字の場合は、申告書第三表（分離課税用）の「所得金額」欄の㋵（申告書第四表（損失申告用）は「1 損失額又は所得金額」欄のFの㋵）に「0」と書いてください。

（※）カバードワラント（金融商品取引法第2条第1項第19号に掲げる有価証券で一定のものをいいます。）の譲渡による譲渡所得についてその譲渡による収入金額を記載してください。

○ ①、④及び⑫欄は金額が赤字のときは、赤書き（△印）してください。
○ ⒶからⒸの各欄は、差金等決済又は譲渡ごとに記載してください。
○ ㋺本年の⑫欄の合計額が赤字のときにその赤字を翌年以降に繰り越す場合や、㋑本年の⑫欄の合計額が黒字のときに前年から繰り越された赤字を本年の黒字から差し引くときには、『＿＿年分の所得税及び復興特別所得税の＿＿申告書付表（先物取引に係る繰越損失用）』も併せて作成してください。

04.11

出典：国税庁ホームページ
https://www.nta.go.jp/taxes/shiraberu/shinkoku/yoshiki/02/pdf/019.pdf

＿＿年分の所得税及び復興特別所得税の＿＿申告書付表 [先物取引に係る繰越損失用]

提出用

現在の住所又は居所事業所等

フリガナ
氏名

一連番号

○この付表は、申告書と一緒に提出してください。

この付表は、租税特別措置法第41条の15((先物取引の差金等決済に係る損失の繰越控除))の規定の適用を受ける方が前年から繰り越された前3年分の先物取引の差金等決済に係る損失の金額を本年分の先物取引に係る雑所得等の金額から控除する場合や翌年以後に繰り越される前2年分及び本年分に生じた先物取引の差金等決済に係る損失の金額がある場合に使用します。

1 先物取引に係る雑所得等の金額

本年分の先物取引に係る雑所得等の金額　① ＿＿ 円

→ 先物取引に係る雑所得等の金額の計算明細書の「合計」欄の⑫の金額の合計額を転記してください。

2 翌年以後に繰り越される先物取引に係る損失の計算

先物取引の差金等決済に係る所得の損失が生じた年分	前年分までに引ききれなかった先物取引の差金等決済に係る所得の損失の額	本年分で差し引く先物取引の差金等決済に係る所得の損失の額	翌年分以後に繰り越して差し引かれる先物取引の差金等決済に係る所得の損失の額	先物取引に係る雑所得等の金額の差引金額
A ＿＿年 (3年前)	②（前年の付表の⑦の金額）　円	③（①と②のいずれか低い方の金額）（赤字のときは0）　円	（斜線）	④（①－③）　円
B ＿＿年 (2年前)	⑤（前年の付表の⑪の金額）	⑥（④と⑤のいずれか低い方の金額）（赤字のときは0）	⑦（⑤－⑥）　円	⑧（④－⑥）
C ＿＿年 (前年)	⑨（前年の付表の①が赤字の場合に、その赤字の金額を△を付けずに書いてください。）	⑩（⑧と⑨のいずれか低い方の金額）（赤字のときは0）	⑪（⑨－⑩）	⑫（⑧－⑩）

※ 前年分までの所得から引ききれなかった雑損失の金額（注）が、本年分の先物取引に係る雑所得等の金額から差し引かれる場合には、⑫の金額から当該雑損失の金額を差し引いた後の金額を記載してください。
（注）所得税法第71条の第2項に規定する特定雑損失金額及び東日本大震災の被災者等に係る国税関係法律の臨時特例に関する法律第5条第1項に規定する特定雑損失金額を含みます。

3 申告書への記載事項

先物取引に係る雑所得等の金額の差引金額又は損失額（⑫の金額（※））	⑬（赤字のときは△を付けないで書いてください。）　円	申告書第三表（分離課税用）の「所得金額」欄の㉔（申告書第四表（損失申告用）は「1 損失額又は所得金額」欄のFの㉗）に転記してください。
①が黒字の場合（0の場合も含みます。）	先物取引に係る雑所得等の金額（上の①の金額）⑭	申告書第三表（分離課税用）の「その他」欄の㊸（申告書第四表（損失申告用）は「4 繰越損失を差し引く計算」欄の㊽）に転記してください。
	本年分の先物取引に係る所得から差し引く損失額（①－⑬）⑮	申告書第三表（分離課税用）の「その他」欄の㊹（申告書第四表（損失申告用）は「7 翌年以後に繰り越される先物取引に係る損失の金額」欄の㊾）に転記してください。
	翌年以後に繰り越される先物取引に係る損失の金額（⑦＋⑪）⑯	申告書第三表（分離課税用）の「その他」欄の㊸（申告書第四表（損失申告用）は「7 翌年以後に繰り越される先物取引に係る損失の金額」欄の㊾）に転記してください。
①が赤字の場合	翌年以後に繰り越される先物取引に係る損失の金額（⑦＋⑪＋⑬）⑰	また、申告書第三表（分離課税用）の「所得金額」欄の㉔及び「その他」欄の㊸（申告書第四表（損失申告用）は「1 損失額又は所得金額」欄のFの㉗及び「4 繰越損失を差し引く計算」欄の㊽）に「0」を書いてください。

05.11

出典：国税庁ホームページ
https://www.nta.go.jp/taxes/shiraberu/shinkoku/yoshiki/01/fuhyo/f02.pdf

FX取引を行った場合の課税関係

Q 私(居住者たる個人)は、東京金融取引所に上場されている取引所為替証拠金取引(くりっく365)に投資をするため、くりっく365の取扱いを認めた証券会社に口座を開設し、証拠金を預託することを考えています。この取引所為替証拠金取引についてどのように課税されますか。

A 取引所為替証拠金取引から生じた損益は、先物取引に係る雑所得等として申告分離課税の対象となります。適用税率は、20.315%(所得税及び復興特別所得税15.315%、地方税5%)です。

(検 討)

1 外国為替証拠金取引の課税上の取扱い

外国為替証拠金取引は、金融商品取引法に規定されるデリバティブ取引です。

所得税法上、個人が行う先物取引やオプション取引等による所得については、原則として雑所得に該当し、総合課税の対象となります。ただし、当該取引のうち、一定のものについては、「先物取引に係る事業所得の金額、譲渡所得の金額及び雑所得の金額(以下、「先物取引に係る雑所得等の金額」)」として、他の所得と区分して、申告分離課税により20.315%(所得税及び復興特別所得税15.315%、地方税5%)の税率にて課税されます。

先物取引に係る雑所得等の課税の特例の適用対象となる先物取引の差金等決済の範囲は、以下の通りです。

① 商品先物取引の決済
② 金融商品先物取引等の決済
③ カバードワラントの差金等決済

いわゆる外国為替証拠金取引は、取引所取引(金融商品取引所の開設す

る金融商品市場で行われる取引)、店頭取引のいずれも、上記の特例の対象として、申告分離課税が適用されます。

損失が出た場合は、「先物取引に係る雑所得等」の範囲内で損益通算が可能です。また、確定申告をした年に控除しきれない損失がある場合は、翌年から3年間にわたり繰越控除を受けることができます。ただし、損失の繰越控除を受けるためには、損失が発生した年について確定申告書を提出する必要があり、その後も、取引がなかった年を含め年間の取引の損益にかかわらず、毎年連続して確定申告書を提出する必要があります。

先物取引に係る雑所得等以外の所得の金額との損益通算はできません。

なお、個人が先物取引等を行った場合は、金融商品取引業者等から、「先物取引に関する支払調書」が税務署に提出されます(次頁参照)。

2 本件へのあてはめ

本件の取引所為替証拠金取引から生じた損益は、先物取引に係る雑所得等として申告分離課税の対象となります。適用税率は、20.315%（所得税及び復興特別所得税15.315%、地方税5%）です。

「先物取引に係る雑所得等の金額」について確定申告をする場合には、確定申告書に「先物取引に係る雑所得等の金額の計算明細書」（Q98 参照）を添付しなければなりません。

先物取引の差金等決済をした者	住所（居所）						
	氏名				個人番号		

先物取引の種類	決済の方法	決済損益の額	手数料の額	決済年月日
		千　　　　円	円	年　月　日

| 数量 | | 決済時の約定価格等 | 千　　円　銭 | 限月等 | 年　月 |

先物取引の種類	決済の方法	決済損益の額	手数料の額	決済年月日
		千　　　　円	円	年　月　日

| 数量 | | 決済時の約定価格等 | 千　　円　銭 | 限月等 | 年　月 |

先物取引の種類	決済の方法	決済損益の額	手数料の額	決済年月日
		千　　　　円	円	年　月　日

| 数量 | | 決済時の約定価格等 | 千　　円　銭 | 限月等 | 年　月 |

(摘要)

商品先物取引業者又は金融商品取引業者等	所在地				
	名称	（電話）	法人番号		

| 整理欄 | ① | ② |

令和　　年分　先物取引に関する支払調書

出典：国税庁ホームページ
https://www.nta.go.jp/taxes/tetsuzuki/shinsei/annai/hotei/pdf/r03/23100069-01.pdf

キーワード　外国為替証拠金取引

「外国為替証拠金取引（FX）」とは、1998年4月に「外国為替及び外国貿易管理法」が改正され登場した金融商品です。投資家は一定の証拠金を担保として預託することにより外貨を売買することができるため、証拠金の何倍もの為替取引が可能となります。レバレッジ効果により少額の資金で大きな収益を得ることができる分、外国為替相場の変動などにより大きな損失を被る場合があります。

参考（関連条文）

措法41条の14、41条の15、
所法225条

Q100 海外業者と行ったFX取引についての課税関係

Q 私（居住者たる個人）は、従来、国内の証券会社に口座を開設して外国為替証拠金取引（いわゆる、「FX取引」）を行っていましたが、海外の業者との取引も開始しようと考えています。取引する業者の所在地によって、課税関係は異なりますでしょうか。

A 外国為替証拠金取引の相手方が、国内の証券会社であるか海外の業者であるかで、その外国為替証拠金取引から生じる所得に対する課税関係が異なる場合があります。

具体的には、国内の証券会社であれば、一般に、第一種金融商品取引業者に該当するものと考えられますので、外国為替証拠金取引から生ずる所得は、その外国為替証拠金取引が市場デリバティブ取引、店頭デリバティブ取引のいずれに該当するものであっても、先物取引に係る雑所得等の金額として申告分離課税の対象となりますが、海外の業者が第一種金融商品取引業者又は登録金融機関のいずれにも該当しない場合には、その業者との間で行った店頭デリバティブ取引である外国為替証拠金取引により生じた所得は、総合課税の対象となるものと考えられます。

（検 討）

1 外国為替証拠金取引から生ずる所得に関する課税上の取扱い

（1） 申告分離課税の対象となる外国為替証拠金取引

一定の先物取引について決済したこと（差金等決済）による所得については、他の所得と区分し、先物取引による事業所得の金額、譲渡所得の金額及び雑所得の金額（以下、「先物取引に係る雑所得等の金額」）として、20.315％（所得税及び復興特別所得税15.315％、地方税5％）の税率にて課税されます。

この申告分離課税の対象となる先物取引とは、商品先物取引等、金融商

品先物取引等及びカバードワラント取引をいいます。外国為替証拠金取引は、金融商品先物取引等として、これに含まれます。外国為替証拠金取引は、金融商品市場において、それを開設する者の基準及び方法に従って行う取引（市場デリバティブ取引）に加えて、市場によらないで行われる、いわゆる、店頭デリバティブ取引として行われるものについても、申告分離課税の対象となります。

　また、先物取引に係る雑所得等の金額について確定申告書を提出する場合には、その金額に関する計算明細書（先物取引に係る雑所得等の金額の計算明細書）を添付することとされています（Q98参照）。

(2) 他の所得との損益通算

　外国為替証拠金取引により損失が生じた場合、先物取引に係る雑所得等の金額の範囲内で損益通算されます。ただし、その損益通算後に、なお損失の金額が生じる場合には、原則として、当該損失の金額は生じなかったものとみなされますので、他の種類の所得との損益通算は認められません。

(3) 損失の繰越控除

　先物取引に係る雑所得等の金額の計算上、損失の金額が生じる場合には、他の所得との損益通算は認められませんが、確定申告書の提出を要件として、その年の前年以前3年内の各年において生じた先物取引の差金等決済に係る損失の金額を、当該年分の先物取引に係る雑所得等の金額の計算上控除する特例が認められています（損失の繰越控除）。

　この特例を適用するためには、損失の金額が生じた年分について、損失の金額の計算に関する明細書（〇年分の所得税及び復興特別所得税の申告書付表（先物取引に係る繰越損失用））を添付した確定申告書を提出し、その後において、連続して確定申告書を提出し、さらに、この特例を受ける年分の確定申告書にこの繰越控除を受ける金額の計算に関する明細書（様式は上記と同じ）を添付することが必要です。

(4) 過去の税制改正の経緯と取引の相手方を限定する措置について

　外国為替証拠金取引については、金融所得課税一体化に向けた措置として、平成17年度税制改正により、先物取引に係る雑所得等の課税の特例

制度が導入された際に、東京金融先物取引所へ上場されるものが、申告分離課税の対象とされることになりました。

　そして、店頭取引についても、商品先物取引法や金融商品取引法において、市場取引と同様の規制体系が整備されたことに伴って、平成23年度税制改正により、申告分離課税の対象に追加されました。

　その後、金融商品取引法に基づく金融商品取引業の登録をしていない海外に所在する業者が、インターネット取引によって日本の居住者を相手方として店頭取引等を行いトラブルとなるケースが見受けられるとして、平成28度税制改正により、2016年10月1日以後に行う店頭取引については、金融商品取引法に規定する金融商品取引業者（第一種金融商品取引業を行う者に限ります）又は登録金融機関を相手方として行う取引のみが申告分離課税の対象とされ、それ以外の業者と行った取引については、総合課税の対象とされました。

2 本件へのあてはめ

　国内の証券会社は、一般に、第一種金融商品取引業者に該当するものと考えられますので、外国為替証拠金取引から生ずる所得は、その外国為替証拠金取引が市場デリバティブ取引、店頭デリバティブ取引のいずれに該当するものであっても、先物取引に係る雑所得等の金額として申告分離課税の対象となり、20.315％（所得税及び復興特別所得税15.315％、地方税5％）の税率にて課税されるものと考えられます。

　一方、海外の業者は、第一種金融商品取引業者又は登録金融機関に該当するか否かを確認する必要があります。これらに該当しない場合には、その業者との間で行った店頭デリバティブ取引である外国為替証拠金取引により生じた所得は、申告分離課税の対象にはなりませんので、総合課税の対象として累進税率（最高税率約56％）にて課税されるものと考えられます。

参考（関連条文）
措法41条の14、41条の15
措令26条の23、26条の26
措規19の9

国外に転居した後に行ったFX取引についての課税関係

Q 私（居住者たる個人）は、従来、国内の証券会社に口座を開設して外国為替証拠金取引を行っていました。2024年に仕事の関係で国外に転居した後も継続していますが、国外に転居した後に生じた外国為替証拠金取引による所得は、日本で確定申告する必要はありますか。

A 外国為替証拠金取引（いわゆる、FX取引）を含むデリバティブ取引で、非居住者がクロスボーダーで行う金融商品取引法に規定する市場デリバティブ取引及び店頭デリバティブ取引の決済により生ずる所得は、国内源泉所得に該当しないこととされています。

　非居住者は国内源泉所得のみが日本で課税されることになりますので、国外に転居した後に稼得したFX取引により生じた所得は、日本において課税されず、確定申告する必要はないと考えられます。

（検　討）

1 非居住者に対する課税の範囲

　所得税法上、「非居住者」とは、居住者以外の個人をいいます。「居住者」とは、国内に住所を有し、又は現在まで引き続いて1年以上居所を有する個人とされ、1年以上の予定で海外赴任した場合には、一般的には非居住者に該当することになると考えられます。

　個人が稼得する所得が日本において課税の対象範囲に含まれるか否かは、その個人の課税上のステータス（居住者であるか、非居住者であるかなど）により異なります。居住者については、原則として、日本国内だけではなく国外で稼得した所得も課税対象になりますが、非居住者については、国内源泉所得のみが日本において課税されることになります。

　この国内源泉所得には、恒久的施設帰属所得のほか、国内にある資産の

運用又は保有により生ずる所得、国内にある資産の一定の譲渡により生ずる所得、組合契約に基づく分配金などが含まれ、所得税法第161条にその範囲が規定されています（国内源泉所得の範囲については、㉛参照）。

❷ 非居住者が稼得するFX取引に係る所得に対する課税関係

FX取引は、デリバティブ取引に含まれ、金融商品取引法上の、売買の当事者が将来の一定の時期において金融商品及びその対価の授受を約する売買であって、当該売買の目的となっている金融商品の転売又は買戻しをしたときは差金の授受によって決済することができる取引（先物取引）に該当すると解されます。また、一般的なFX取引としては、市場デリバティブ取引、店頭デリバティブ取引の両方が行われています（金融商品取引法第2条第21項第1号又は第22項第1号）。

所得税法上、非居住者又は外国法人がクロスボーダーで行う金融商品取引法上の市場デリバティブ取引及び店頭デリバティブ取引の決済により生ずる所得（デリバティブ所得）は、恒久的施設等に帰属するものを除いて、国内源泉所得である「国内にある資産の運用又は保有により生ずる所得」に該当しないとされています。

2022年1月7日に、国税庁より、「クロスボーダーで行うデリバティブ取引の決済により生ずる所得の取扱いについて」が公表されました。その中で、非居住者又は外国法人が稼得するデリバティブ所得が国内資産の運用・保有所得に該当しないという取扱いは、過去に稼得されたデリバティブ所得についても適用され、これまでに国内源泉所得に該当するものとして納税を行っていた非居住者又は外国法人については、更正の請求を行うことができることが明らかにされています。

3 本件へのあてはめ

　2024年に仕事の関係で国外に転居したとのことですので、海外に居住する期間が1年以上の予定である場合には、日本を出国する時から非居住者に該当することになると考えられます。転居後も国内の証券会社の口座を使ったFX取引を継続しているということですので、当該FX取引から生ずる所得が、非居住者にとって課税対象となる国内源泉所得の範囲に含まれるのか否かが問題となります。

　非居住者がクロスボーダーで行う金融商品取引法に規定する市場デリバティブ取引及び店頭デリバティブ取引の決済により生ずる所得は、国内源泉所得に該当しません。国外転居後は非居住者となり、かつ、日本の証券会社を通じて行うFX取引はクロスボーダーで行う市場デリバティブ取引又は店頭デリバティブ取引に該当するものと考えられますので、その所得は国内源泉所得として取り扱われないものと考えられます。

　したがって、国外転居後に稼得したFX取引に係る所得は日本において課税対象となる所得の範囲に含まれず、確定申告する必要はないと考えられます。

参考（関連条文）
所法2条①三、五、5条、161条、164条、所令280条

Q102 暗号資産の売買を行った場合の所得計算

Q 私（居住者たる個人）は、資産運用の一環としてビットコインの売買を行い、当年中に下記の取引を行いました。この取引で得た収益については確定申告をする必要があると聞きましたが、具体的な所得の計算方法を教えてください。また、資金が必要になったことから、来年には残りのビットコインも売却する予定です。

▷ 5月1日：ビットコインを購入
- 5ビットコインを 3,000,000 円で購入。
- 別途、暗号資産交換業者に手数料 1,080 円（税込）を支払い。

▷ 9月30日：3ビットコインを売却
- 2,700,000 円を受領。
- 別途、暗号資産交換業者に手数料 1,260 円（税込）を支払い。

▷ 翌年1月：2ビットコインを売却予定
- 1,000,000 円（仮）で売却。

A 暗号資産の売買を通じて得た所得は、原則として、雑所得（暗号資産取引自体が事業と認められる場合等は事業所得）として確定申告する必要があります。

　所得金額は、譲渡価額から譲渡に係る暗号資産の取得価額を控除して計算されますが、その取得の際に購入手数料等を支払った場合には、取得価額に含めることとされています。なお、損失が生じた場合には、他の所得との通算は認められていませんので、注意が必要です。

（検 討）

❶ 暗号資産取引を通じて得た収益の所得区分

　暗号資産（資金決済に関する法律第2条第5項に規定するものをいいます）は有価証券や固定資産には含まれないため、これを譲渡したことによる収益は譲渡所得ではなく、原則として、雑所得に区分することとされています。

　ただし、国税庁が公表している「暗号資産等に関する税務上の取扱いについて（情報）（令和5年12月25日）」の問2-2において、その年の暗号資産取引に係る収入金額が300万円を超えていて、かつ、暗号資産取引に係る帳簿書類の保存がある場合には原則として、事業所得に区分することが明らかにされています。

　また、事業用資産として暗号資産を保有し、棚卸資産等の購入の際の決済手段として使用する場合に生じた所得についても、事業所得等の基因となる行為に付随するものとして、事業所得として取り扱うとされています。

❷ 取得価額の計算

　購入により取得した暗号資産の取得価額は、購入代価に購入手数料その他その暗号資産の購入のために要した費用を加算した金額とされています。

　なお、暗号資産の取得自体には消費税は課されませんが、暗号資産交換業者に対して支払う手数料は、消費税の課税対象となります。暗号資産取引を行う個人が消費税の課税事業者ではない場合には、消費税込みの金額を取得価額に含めることとなります。

❸ 損失が生じた場合の取扱い

　上記❶に記載したとおり、暗号資産取引を通じて得た収益は、原則として、雑所得に区分されますが、雑所得の金額の計算上損失が生じた場合、その損失の金額は、他の所得と通算することは認められていません。

　したがって、他に雑所得に該当する収益があれば、その範囲内で通算されますが、通算してなお残った損失は切り捨てされることになります。

4 本件へのあてはめ

上記1～3を踏まえると、質問者の当年における雑所得の金額の計算は下記のとおりです。

① 譲渡対価：2,700,000 円
② 取得価額：((3,000,000 円 + 1,080 円) ÷ 5 ビットコイン) × 3 ビットコイン = 1,800,648 円
③ 売却手数料：1,260 円
④ 所得金額：① − (② + ③) = 898,092 円

また、来年残りの2ビットコインも売却予定とのことですが、譲渡対価を 1,000,000 円とした場合の所得計算は下記のとおりです。

① 譲渡対価：1,000,000 円
② 取得価額：((3,000,000 円 + 1,080 円) ÷ 5 ビットコイン) × 2 ビットコイン = 1,200,432 円
③ 売却手数料：1,260 円（仮）
④ 損失金額：① − (② + ③) = △201,692 円
⇒なお、この損失は他の所得との通算は認められていません。

参考（関連条文）

所法48条の2、69条
所令5条、119条の6

Q103 複数回にわたって購入した暗号資産を譲渡した場合の譲渡価額の計算

Q 私（居住者たる個人）は、複数回にわたり暗号資産を購入し、その一部を譲渡しました。

当年中の譲渡に関して確定申告を行いますが、雑所得の金額の計算上、譲渡対価から控除する譲渡価額の計算にあたり、期末に保有する暗号資産の価額を評価する必要があると聞きました。

期末に保有する暗号資産をどのように評価すればよいか教えてください。

A その年12月31日において保有する暗号資産の価額は、総平均法（法定評価方法）又は移動平均法により計算することとされています。

評価方法は、暗号資産の種類ごとに選定し、原則として、暗号資産の取得をした日の属する年分の確定申告期限までに、納税地の所轄税務署長に届け出る必要があります。

（検 討）

1 期末において保有する暗号資産の評価

暗号資産を譲渡したことによる収益は、雑所得（暗号資産取引自体が事業と認められる場合には事業所得）に区分することとされていますが、その所得の金額は、譲渡対価から必要経費を控除して算出します。

この必要経費には、譲渡原価、売却に際して暗号資産交換業者に支払った手数料等が含まれますが、この譲渡原価は、その年の1月1日において有する暗号資産の価額とその年中に取得した暗号資産の取得価額の総額の合計額から、その年12月31日において有する暗号資産の価額を控除して計算することとなります。

そして、暗号資産の価額は、総平均法と移動平均法のいずれかを選択して評価することができます。

❷ 総平均法と移動平均法

　総平均法とは、暗号資産の種類ごとに、その年1月1日において保有していた暗号資産の取得価額の総額とその年中に取得をした暗号資産の取得価額の総額との合計額を、これらの暗号資産の総数量で除して計算した価額をもって、その年12月31日において有する暗号資産の1単位当たりの取得価額とする方法をいいます。

　また、移動平均法とは、暗号資産の種類ごとに、当初の1単位当たりの取得価額が、種類を同じくする暗号資産の取得をした都度、当初の暗号資産とその取得をした暗号資産との数量及び取得価額を基礎として算出した平均単価によって改定されたものとみなして（以後種類を同じくする暗号資産の取得をする都度同様の方法により改定）、その年12月31日から最も近い日において改定されたものとみなされた価額をもって、その年12月31日において有する暗号資産の1単位当たりの取得価額とする方法をいいます。

　なお、国税庁ホームページでは、総平均法、移動平均法それぞれの計算書が公表されています。

❸ 評価方法の選定及び変更の手続

　暗号資産の評価の方法は、その種類ごとに選定しなければならないこととされています。

　その選定した評価方法については、初めて暗号資産の取得をした日の属する年分の所得税に係る確定申告期限までに、「所得税の有価証券・暗号資産の評価方法の届出書」を納税地の所轄税務署長に提出することとされています。

　また、選定した評価方法を変更する場合には、新たな評価方法を採用しようとする年の3月15日までに、変更しようとする理由等を記載した申請書（「所得税の暗号資産の評価方法の変更承認申請書」）を提出し、税務署長の承認を得る必要があります。

　なお、法定評価方法は総平均法ですので、上記の選定手続を行わない場合には、総平均法を選定したものとして取り扱われます。

年分　暗号資産の計算書（総平均法用）

氏名 ＿＿＿＿＿＿＿＿＿＿＿＿

1　暗号資産の名称　[　　　　　]

2　年間取引報告書に関する事項

取引所の名称	購入		売却	
	数量	金額	数量	金額
合計	0.00	0	0.00	0

3　上記2以外の取引に関する事項

月	日	取引先	摘要	購入等		売却等	
				数量	金額	数量	金額
			合計	0.00	0	0.00	0

4　暗号資産の売却原価の計算

	年始残高（※）	購入等	総平均単価	売却原価（※）	年末残高・翌年繰越
数量	(A)	(C)　0.00	—	(F)　0.00	(H)　0.00
金額	(B)	(D)　0	(E)　0	(G)　0	(I)　0

※前年の(H)(I)を記載　　　　　　　　　　　　　　　※売却した暗号資産の譲渡原価

5　暗号資産の所得金額の計算

収入金額		必要経費			所得金額
売却価額	信用・証拠金（差益）	売却原価（※）	手数料等	信用・証拠金（差損）	
0		0			0

※売却した暗号資産の譲渡原価

【参考】
収入金額計　　0
必要経費計　　0

出典：国税庁ホームページ
https://www.nta.go.jp/publication/pamph/shotoku/kakuteishinkokukankei/kasoutuka/index.htm

年分　暗号資産の計算書（移動平均法用）

氏名　_____

1　暗号資産の名称　[　　　　　]

2　取引に関する事項

月	日	取引先	摘要	購入等		売却等		残高		
				数量	価額	数量	売却価額	数量	価額	単価
1	1	—	前年繰越			—	—	0.00	0	0.00
		合計		0.00	0	0.00	0	0.00	0	0.00

3　暗号資産の所得金額の計算

収入金額		必要経費			所得金額
売却価額	信用・証拠金（差益）	売却原価（取得価額）	手数料等	信用・証拠金（差損）	
0		0			0

【参考】
収入金額計　　0
必要経費計　　0

出典：国税庁ホームページ
https://www.nta.go.jp/publication/pamph/shotoku/kakuteishinkokukankei/kasoutuka/index.htm

| | | | | 1 | 1 | 7 | 0 |

所得税の 有価証券/暗号資産 の評価方法の届出書

税務署受付印

_____ 税務署長

_____ 年 _____ 月 _____ 日提出

納税地	住所地・居所地・事業所等（該当するものを○で囲んでください。） （〒　－　） 　　　　　　　　　　　　　　　　　　　　（TEL　－　－　）
上記以外の 住 所 地 ・ 事 業 所 等	納税地以外に住所地・事業所等がある場合は記載します。 （〒　－　） 　　　　　　　　　　　　　　　　　　　　（TEL　－　－　）
フリガナ 氏　　名　　㊞	生年月日　　　年　月　日生
職　　業	フリガナ 屋　号

有価証券/暗号資産 の評価方法については、次によることとしたので届けます。

1　評価方法

区　分	種　　　類	評 価 方 法	新たに取得した 年　月　日
有価証券 暗号資産			
有価証券 暗号資産			
有価証券 暗号資産			
有価証券 暗号資産			
有価証券 暗号資産			
有価証券 暗号資産			

2　その他参考事項

関与税理士 （TEL　－　－　）	税務署整理欄	整理番号 0	関係部門連絡	A	B	C	
		通信日付印の年月日 　　年　月　日	確認印				

出典：国税庁ホームページ
https://www.nta.go.jp/taxes/tetsuzuki/shinsei/annai/shinkoku/pdf/kasou-todoke.pdf

税務署受付印　　　　　　　　　　　　　　　　　　　　　　　　　　　　　　　1 1 9 0

所得税の 有価証券／暗号資産 の評価方法の変更承認申請書

_____税務署長

_____年_____月_____日提出

納税地	住所地・居所地・事業所等（該当するものを〇で囲んでください。） （〒　　－　　） 　　　　　　　　　　　　　　　　　　（TEL　　－　　－　　）
上記以外の住所地・事業所等	納税地以外に住所地・事業所等がある場合は記載します。 （〒　　－　　） 　　　　　　　　　　　　　　　　　　（TEL　　－　　－　　）
フリガナ 氏　名	㊞　　生年月日　　　年　月　日生
職　業	フリガナ 屋　号

_____年分から、有価証券／暗号資産 の評価方法を次のとおり変更したいので申請します。

1　評価方法

区　分	種　類	現在の評価方法		採用しようとする新たな評価方法
		現在の方法	採用した年	
有価証券・暗号資産				
有価証券・暗号資産				
有価証券・暗号資産				
有価証券・暗号資産				
有価証券・暗号資産				
有価証券・暗号資産				

2　変更しようとする理由（できるだけ具体的に記載します。）

3　その他参考事項

関与税理士 　　　　　（TEL　　－　　－　　）	税務署整理欄	整理番号	関係部門連絡	A	B	C
		0				
		通信日付印の年月日　　年　月　日		確認印		

出典：国税庁ホームページ
https://www.nta.go.jp/taxes/tetsuzuki/shinsei/annai/shinkoku/pdf/kasou-shinsei.pdf

4 本件へのあてはめ

　雑所得の金額の計算上、必要経費とする譲渡原価の計算にあたっては、その年の12月31日において保有する暗号資産の価額を、暗号資産の種類ごとに、総平均法又は移動平均法により計算する必要があります。

　移動平均法を選択する場合には、その年分の所得税の確定申告期限までに、納税地の所轄税務署長に届け出る必要があり、届け出ない場合は、総平均法で計算することとなります。

Q 103 複数回にわたって購入した暗号資産を譲渡した場合の譲渡価額の計算

参考（関連条文）
所法第48条の2
所令第119条の2、第119条の3、第119条の4、第119条の5
国税庁ホームページ「暗号資産に関する税務上の取扱い及び計算書について（令和5年12月）」

Q104 暗号資産の売買に係る収益の認識時期

Q 私（居住者たる個人）は、昨年よりビットコインの売買を行っており、当年も確定申告をする予定です。年末まで取引していたために、引渡日が翌年になったものがありました。この取引に係る売却収入については、当年の総収入金額に含める必要はありますか。どのように当年の所得金額を計算すべきか教えてください。

なお、「所得税の暗号資産の評価方法の届出書」は提出していません。

取引		購入		売却		残高	
約定日	引渡日	ビットコイン	円換算	ビットコイン	円換算	ビットコイン	円換算
繰越残高						2	1,000,000
2月5日	2月6日	3	2,550,000			5	
5月15日	5月16日			1	650,000	4	
8月20日	8月21日	1	1,200,000			5	
10月6日	10月7日			2	2,500,000	3	
12月31日	1月2日			2	4,700,000	1	

（※） 暗号通貨交換業者への手数料等は考慮していません。

A 暗号資産の売却により生じた雑所得の総収入金額の収入時期は、原則として、暗号資産の引渡しがあった日の属する年ですが、納税者の選択によって、暗号資産の売却に係る約定日の属する年とすることも認められるものと考えられます。

(検討)

1 暗号資産の売却により生じた総収入金額の収入時期

　暗号資産（資金決済に関する法律第2条第5項に規定するものをいいます）の売却により生じた所得は、原則として、雑所得に区分することとされています。雑所得の総収入金額の収入すべき時期は、その収入の態様に応じて、他の所得の収入金額又は総収入金額の収入すべき時期の取扱いに準じて判定した日とされていますが、これは、雑所得に該当するものの収入の態様には様々なものがあり得るため、他の9種類の所得の収入金額、総収入金額の計上時期に関する取扱いに準ずるという趣旨であると考えられています。

　暗号資産の売買による収益は譲渡所得には該当しないものの、当該収益は、暗号資産を購入し、それを売却することによって得られる値上がり益であるため、譲渡所得の総収入金額の計上時期の取扱いに準ずるのが相当であると考えられます。ここで、譲渡所得の総収入金額の収入すべき時期は、譲渡所得の基因となる資産の引渡しがあった日が原則とされていますが、納税者の選択により、その資産の譲渡に関する契約の効力発生の日によることも認められています。

　したがって、暗号資産の売却により生じた総収入金額の収入時期は、原則として、暗号資産の引渡しがあった日の属する年であり、納税者の選択によって、暗号資産の売却に係る約定日の属する年とすることも認められるものと考えられます。このことは、国税庁が公表している「暗号資産等に関する税務上の取扱いについて（情報）」の問2-1においても、明らかにされています。

2 暗号資産の売買により生じた雑所得の金額の計算

　暗号資産の売買により生じた雑所得の金額は、総収入金額から必要経費を控除して算出します。必要経費には譲渡原価、売却に際して暗号資産交換業者に支払った手数料等が含まれますが、この譲渡原価は、その年1月

1日において有する暗号資産の価額とその年中に取得した暗号資産の取得価額の総額の合計額から、その年12月31日において有する暗号資産の価額を控除して計算します。

そして、暗号資産の価額は、総平均法と移動平均法のいずれかの方法を選択して評価することができますが、法定評価方法は総平均法ですので、納税者が選定手続を行わない場合には、総平均法を適用することになります。

3 本件へのあてはめ

暗号資産の売却により生じた総収入金額の収入時期は、原則として、暗号資産の引渡しがあった日の属する年であると考えられますので、約定日が12月31日、引渡日が翌年1月2日である取引に係る売却収入については、翌年の総収入金額に含めて確定申告することになります。ただし、納税者の選択によって、暗号資産の売却に係る約定日の属する年の総収入金額とすることも認められますので、当年の総収入金額として取り扱うことも可能であると考えられます。

引渡日が翌年1月2日である取引に係る売却収入を翌年の総収入金額に含める場合の、当年における雑所得の金額の計算(総平均法)は下記のとおりです。

① 総収入金額
  650,000円 + 2,500,000円 = 3,150,000円

② 譲渡原価
  $(1,000,000 円 + 2,550,000 円 + 1,200,000 円) - \dfrac{(1,000,000 円 + 2,550,000 円 + 1,200,000 円)}{6 ビットコイン}$
  × 3ビットコイン = 2,375,002円

③ 所得金額
  ① − ② = 774,998円

参考(関連条文)
所法36条、37条、48条の2
所令119条の2、119条の5、119条の6
所基通36−12、36−14

Q105 暗号資産に関する信用取引を行った場合の所得計算

Q 私（居住者たる個人）は、暗号資産交換業者との間で暗号資産の信用取引を行いました。

この信用取引に係る売買金額は下記のとおりですが、確定申告に際し、どのように所得計算をすればよいか教えてください。

- 6月10日（売却）：2ビットコイン（900,000円×2）
- 7月 1日（購入）：1ビットコイン（1,000,000円）
- 12月20日（購入）：1ビットコイン（750,000円）

上記のほか、暗号資産交換業者との間で下記の手数料等の収受が発生しています。

- ◆売り付けに係る受取金利：1,000円
- ◆売り付けに係る手数料（品貸料）：6,000円
- ◆買い付けに係る支払金利：1,200円
- ◆取引手数料：5,000円

 ビットコインの信用取引に係る雑所得の金額は、当該信用取引に係る売付価額から買付価額を控除して計算します。

また、売り付けに際して暗号資産交換業者から受領した金利がある場合には売付価額に含め、買い付けに際して暗号資産交換業者に支払った金利がある場合には買付価額に含めることとされています。

売却に際して暗号資産交換業者に対して支払った手数料がある場合には、必要経費として所得金額の計算上控除することとされています。

（検 討）

1 ビットコインの信用取引

　ビットコインに係る信用取引とは、暗号資産交換業者などの、暗号資産信用取引に関し、売付け又は買付けを行った者に対して信用を供与する者（以下、「暗号資産交換業者等」といいます）に証拠金として金銭等を預け入れ、それを担保に借り入れたビットコインを売り付け（空売り）、その後、買い付けを行うことにより決済を行うことをいいます。反対に、暗号資産交換業者等から金銭を借り入れてビットコインを買い付け、その後、売り付けを行うこともあります。いずれの場合も、売付価額と買付価額の差額が、投資家にとっての収益となります。

　また、売り付けに際して証拠金を預け入れた投資家は、暗号資産交換業者等から金利を受領し、買い付けに際して金銭を借り入れた投資家は、暗号資産交換業者等に対して金利を支払うこととなります。さらに、売り付けに伴い暗号資産交換業者等に品貸料を支払い、買い付けの場合にはこれを受領することがあります。

2 信用取引に係る所得計算方法

　暗号資産交換業者等との間で信用取引を行い、暗号資産の売り付けと買い付けとにより当該信用取引の決済を行った場合、当該信用取引に係る収益は、雑所得（暗号資産取引自体が事業と認められる場合には事業所得）に区分することとされていますが、その所得の金額は、売付価額から買付価額を控除して算出します。

　また、売り付けに際して暗号資産交換業者等から受領した金利は売付価額に含め、買い付けに際して暗号資産交換業者等に支払った金利は買付価額に含めることとされています。さらに、売り付けに伴い暗号資産交換業者等に支払うべき品貸料は、暗号資産の当該売り付けに係る収入金額から控除し、買い付けの場合に支払いを受ける品貸料は、当該買い付けに係る暗号資産の取得価額から控除することとされています。

3 本件へのあてはめ

本件における所得計算は、下記のとおりです。

① 譲渡対価：1,800,000 円 + 1,000 円 − 6,000 円 = 1,795,000 円
② 取得価額：1,000,000 円 + 750,000 円 + 1,200 円 = 1,751,200 円
③ 取引手数料：5,000 円
④ 所得金額：①−（②+③）= 38,800 円

Q 105 暗号資産に関する信用取引を行った場合の所得計算

参考(関連条文)

所令119条の7、所基通36・37共−22

暗号資産取引に係る利益を雑所得として申告する場合の帳簿保存

Q 私（居住者たる個人）は、数年前から暗号資産の取引を行っていますが、今年も順調に収益を得られましたので、雑所得として確定申告をする必要があると認識しています。2年前から暗号資産に係る譲渡収入が300万円を超えていますが、確定申告に際して留意すべきことはありますでしょうか。

なお、事業所得に該当するものではありません。

A 2年前（前々年）の収入金額が300万円を超えますので、現金預金取引等関係書類を保存しておくことが求められます。さらに、1,000万円を超える場合には、総収入金額や必要経費の内容を記載した書類（収支内訳書など）を作成して、確定申告書に添付することが必要になります。

（検討）

1 暗号資産取引により生じた利益の所得区分

暗号資産を譲渡したことによる利益は譲渡所得ではなく、原則として、雑所得に区分することが、国税庁が公表している「暗号資産等に関する税務上の取扱いについて（情報）（令和5年12月25日）」問2-2において明らかにされています。

また、事業所得等の基因となる行為に付随するものである場合には事業所得として取り扱うこととされていますが、例えば、事業用資産として暗号資産を保有し、棚卸資産等の購入の際の決済手段として使用する場合に生じた所得は事業所得とされています。

2 事業所得と雑所得の区分

事業所得と雑所得をどのように区分するかの判断については、所得税基本通達35-2（注）で下記の整理が示されています。

> 事業所得と認められるかどうかは、その所得を得るための活動が、社会通念上事業と称するに至る程度で行っているかどうかで判定する。
> なお、その所得に係る取引を記録した帳簿書類の保存がない場合（その所得に係る収入金額が300万円を超え、かつ、事業所得と認められる事実がある場合を除く。）には、業務に係る雑所得（資産（山林を除く。）の譲渡から生ずる所得については、譲渡所得又はその他雑所得）に該当することに留意する。

これによると、収入金額が300万円を超える場合、暗号資産に係る取引を記録した帳簿書類を作成し、これを保存していると、原則として事業所得として取り扱い、そうでなければ、事業所得と認められる事実がない限り、原則として「業務に係る雑所得」として取り扱うことになるものと考えられます。

「業務に係る雑所得」に該当する場合、その年の前々年分の業務に係る雑所得の収入金額が300万円を超えると、請求書、領収書その他これらに類する書類のうち、現金の収受もしくは払出し又は預貯金の預入もしくは引出しに際して作成された書類（現金預金取引等関係書類）を保存する義務が生じます。

さらに、その年の前々年分の業務に係る雑所得の収入金額が1,000万円を超える場合には、確定申告の際、総収入金額や必要経費の内容を記載した書類（収支内訳書など）の添付が求められます。

なお、その年の前々年分の収入金額が300万円以下である場合には、現金主義による申告が認められます。

3 本件へのあてはめ

おたずねの場合、2年前から暗号資産に係る譲渡収入が300万円を超えているとのことですので、暗号資産取引に係る利益については、原則として、業務に係る雑所得として区分して確定申告することになると考えられ

ます。

　２年前（前々年）の収入金額が300万円を超えますので、確定申告書の提出に加えて、現金預金取引等関係書類を保存しておくことが求められます。さらに、これが1,000万円を超える場合には、総収入金額や必要経費の内容を記載した書類（収支内訳書など）を作成して、確定申告書に添付することになります。白色申告者であっても、取引の記録を保存し、収支内訳書などの書類を作成することが要請されますので注意が必要です。

参考（関連条文）

所法67条2項、120条6項、232条2項
所基通35－2
国税庁「暗号資産等に関する税務上の取扱いについて（情報）（令和5年12月25日）」問2－2

NFTを譲渡した場合の課税関係

Q 私（居住者たる個人）は、NFTを使ったデジタルトレーディングカードを保有していましたが、時価が上昇していると聞いたので、マーケットプレイスで譲渡することにしました。この場合の譲渡益は課税対象になりますか。

A NFTを使ったデジタルトレーディングカードの譲渡が単発的なもので、営利を目的として継続して行われるものでないことを前提とすると、その譲渡による所得が、譲渡したデジタルトレーディングカードの値上がり益と認められる場合には、原則として譲渡所得として課税されるものと考えられます。

（検 討）

1 NFTを譲渡した場合の課税関係

　NFT（非代替性トークン）やFT（代替性トークン）が取引されるケースが話題になっていますが、国税庁は、NFTやFTが暗号資産などの財産的価値を有する資産と交換できるものである場合の所得税法上の取扱いを、タックスアンサーの中で公表しました。

　これによると、NFTやFTを譲渡した場合、その譲渡したNFTやFTがどのような資産であるかにより、下記の取扱いとなることが明らかにされています。

(1) 譲渡所得の基因となる資産に該当する場合

　その所得が譲渡したNFTやFTの値上がり益（キャピタル・ゲイン）と認められる場合は、譲渡所得に区分されます。ここで、譲渡所得の基因となる資産とは具体的にどのような資産を指すのかについては、所得税法上、譲渡所得が「資産の譲渡による所得」と定義されていることから、一般に、

資産そのものの値上がりによって価値が増加するものであると解されます。

これに対して、暗号資産の譲渡による所得については、所得税法上、原則として雑所得に区分されますが、これは暗号資産取引により生じた損益が、邦貨又は外貨との相対的な関係により認識される損益で、資産そのものの値上がりにより生じた所得とは性格が異なるためであると解されています（国税庁「暗号資産等に関する税務上の取扱いについて」問2-2参照）。

なお、NFTやFTの譲渡が、営利を目的として継続的に行われている場合には、譲渡所得ではなく、雑所得又は事業所得に区分されることになります。

(2) 譲渡所得の基因となる資産に該当しない場合

譲渡所得の基因となる資産に該当しない場合には、雑所得（規模等によっては事業所得）に区分されます。これは、前述の暗号資産の譲渡による所得の取扱いと整合しています。

2 本件へのあてはめ

NFTを使ったデジタルトレーディングカードを譲渡したことによる所得が、その譲渡したデジタルトレーディングカードの値上がり益と認められる場合には、原則として譲渡所得に区分されるものと考えられます。

したがって、譲渡に係る収入金額から、譲渡の基因となったデジタルトレーディングカードの取得費及びその譲渡に要した費用の額の合計額を控除して、譲渡所得を計算することとなります。

ただし、デジタルトレーディングカードの譲渡を、営利を目的として継続的に行う場合には、雑所得又は事業所得として取り扱われることになると考えられます。

> **キーワード NFT**
>
> Non-Fungible Token の略で、非代替性トークンと呼ばれます。非代替性とは、唯一無二のものという意味で、個々のトークンが固有のものであることが証明されます。トレーディングカードやデジタルアートなどへの活用例が代表的なものです。
>
> これに対して、FT とは、Fungible Token の略で、代替可能なものをいい、例えば、ビットコインなどの暗号資産がこれに該当します。

Q 107 NFTを譲渡した場合の課税関係

参考（関連条文）

所法27条、33条、36条、37条、38条
【参考】 国税庁ホームページ
「NFTに関する税務上の取扱いについて（情報）」（令和5年1月13日）問4

Q108 NFTの取得対価に著作権の使用料が含まれる場合の源泉徴収義務

Q 私（居住者たる個人）は、マーケットプレイスを通じてNFTを使ったデジタルアートをその制作者（居住者）から購入しました。制作者からこのデジタルアートに関する著作権は譲り受けていませんが、デジタルアートを使用することについての利用許諾を受けています。

この場合、著作権の使用料を支払ったものとして源泉徴収する必要はありますか。なお、私は日本で事業等の業務を行っておらず、給与の支払もしていません。

A デジタルアートを使用することについての利用許諾に対する支払対価は居住者に対して支払う著作権の使用料に該当し、原則として源泉徴収の対象となりますが、日本で事業等の業務を行っておらず、給与の支払もしていない個人が支払うものであることを前提とすると、源泉徴収する必要はないものと考えられます。

（検討）

1 著作権の使用料を支払う場合の源泉徴収義務

(1) NFTと著作権

NFTとは、Non-Fungible Tokenの略で、非代替性トークンと呼ばれます。非代替性とは、唯一無二のものという意味で、個々のトークンが固有のものであることが証明されます。昨今、マーケットプレイスでの取引が行われるようになりましたが、デジタルアートに紐づけられるNFTを取得する場合には、そのデジタルアートに係る著作権に関する課税関係を整理することになります。

NFTの購入に係る対価の額に著作権の使用料が含まれる場合、その支払の際、原則として、源泉徴収をする必要があります。源泉徴収税率は、

10.21％（所得税及び復興特別所得税、ただし、支払金額が100万円を超える場合には、その超える部分の金額については20.42％）と定められています。

(2) 個人と源泉徴収義務

著作権の使用料を支払う際の源泉徴収義務は、給与等又は退職手当等についての源泉徴収義務を有しない者について免除されています。つまり、使用人等を雇用して業務を行い給与等について源泉徴収を行う事業者である個人でなければ、源泉徴収義務を課さないこととされています。これは一般の個人に対する源泉徴収事務の負担を考慮した措置と解されます。

なお、この措置は居住者に対して著作権の使用料を支払う場合に適用されるもので、支払先が非居住者である場合には、源泉徴収義務は免除されませんので注意が必要です（租税条約の適用により非課税となる場合はあります）。

2 本件へのあてはめ

デジタルアートの制作者から著作権は譲り受けていないものの、デジタルアートを使用することについての利用許諾を受けています。この利用許諾に対する支払対価は、居住者に対して支払う著作権の使用料に該当しますので、原則として、源泉徴収の対象となるものと考えられます。

しかしながら、給与等又は退職手当等についての源泉徴収義務を有さない個人は、著作権の使用料に関する源泉徴収義務が免除されていることから、日本で事業等の業務を行っておらず、給与の支払もしていない個人が支払うものであることを前提とすると、源泉徴収する必要はないものと考えられます。

なお、国税庁が公表した「NFTに関する税務上の取扱いについて（情報）」（令和5年1月13日付け）の問10「NFT取引に係る源泉所得税の取扱い」において、源泉徴収義務が免除される個人に該当しない場合であっても、NFTの購入対価のうちデジタルアートの利用許諾に係る対価を区分することが困難であり、かつ、極めて少額であると認められる場合には、著作権の使用料としての源泉徴収は要しないことが明記されています。

参考（関連条文）
所法第204条、第205条
「NFTに関する税務上の取扱いについて（情報）」（令和5年1月13日付け）問10

Q109 国外に金融資産を有する場合の国外財産調書の提出義務

Q 私（居住者たる個人）は国内外の証券会社口座において株式（日本株、外国株両方）を保有しています。

先日、某新聞記事で、「個人が保有している海外の金融資産については、Common Reporting Standard（CRS）制度に基づき海外の税務当局から日本の税務当局に通知が行われ、この受領した金融口座情報について、日本の税務当局は国外財産調書等の情報とあわせて分析し、所得の事実を把握する。」といった旨の報道がありました。

私は、保有している株式についてこれまで国外財産調書を提出してきませんでしたが、詳細について教えてください。

A 居住者（永住者である場合）が、その年の12月31日時点で時価（又は見積価額）の合計額が5,000万円を超える国外財産を有する場合は、確定申告書の提出の有無にかかわらず、翌年6月30日までに国外財産調書の提出が必要です。

保有する財産が国外財産に該当するかどうかについては、財産の種類により個別に判定を行う必要があります。おたずねの国内外の証券会社口座において株式（日本株、外国株両方）を保有している場合は、国外財産調書の対象となる国外財産は、国外の証券会社口座において管理されている株式（日本株、外国株問わず）となります。

（検討）

1 国外財産調書制度

居住者（非永住者(※)を除く）で、その年の12月31日において、その「価額」の合計額が5,000万円を超える国外財産を有する場合には、その国外財産の種類、数量及び価額その他必要な事項を記載した調書（以下、「国外財産

調書」）を、その年の翌年の 6 月 30 日までに、所轄税務署長に提出しなければなりません。

　（※）　非永住者とは、居住者のうち日本国籍がなく、かつ、過去 10 年以内の間に日本国内に住所又は居所を有する期間の合計が 5 年以下である個人をいいます。

　国外財産とは、「国外にある財産」をいい、「国外にあるか」どうかの判定は、財産の種類ごとに、その年の 12 月 31 日の現況で行います。

(1) 「国外」にある財産とは

　財産が「国外」にあるかどうかは、基本的には財産の所在の判定について定める相続税法第 10 条の規定によることとされています。ただし、有価証券等が、金融商品取引業者等の営業所等に開設された口座に係る振替口座簿に記載等がされているものである場合等におけるその有価証券等の所在については、その口座が開設された金融商品取引業者等の営業所等の所在によることとされています。

　主な財産の判定基準と具体例をまとめると、以下の通りです。

財産の種類	判定基準	具体例 （○は国外財産に該当）
預貯金	その預金等の受入れをした営業所又は事業所の所在	○（国外にある営業所に預け入れられたもの） ×（国内にある営業所、たとえば外国銀行の日本支店に預け入れたもの）
社債、株式（ストックオプション等を含む）、外国預託証券	①金融機関の口座で管理されているもの： ⇒金融機関の営業所の所在地	○（国外にある金融商品取引業者等の営業所等に開設した口座で管理） ×（国内にある証券会社等に開設した口座で管理）
	②上記以外のもの： ⇒社債・株式の発行法人、外国預託証券に係る株式の発行法人の本店又は主たる事務所の所在	○（外国法人が発行する有価証券） ×（内国法人が発行する有価証券）

財産の種類	判定基準	具体例 （○は国外財産に該当）
投資信託の受益権	①金融機関の口座で管理されているもの： ⇒金融機関の営業所の所在地	○（国外にある金融商品取引業者等の営業所等に開設した口座で管理） ×（国内にある証券会社等に開設した口座で管理）
	②上記以外のもの： ⇒信託の引受けをした営業所、事務所その他これらに準ずるものの所在	○（国外にある営業所で引き受けられた信託） ×（国内にある営業所で引き受けられた信託）
不動産	不動産の所在	○（不動産が国外に所在する場合）
暗号資産	その財産を有する者の住所（住所を有しない場合は居所）	×（所有者が日本国内に住所を有する場合）

(2) 国外財産の「価額」

　国外財産調書の「価額」とは、その年の12月31日における「時価」又は時価に準ずるものとして「見積価額」によることとされています。

　「時価」とは、不特定多数の当事者間で自由な取引が行われる場合に通常成立すると認められる価額をいうとされていますが、国税庁がホームページで公表している「国外財産調書制度（FAQ）」によれば、不動産等については専門家による鑑定評価額、上場株式等については金融商品取引所等の公表する12月31日時点の最終価格（12月31日における最終価格がない場合には、同日前の最終価格のうち同日に最も近い日の価格等）とされています。また、財産評価基本通達で定める方法により評価した価額としても差し支えないとされています。

　国外財産の「見積価額」とは、その年の12月31日における財産の現況に応じ、その財産の取得価額や売買実例価額などを基に合理的な方法により算定した価額をいうとされていますが、国外送金法通達5－10において、

例えば次のような方法が認められています。
- 土地建物：外国又は外国の地方公共団体の定める法令により固定資産税に相当する租税が課される場合には、その年の12月31日が属する年中に課された当該租税の計算の基となる課税標準額
- 預 貯 金：12月31日時点での預入高

　国外財産の価額が外国通貨で表示される場合には、その年の12月31日における外国為替の売買相場（最終の対顧客直物電信買相場（TTB）又はこれに準ずる相場）により邦貨に換算します。

　なお、5,000万円の基準は国外財産の価額に基づいて行われるため、例えば国外財産を借入金で取得した場合において、その国外財産の「時価」又は「見積価額」の価額の算定にあたり、借入金を差し引くことはできません。

(3) 提出先

　所得税の確定申告をする必要がある者については、その納税地の所轄税務署長に提出します。一方、所得税等の確定申告をする必要がない者も、国外財産調書の提出は必要であり、その場合は住所地の所轄税務署長に提出します。

　国外財産調書の提出にあたっては、国外財産調書に記載した財産の価額をその種類ごとに合計した金額を記載した「国外財産調書合計表」を添付する必要があります。

2 罰則等の規定

　国外財産調書の提出制度においては、適正な提出を促進するため、過少申告加算税等の加重措置／軽減措置及び罰則規定が設けられています。

(1) 過少申告加算税等の加重措置／軽減措置

　国外財産調書の提出が提出期限内にない場合又は提出期限内に提出された国外財産調書に記載すべき国外財産の記載がない場合（重要な事項の記載が不十分と認められる場合を含む）に、その国外財産に関する所得税等の申告漏れが生じて修正申告等を行ったときは、その国外財産に関する申告

漏れに係る部分の過少申告加算税又は無申告加算税（以下、過少申告加算税等）について、5％加重されます（加重措置）。

一方、国外財産調書を提出期限内に提出した場合には、国外財産調書に記載がある国外財産に関する所得税等又は相続税の申告漏れが生じたときであっても、その国外財産に関する申告漏れに係る部分の過少申告加算税等について、5％軽減されます（軽減措置）。

一般的な過少申告加算税、無申告加算税の税率は以下の通りです（国税庁ホームページ掲載の表を元に筆者一部加工）。

修正申告等の時期	過少申告加算税	無申告加算税
法定申告期限等の翌日から調査通知前まで	対象外	5％
調査通知以後から調査による更正等予知前まで	5％〔10％〕	10％〔15％、25％〕
調査による更正等予知以後	10％〔15％〕	15％〔20％、30％〕

（注）〔　〕書きは、加重される部分（過少申告加算税：期限内申告税額と50万円のいずれか多い額を超える部分、無申告加算税：50万円を超え300万円までの部分、300万円を超える部分）に対する加算税割合を表す。

なお、年の中途においてその修正申告等の基因となる国外財産を有しないこととなった場合（例えば、その年中に国外財産である株式のすべてを譲渡しており、かつ、当該譲渡に伴い生じた所得について申告漏れがあったこと等）の過少申告加算税の加重措置の適用については、その年分の前年12月31日において所有する財産について提出すべき国外財産調書により判断されます。

提出期限後に国外財産調書を提出した場合であっても、その国外財産に関する所得税等又は相続税について、調査があったことにより更正又は決定があるべきことを予知してされたものでないとき(注)は、その国外財産調書は提出期限内に提出されたものとみなして、過少申告加算税等の特例を適用することとされています。

(注) 2024年以降は調査通知前にされた場合に限る。

したがって、6月30日の提出期限後に国外財産調書を提出した場合であっても、国外財産調書を提出した後に自主的に修正申告書等（国外財産に係る申告漏れを是正するもの）を提出する場合は、国外財産調書不提出にかかる加重措置は適用されないことになります。逆に、国外財産に係る申告漏れを是正する自主的修正申告後に国外財産調書を期限後に提出した場合は加重措置の適用が認められるとされた裁決事例（平成29年9月1日裁決）があります。したがって、過年度分の国外財産調書及び修正申告書等の提出の順序には注意が必要です。

(2) 正当な理由のない国外財産調書の不提出等に対する罰則

国外財産調書に偽りの記載をして提出した場合又は国外財産調書を正当な理由がなく提出期限内に提出しなかった場合には、1年以下の懲役又は50万円以下の罰金に処されることがあります。

3 財産債務調書制度との関係

所得税の確定申告書を提出する義務がある者が、所得の合計額が2,000万円を超え、かつ、その年の12月31日において3億円以上の財産又は1億円以上の国外転出特例対象財産を有する場合、又はその年の12月31日において有する財産の価額の合計額が10億円以上である場合に、財産債務調書を税務当局へ提出することとされています。

国外財産調書の提出が必要な者についても、上記の要件を満たす場合は、あわせて財産債務調書の提出も必要になります（財産債務調書の提出を行う場合であっても、国外財産調書の提出は免除されませんので注意が必要です）。

4 本件へのあてはめ

本件については、国内外の証券会社口座において株式（日本株、外国株両方）を保有しているとのことですが、国外財産調書の対象となる国外財産は、国外の証券会社口座において管理されている株式（日本株、外国株問わず）となり、国内の証券会社口座において保有されている株式は対象

外となります。その他の国外財産とあわせて、5,000万円超の価額の財産を有する場合は、国外財産調書の提出を要します。

> **参考(関連条文)**
> - 内国税の適正な課税の確保を図るための国外送金等に係る調書の提出等に関する法律5条、6条
> - 内国税の適正な課税の確保を図るための国外送金等に係る調書の提出等に関する法律施行令10条
> - 内国税の適正な課税の確保を図るための国外送金等に係る調書の提出等に関する法律(国外財産調書及び財産債務調書関係)の取扱いについて(法令解釈通達)
> - 国税庁ホームページ「国外財産調書制度に関するお知らせ」

〔参考文献〕

- 樫田明他編著『所得税基本通達逐条解説 令和6年版』（大蔵財務協会）
- 髙橋正朗編著『法人税基本通達逐条解説（十一訂版）』（税務研究会）
- 濱田正義編『消費税法基本通達逐条解説（平成30年版)』（大蔵財務協会）
- 佐藤誠一郎編『租税特別措置法通達逐条解説（令和4年版)』（大蔵財務協会）
- 伊藤昌広編著『(令和5年分) 所得税 確定申告の手引（令和6年3月申告用)』（税務研究会）
- PwC税理士法人編『国際資産税ガイド（四訂版)』（大蔵財務協会）
- 藤本幸彦・鬼頭朱実・箱田晶子著『投資ストラクチャーの税務（十一訂版)』（税務経理協会）
- 前田繼男著『個人投資家の証券税務読本（四訂版)』（法令出版）
- 国税庁ホームページ
- 財務省ホームページ
- 『改正税法のすべて』（大蔵財務協会）

［著者紹介］

箱田 晶子（はこだ・あきこ）
PwC税理士法人 金融部 パートナー。税理士。
　金融機関、ファンド等に対し、内外の投資信託、リパッケージローン等の金融商品に関する税務上のアドバイス、クロスボーダーのファンド投資ストラクチャー組成に関する税務コンサルティングサービスを数多く行っている。
　主な共著書に『投資ストラクチャーの税務（十一訂版）』『信託の税務』（税務経理協会）、『逐条解説 投資信託約款』（きんざい）等がある。

西川 真由美（にしかわ・まゆみ）
PwC税理士法人 金融部 パートナー。税理士。
　日系及び外資系の銀行、証券会社、信託銀行、リース会社等の金融機関に対して信託やリースを含む金融商品や投資、ファイナンスストラクチャーの開発案件、新規投資案件の検討時において税務面からのアドバイザリー業務に関与している。

高木 宏（たかぎ・ひろし）
PwC税理士法人 金融部 マネージングディレクター。公認会計士・税理士。
　日本の不動産会社、リース会社、機関投資家に対して国外のアウトバウンド投資に際しての投資ストラクチャーに関する税務アドバイス、外資系ファンド、海外年金、ソブリンウェルスファンドに対して日本向けインバウンド投資に際しての投資ストラクチャーに関する税務アドバイス、J-REIT に対する税務アドバイスを行っている。
　主な共著書に『リース取引の会計と税務』（税務研究会）、『開発型不動産証券化の知識と実際』（ぎょうせい）、『知的財産ビジネス』（日経BP）等がある。

［法人紹介］

PwC税理士法人

　PwC 税理士法人は、企業税務、インターナショナルタックス、M&A 税務、税務業務のデジタルトランスフォーメーション（DX）などを含む幅広い分野の税務コンサルティングにおいて、PwC グローバルネットワークと連携しながら、ワンストップでサービスを提供しています。国内外のプロフェッショナルの知見と経験を結集し、企業のビジネスパートナーとして重要な経営課題解決を包括的にサポートします。

　PwC は、社会における信頼を築き、重要な課題を解決することを Purpose（存在意義）としています。私たちは、世界 149 カ国に及ぶグローバルネットワークに 370,000 人以上のスタッフを擁し、高品質な監査、税務、アドバイザリーサービスを提供しています。詳細は www.pwc.com をご覧ください。

　PwC Japan グループは、日本における PwC グローバルネットワークのメンバーファームおよびそれらの関連会社（PwC 税理士法人を含む）の総称です。各法人は独立して事業を行い、相互に連携をとりながら、監査およびブローダーアシュアランスサービス、コンサルティング、ディールアドバイザリー、税務、法務のサービスをクライアントに提供しています。

©2024 PwC Tax Japan. All rights reserved.
PwC refers to the PwC network member firms and/or their specified subsidiaries in Japan, and may sometimes refer to the PwC network.
Each of such firms and subsidiaries is a separate legal entity. Please see www.pwc.com/structure for further details.

第4版／金融・投資商品の税務 Q&A
海外取引を含む所得課税関係の最新事例

2024年12月20日　発行

著　者	PwC税理士法人　箱田 晶子／高木 宏／西川 真由美 Ⓒ
発行者	小泉 定裕
発行所	株式会社 清文社 東京都文京区小石川1丁目3-25（小石川大国ビル） 〒112-0002　電話03(4332)1375　FAX03(4332)1376 大阪市北区天神橋2丁目北2-6（大和南森町ビル） 〒530-0041　電話06(6135)4050　FAX06(6135)4059 URL https://www.skattsei.co.jp/

印刷：㈱精興社

■著作権法により無断複写複製は禁止されています。落丁本・乱丁本はお取り替えします。
■本書の内容に関するお問い合わせは編集部まで FAX(03-4332-1378) または edit-e@skattsei.co.jp でお願いします。
■本書の追録情報等は、当社のホームページ（https://www.skattsei.co.jp/）をご覧ください。

ISBN978-4-433-73334-6